JN147481

藤沼塾講演録

新時代を切り拓く会計プロフェッション

藤沼亜起 編

企画・協力
八田進二

斉藤　惇

渡辺章博

池田唯一

梶川　融

北村敬子

同文舘出版

はしがき

「藤沼塾」を立ち上げようと思った直接の契機が、日本弁護士会連合会元会長の本林徹氏が「本林塾」を開塾されていたことに触発されたことは本書のなかで説明させていただいている。それは、現在の公認会計士業界は、若手の公認会計士の元気がない、資格試験の受験者の減少がようやく底に達したようだが一時期に比べ激減している、監査法人の若手会計士が過重労働によるものか離職が相次いでいる、といったネガティブな環境に置かれており、この業界で長らく生きてきた者として指をくわえてこの状況を傍観しているわけにはいかないという焦りの気持が、この塾の立ち上げに繋がっている。

幸い、長年の友人である青山学院大学大学院の八田進二教授に塾のコーディネータ役を引き受けていただくことができ、昨年（2016年）10月から隔月で全６回の塾を進めることとなった。初回を除き、その後の５回開催の講師の方々にはこの塾の創立の趣旨に賛同していただき、大変に熱心なご支援を仰ぐことができたことは望外の喜びである。講師陣は、八田教授と同様に、公認会計士業界に深い関係を有する、斯界の一流の方々であり、多忙ななか、内容のある講演と、塾生との熱心なディスカッションに真摯に対応していただいたことに、大変感謝している。とりわけ、八田教授には藤沼塾の当初の企画案から関与していただき、また塾生とのディスカッションの司会進行役としても重要な役割を果たしていただいた。

各回の塾は、午後６時開始で講演および参加者とのディスカッションが各１時間の計２時間で、その後約10分の休憩後に、同じ会場において講師と塾生との懇親会が開かれ、９時頃に終了するスケジュールで行われた。

第１期「藤沼塾」の統一テーマは、最近の会計不正事例とその後の取り組みなどを念頭に「会計専門職を取り巻く環境認識と、将来に向けた取り組み」とした。

全６回の構成は以下のとおりである。

第１回「会計プロフェッションの10年後を展望する」　藤沼亜起
第２回「会計士の役割」　斉藤　惇
第３回「M&A、起業および上場を通じて会計士経営者として学んだこと」　渡辺章博
第４回「監査品質の向上と監査組織の運営上の課題」　池田唯一
第５回「地域社会に貢献する公認会計士の使命」　梶川　融
第６回「女性から見た会計専門職の強みと課題」　北村敬子

なお、「藤沼塾」の会場については、『月刊アカウンタンツマガジン』を発行しているジャスネットコミュニケーションズ社のご厚意で同社の会議室を使用させていただいた。

また、６回の正式の塾開催に加え、2017年の１月から７月までの奇数月には、塾生が主体となってテーマを選定し、塾生間で議論をするサブ・ゼミナール（通称、サブゼミ）を開催した。その内容については、残念ながら紙幅の都合により、本書には掲載していない。

第１期「藤沼塾」については、上記の通り、会計士が関係する分野の一流の講師陣にお願いしたわけであるが、塾生からは、普段あまり聴くことができない高いレベルの講演内容とその後のディスカッションにより、大変に有意義なものであったという多くのコメントをいただいた。

「藤沼塾」の目的は、知識の修得というよりも、若手会計士が、日頃抱えている問題意識に焦点を当て、講演者との議論を通じて、現状の問題点の再確認や課題解決の視点ないし方法を探ってもらうことにあった。一流の講師陣のおかげで、新たな分野に焦点を当て、その分野への興味を誘い、経験を伝えることにより新領域への挑戦を目覚めさせること、さらには、会計に関する職業は、実は女性の方が能力を発揮できる分野が多いのではないかといった、多くの新たな視点を塾生に提供することができたのではないかと思っている。

本書の目的は、この１年間の藤沼塾の活動を記録としてまとめ、塾の活動

に参加できなかった多くの方々にも、我々の活動の内容をお知らせするとともに、一流の講師陣による素晴らしい講演内容に触れていただくことにある。

今回の藤沼塾の開催に当たっては、八田教授はもちろんのこと、ジャスネットコミュニケーションズ㈱の黒崎淳社長、安島洋平氏ならびに同社社員の方々に数々のサポートをしていただいた。募集方法や会場の設営、さらには参加費用の決定等に至るまで、全面的にご支援をいただいた方々との協議を経て進めることができた。また、本書の出版に当たっては、同文舘出版㈱の中島治久社長、そして、専門書編集部の青柳裕之氏および吉川美紗紀氏に多大な協力をいただいた。こうした多くの関係者のボランティア精神に溢れたご支援を得ることなくしては、本塾の開催は実現しなかったと思っている。ここに記して感謝申し上げたい。

本書が公認会計士の抱える問題や新たな領域に焦点を当てることによって、課題解決の方向性や将来に向かっての視点を提供できれば望外の幸せである。

2017年12月

藤沼亜起

【追記】

藤沼塾での１年間の活動の振り返りを関係者とともにした上で、「藤沼塾」の継続に再チャレンジすることにした。

第２期においても、一流講師陣を招く点においては同様であるが、塾生同士の交流やネットワークの構築を進め、難しい問題に直面したときにいつでも相談できる仲間を作り、広い視野で判断できる人材を育てたいと思っている。

第２期の「藤沼塾」のテーマは「専門職業人にとっての判断（Professional judgement)」とさせていただいた。そして、第１期と同様に青山学院大学大学院八田進二教授にコーディネータとしてご協力いただけることとなった。

そして、講師陣には、企業経営者（公認会計士）をはじめ、法曹、税務、行政および女性議員（公認会計士）など、さまざまな分野における一流の専門家にご登壇いただき、それぞれの立場からProfessional judgementについての考えを語ってもらい、塾生とともに率直な意見交換をしていただく予定である。

【藤沼塾　第２期】（予定）

第１回「監査判断と監査意見の形成」	**藤沼亜起** （IFAC・JICPA元会長）
第２回「司法判断と弁護士の使命」	**久保利英明** （日比谷パーク法律事務所 代表パートナー、弁護士）
第３回「税務判断と税理士の使命」	**鳥飼重和** （鳥飼総合法律事務所 代表弁護士、税理士）
第４回「行政判断と専門家の判断の違い」	**佐々木清隆** （金融庁 総括審議官）
第５回「経営判断における会社役員の責任」	**荻原紀男** （㈱豆蔵ホールディング 代表取締役社長、公認会計士）
第６回「女性専門職業人が判断を下す時の課題」	**竹谷とし子** （参議院議員、公認会計士、税理士）

目　次

はしがき　i

第1回 会計プロフェッションの10年後を展望する
……藤沼亜起　1

第2回 会計士の役割
……斉藤　惇　53

第3回 M&A、起業および上場を通じて会計士経営者として学んだこと
……渡辺章博　103

第4回 監査品質の向上と監査組織の運営上の課題
……池田唯一　149

第5回 地域社会に貢献する公認会計士の使命
……梶川　融　187

第6回 女性から見た専門職の強みと課題
……北村敬子　229

第１回

会計プロフェッションの10年後を展望する

藤沼亜起

講師プロフィール

ふじぬま・つぐおき／1968年、中央大学商学部卒業。アーサーヤング公認会計士共同事務所、太田昭和監査法人（現新日本有限責任監査法人）代表社員などを経て、2000年、国際会計士連盟（IFAC）会長、04年、日本公認会計士協会会長を歴任。08年、中央大学大学院ビジネススクール特任教授、10年４月、IFRS財団トラスティー評議員会副議長。現在、日本公認会計士協会相談役ほか、上場会社の監査役など。

藤沼塾第１回

第１期のテーマは「会計専門職を取り巻く環境認識と、将来に向けた取り組み」である。その第１回目として、あえて会計プロフェッションの10年後を展望してみたいと思う。

そもそも会計プロフェッションとは何か？　公認会計士法は「監査及び会計の専門家として、独立の立場において（略）国民経済の健全な発展に寄与する」と明記する。「国民経済の……」というのは、欧米流の言い方では「パブリックインタレスト（公共の利益）の擁護」だ。まさにこれこそが我々の行動指針なのである。

ところで、そうした使命を貫徹しようとする時、会計士は医師や弁護士や税理士など他のプロフェッションとは、異なる問題に直面せざるを得ない。被監査会社、投資家、監査人の３者関係を前提に仕事をする会計士は、その報酬を受益者である投資家からではなく、“監査を受ける会社”から受け取る。そこに「インセンティブのねじれ」が生じ、ともすれば疑いの目を向けられる根拠ともなる。

だからこそ大事になるのが、“独立性”の貫徹である。さらには、社会全体に会計の意義や役割を十分理解してもらうこと、すなわち会計マインドの涵養も重要だと私は思う。だがこの点では、日本の現状はお寒い限り。五輪競技会場の建設費がわけもわからないままふくらんだのは、まさにその欠如を示す典型例と言える。

本題の「会計プロフェッションを取り巻く環境」に話を進めると、今認識すべきポイントは、我々はグローバル化の進展、デジタルテクノロジーの革新、国際的規制とガバナンス改革の実行という時代の中にいる、ということである。“10年後”の姿もそれらを基軸に考察すれば、より明確にできるはずだ。

デジタルテクノロジーがさらなる進化を遂げるのは、言うまでもない。それは、AIをはじめとするテクノロジーがやがて会計士という職業を“駆逐”するのではないか、と各種レポートに語らせるほどのインパクトを持っている。規制の枠組みに関しては、各国で定められるガバナンス・コードが、より企業にとって厳格な方向に向かうだろうと思う。また経済が一層グローバル化すれば、規制のシステムもまたグローバル化、複雑化するのに加え、当然のように多言語、多文化の世界が加速度的に広がっていくだろう。

こうして見ると、安閑としてはいられないことがわかる。東京大学名誉教授の月尾嘉男さんが、「平等で豊かな社会への過剰適合が、日本人の変化への対応力を鈍らせている」と語っているが、まさに我々会計プロフェッションへの警句でもある。求められるのは、変化への対応力なのである。

確かにAIの進歩により、監査のマニュアル作業的な部分は急速にそれに取って代わられるはずだ。しかし、例えばそこに組み込まれたコンピューター・アプリケーションが果たして妥当なものなのかどうか、という根本のところは、常にプロの目にさらされていなくてはなるまい。監査人が丸ごと要らなくなるなどということはあり得ない。問題は、伝統的な監査技法からコンピューターを駆使した監査への転換という環境変化に対応できるのか、それを主導できるのか、ということなのではないだろうか。

再度、会計プロフェッションとは何かという話に立ち返ると、その強み、やりがいは、独立性を持って企業と対等なかたちで仕事ができることにある。いろいろな企業を担当し、さまざまな立場の人間から知識や情報を吸収することができる。自己研鑽、自己啓発の機会が豊富に与えられていることも、この仕事ならではだ。こうした職業的な魅力を大いに発信することは、受験者数の半減という“足下の脅威”への処方箋になるはずだ。

『アカウンタンツマガジン』Vol.39より

■はじめに

皆さんこんばんは、藤沼です。今回の企画をスタートさせるきっかけですが、ここ数年来、会計プロフェッションの昨今の現状を見ると、皆さんあまり元気がない、業界の未来が不透明ということから受験者数も減少しているではないか？　などと考えていました。こうした状況のなか、自分が長年にわたって身を置いてきた会計プロフェッションに対して何か役に立つことができないかという思いが募ってきました。八田先生を初め何人かの方に相談した結果、今回の「塾」の立ち上げに至ったわけです。「藤沼塾」という名前については抵抗感がありまして、自分の名前を使わないつもりだったのですけれども、八田先生がこの名称の方がわかりやすいのでこれでいいのではないかということで、藤沼塾としてスタートすることになりました。

特に昨今は会計士のコア業務である監査でいろんな問題が発生していて、皆さんの多くは十分な休みを取れずにかなり忙しく仕事をしていると思います。若い会計士や志望者の方々が、将来の会計プロフェッションがどうなるのかということについて、どのように考えているか非常に気になっておりました。皆さんと一緒に、会計プロフェッションの将来展望というものも含めて、活発な議論や意見交換をしたいと思いまして、今回この塾を立ち上げたわけです。

第１期の共通テーマは、「会計専門職を取り巻く環境認識と将来の発展に向けた取り組み」ということにしました。それを踏まえた、今回の私のテーマは、「会計プロフェッションの10年後を展望する」です。

10年後を正確に展望できる人はいないとは思いますけれども、将来の不確実性があることも頭に入れて、皆さんと議論させていただきたいと思います。

■本日の講演のアウトライン

今日のアウトラインをお話しします。まず私が何者だということをよくわからない方もいらっしゃると思いますので、私の職業会計人として歩み（英語でマイライフ・イン・アカウンティング）についてお話しします。次に、

「会計士の使命と職責」は、会計プロフェッションにとってのバックボーンとなるものですので、ここで再確認したいと思います。次に、日本ではいろいろな分野で会計マインドを持った人が少ないことについてお話しします。例えば、小池百合子新都知事は、4年後に東京で開催するオリンピックの予算がふくれ上がり金額的にも大きなものになったので、都財政の観点から見直しを始めていますが、オリンピック関係者の間にしっかりとした会計マインドがあったのか否かが問われている問題です。このことも含めて、会計マインドの醸成と会計専門教育の強化の必要性について、皆さんと意見交換したいと思います。次は、会計プロフェッションを取り巻く環境の変化を取り上げ、本日のメインテーマである「会計プロフェッションの10年後を展望する」について、私の考えていることをお話しします。これはぜひ、皆さんの意見も聞いてみたいと思っています。最後に、「期待される会計人材の道」というテーマで、自分の経験を土台に、皆さんにはこういう人材になって欲しいという私の思いをお示ししたいと思います。

1．職業会計人としての歩み（My life in Accounting）

◆学生時代、会計士補にそしてアーサーヤングに転職◆

私の会計職業人としての歩みは、皆さんよりもかなり古くて、68年に中央大学商学部を卒業して、その年の公認会計士二次試験に合格したときから始まります。その当時、中央大学が公認会計士試験に圧倒的に強くて、兄から公認会計士という職業は将来性があると言われたことから、大学受験は中央大学を目指し、無事合格し入学した後は、公認会計士試験合格者が多い井上達雄先生のゼミに入った経緯があります。その当時の将来の希望は、皆さんとは違うのかもしれませんが、自分の事務所を持ち会計や税務の仕事をするという、小さな夢でした。

ところがですね、見習いの会計士補として小規模な共同監査事務所に入って、ある大手の印刷会社に行ったときに、外国との取引関係の監査をやってくれということになりました。机の上に英文契約書などの書類がドサッと置かれてしまったんですね。書類を見ても何にもわからなかった。会社は日本語版も用意してくれたのですが、１日中監査の作業が一向に進まなかったという苦い経験をしました。

そのとき思ったことは、会計監査をするには、少なくとも英語ぐらいはわからないと十分な監査はできないなということでした。事務所の先生に指導を受けながら一歩一歩経験を積み重ねていくという方法もあるとは思いましたが、試験合格時には考えてもいなかった進路の変更を決断し、１年後にアーサーヤング（AY）という、当時世界のBig 8の一角を占める外資系の事務所に転職しました。なお、当時は監査法人という大規模な事務所はありませんでした。多分、このときの判断が自分の人生の岐路となる決断だったのではないかと思っています。

AYでは外国人のパートナーやマネージャーが事務所にいたので、英文マニュアルの理解や監査調書を英文で作成することなどに大変苦労しましたが、自然に外国の仕事に興味が出てきて、海外での仕事に手を上げまして、結局、当時は日本人駐在員がいなかったヨーロッパのブラッセルに家族で海外赴任しました。ベルギーでの生活は大きなカルチャーショックの連続で、初めは体重が10キロ減りましたが、次第に現地の環境にも慣れ友人や知人も増えて仕事や生活がしやすくなりました。幸い、ヨーロッパにおける活動が評価されて帰国した翌年にパートナーに昇格しました。このとき36歳でした。

◆会計士協会での役員に、IFAC理事会メンバーの時代◆

その頃は国際関係の仕事をする会計士が少なかったこともあり、会計士協会の代表として84年に国際会計士連盟（IFAC）の国際監査実務委員会（IAPC、今のIAASB）の委員にならないかという話がありました。IASB（国際会計基準審議会）のデビット・トゥイーディー前議長は、当時の英国代表としてIAPCで一緒に仕事をした仲間です。

その後89年に日本公認会計士協会の理事になり、92年からIFACの理事会のメンバーになりました。IFACの理事会や委員会は任期２年半で更新可能ですから、１期目はノミネーティングコミッティ（推薦委員会）の委員、95年から始まる２期目からエグゼクティブコミッティ（執行委員会）のメンバーになるなど、順調なスタートで役職にも恵まれていました。すると周りがだんだんと騒がしくなりました。つまりエグゼクティブコミッティのメンバーになるということは、次は副会長になる可能性が高い。IFACのルールでは、副会長は問題がない限り自動的に会長に昇格するので副会長の人事に注目が集まっていました。トロントのホテルで、部屋に戻る途中に私を追いかけてくる人がいる。私はニックネームでアキ（亜起）と呼ばれていましたので、「アキ待ってくれ」という声がしたので振り向くと、IFACの理事でフランス公認会計士協会の元会長が、「アキ、今回副会長に立候補するのか？」と。「いや、考えてないけれど、なぜそんなことを聞くんだ？」と問うと、「今回の副会長選にアキが出なければ私が出る。しかし、アキが出るのだったら私は出ない。その代わり、次回の副会長選に出るときにはサポートしてくれないか」という話をしてきたのです。そうか「これは真面目な話なのだ」と気がついたわけです。その後、日本公認会計士協会の人たちに相談したところ、皆さん前向きで日本にとっても名誉なことだからぜひ副会長に立候補してほしいという話になってしまいました。実のところ、私は自分の英語力で会長職が務まるのか非常に不安になったことを覚えています。

◆IFAC副会長および会長時代◆

IFAC副会長に就任したときには、ちょうど日本はバブル崩壊後の時期で97年にアジア経済危機が発生しました。日本の金融機関などの抱える不良債権が積み上がり、日本の会計基準と監査基準が国際的な基準と大きな差異があり、特に会計基準の違いが大きな問題となっていました。結果として、当時のBig 5は99年3月期から日本企業の英文のアニュアルレポートの監査報告書には「レジェンドクローズ」、つまり「取扱注意」という文言を挿入することを決めたために、日本では大変な騒ぎになりました。そんなことがあって、国際基準に合わせないと日本の企業と資本市場は国際的な信用を得られず大変なことになるという問題意識を強く持つようになりました。これが2004年からIFRS（国際財務報告基準）財団のトラスティー（評議員）を引き受けた動機にもなっています。

副会長時代は、IFACの今後の役割を見据え、IFAC構造・組織改革委員会のリーダーとして外部委員を招いて改革案を作成したことを覚えています。

そして2000年から2002年、IFAC会長に就任した２年半という期間に、2001年の９・11事件、ニューヨークのワールド・トレード・センタービルに飛行機が追突しビルが崩壊したという大事件に遭遇しました。IFACはこの年の11月に初めての年次総会を米国のマイアミで開催する予定だったのです。年次総会はIFAC改革案の１つで、それまでは２年半毎にIFACの会員総会を開いていたのを、会計プロフェッションを取り巻く環境変化が激しいことから年次の総会に変更したという背景がありました。イスラム系の国の人たちは米国に入国できないという問題が生じて対応に大わらわでしたが、結局、事務局が米国当局とかけ合い、確か特別ビザを出してもらい入国を認めてもらったということがありました。

この年の秋から2002年春にかけては、米国のエンロン社とワールドコム社の大型会計不正事件が発覚しました。これらの事件が引き金になってアンダーセンが崩壊し、2002年の夏にはサーベンス・オクスリー法（SOX法、日本では企業改革法）という企業側および会計士側に厳しい法律が、両院の賛成であっという間に成立してしまいました。IFACはエンロン事件等を受け、外部委員が中心となった委員会を立ち上げ「財務情報の信頼回復に当たって提言」を発表しています。このような激動の時代におけるIFAC会長職は、次期会長のルネ・リコル氏（フランス）にバトンタッチし、2002年11月に香港で開催された世界会計士会議で終了いたしました。

◆日本公認会計士協会の会長時代◆

IFACの会長退任後は、事務所の仕事をやらなくてはいけないと思っていましたが、突然2004年の日本公認会計士協会の会長選挙に出ないかという話が出てきました。多分、私が会長選に出ると対抗馬が出てこないと考えたのでしょう。結果的に無競争で会長になりました。私はIFAC会長を終えたばかりでもあり日本の協会長になることに躊躇しましたが、これからは国際経験が必要な時代だと考えて会長選に出る決意をしたわけです。

ところが会長就任直後にいきなり西武鉄道の上場廃止問題に遭遇し、自民党の企業会計小委員会で怒号の混じった質問を受けることになりました。この後にも、カネボウの粉飾決算、ライブドアなどの新興企業の一連の不詳事件が次々と起きて、クライアントの離反などで、みすず監査法人（前中央青山監査法人）が自主的に解散を決めてしまいました。会長在任中の３年間に、国会での参考人召致はなんと10回になった、ということで会計士協会の新記録を達成したという名誉（笑）をいただいております。

◆IFRS財団のトラスティー時代とその後◆

2005年にはIFRS財団のトラスティー（評議員）に就任してくれという話がありまして。この職の任期は２期６年間マキシマムですが、結果的に14年10月末まで10年弱の期間トラスティーを務めることになりました。2010年からは副会長に就任しております。私の後任は日本証券取引所の自主規制法人理事長で元金融庁長官の佐藤隆文氏に引き継いでいただいています。現在は、IFRS財団の元トラスティーやIASBのボードメンバーなどのIFRS財団卒業生のアルムナイ・ネットワークの日本会長として、引き続きIFRS財団の活動を側面支援しています。おかげさまで、世界ではIFRS適用を義務化している国が130ヵ国ほどになり、日本では任意のIFRSの適用企業は120社を超えるようになり、適用企業の時価総額は市場全体の25%程度になっております。しかし、国際化には常に反対者の声が強くなることがあります。民主党政権下の金融大臣のときには、2011年６月の企業会計審議会で臨時委員が新たに10名任命されるなど、逆風が吹き荒れました。この間、IFRS適用促進は数年間足踏み状態になったことを覚えております。

最後の経歴ですが、2008年から15年までの７年間、母校の中央大学大学院ビジネススクールの特任教授として教壇に立ちました。この経験からは、会計士はまだまだ学ぶべきことが多いことがわかりました。日本公認会計士協会の会長が終わってからは、上場会社等の社外役員を務めてくれというお話があり、今でも企業のガバナンス改革の役割の一端を担っています。日本公認会計士協会の元会長は相談役という名前がつくのですけど、何か大きな役割があるわけではありません。そして、本日10月18日から藤沼塾をスタートしました。これが私の経歴です。

2．公認会計士の使命・職責

会計士試験の受験準備の知識として、すでに皆さんの頭のなかには入っていると思いますが、公認会計士の使命と職責、つまり我々は何を目的に社会に貢献しようとしているのかというテーマです。

◆他のプロフェッションとの比較◆

日本には、いくつかのプロフェッションがあります。例えば、医師、弁護士、税理士、公認会計士などのプロフェッションがありますが、それぞれの法律で職業上の使命というものを規定しています。

例えば、医師は「公衆衛生の向上及び増進に寄与し、もって国民の健康な生活を確保する」。弁護士は「基本的人権を擁護し、社会正義を実現する」。税理士は「納税義務の適正な実現をはかる」。公認会計士は公認会計士法で「公認会計士は監査及び会計の専門家として、独立の立場において財務処理その他の財務に関する情報の信頼性を確保することにより、会社等の公正な事業活動、投資家及び債務者の保護等をはかり、もって国民経済の健全な発展に寄与することを使命とする」。少し長ったらしいですね。職責としては、会計士は、「常に品位を保持し、その知識及び技能の修得に努め、独立した立場において公正かつ誠実にその業務を行わなければならない」と言っております。この「国民経済の健全な発展に寄与する」と職業上の目的を記述していますけれども、外国では「パブリックインタレスト」、つまり「公共の利益の擁護」または「公共の利益への奉仕」と言っています。公認会計士の使命というのは基本的にパブリックインタレストを擁護するということと同義であと解釈して良いと思っています。公認会計士は「パブリックインタレストを守る職業である」と広く世界で認識されています。

皆さんのお手元に配布した「アカウンタンツマガジン」の創立6周年号（vol.37、2016）で私のプロフィールを取り上げていただきましたが、写真付きで「我々の行動指針は「Public Interestへの奉仕」と見出しがついています。なぜこの言葉をあえて使っているのかというと、IFAC副会長時代に当時の英国人の会長と一緒に行動し、世界各地で開催される講演会、フォーラム、あるいはセミナーなどに出席して気がついたのですが、多くの人たちがスピーチの後半部分に「パブリックインタレスト」への貢献とか奉仕というフレーズを入れている。これは会計人にとっての決め言葉、これを入れないと会計職業人のスピーチにならないということに気がついたわけです。こういうことがあって、パブリックインタレストというのは我々職業人を表す言葉であるということ念頭に置いて、積極的に使っていこうと決めたのです。

◆インセンティブのねじれの問題◆

公認会計士試験の勉強で学んだと思いますけれども、公認会計士は監査証明という公共性の高い業務を行うことによって、最終的に国民経済の健全な発展に貢献することが義務づけられています。図表1を見ると、公認会計士は、他の職業と違って、被監査会社、投資家等の財務情報の利用者、監査人という三者関係を前提とした対応が必要になる職業であることに気づくはずです。会計士は投資家等に対して財務情報の適正性についての監査意見を表明する仕事をしているので、監査サービスの受益者は主に投資家等であるのに対し、被監査会社が監査費用を負担しているというインセンティブのねじれの問題を抱えていると言われています。

例えば税理士は、法人とか個人の納税者が税務サービスの受益者であり、納税者が税理士を選び税務費用を負担するのでインセンティブのねじれは生じません。医師も同様で、受益者である患者が医師を選んで費用も負担する。弁護士も、法律上のサービスの受益者が弁護士を選んで費用負担もするのでインセンティブのねじれは生じません。

外部の人から見ると、被監査会社である会社が監査費用を負担しているのであれば、監査人は独立性がないのではないかと懸念する。したがって独立性の問題が公認会計士の倫理規定の根幹になっているわけです。公認会計士の独立性のなかに、精神的独立性と外見的独立性があると言われていますが、

図表１

2. プロフェッションとの比較（インセンティブの捻じれ）

◆インセンティブの捻じれ現象（受益者と費用負担者の違い）

	公認会計士	税理士	医師	弁護士	アクチュアリー
選任権者	株主総会（監査役会又は取締役会の監査委員会）	会社・個人の納税者	患者	依頼者	雇用者（保険会社、コンサルティング事務所など）
費用負担者	被監査会社（クライアント）↕	納税者	患者	依頼者	雇用者である会社又は事務所（雇用主）
受益者	株主などの投資家、銀行等債権者、他の利害関係者	納税者（国及び地方自治体）	患者	依頼者	保険契約者或いは会社
インセンティブの捻れ現象	あり 独立性の維持が焦点となる	なし	なし	なし	なし・あり？（保険計理人、年金数理人）

精神的独立性は、外部からの判定が難しく法律で規定するのは難しいので、結果として外見的独立性に関する詳細な倫理規定ができてしまうという状況にあります。

欧米では、監査人の独立性の確保のために多年にわたる検討が行われてきましたが、まだ解決策を見いだせていません。最近では、コーポレートガバナンス・コードが強化され社外役員が過半数を占める監査委員会（日本の場合には監査役会を含む）は株主の代表として監査事務所を選任し、監査報酬の決定に関与しているため、インセンティブのねじれの問題はかなりの程度で解消されているという意見があります。しかし、日本の場合には、監査事務所を変更するときには、監査役会または監査委員会で新監査事務所を決定し株主総会に提案することになっていますが、監査報酬の決定権は会社の執行部側が握っていて監査委員会または監査役会は同意権があるものの監査報酬を主体的に決められないという、実務上の問題点があります。この点は今後の課題の１つです。

３．会計マインドの醸成と会計専門教育の充実

◆日本の各界で不足する会計マインド◆

私は会計マインドの醸成が、企業などの私的分野に加え、公的分野などの指導層にとっても大事だということをいろいろな場で言っています。日本では会計というものを、アカウンタビリティー、つまり報告責任あるいは説明責任と結びつけて考える人はあまりいません。会計は簿記と同じで、単に財務データの集計だろうと考えている人たちが非常に多いと思います。

私的分野では、経営責任者は資本として預かった資金を元手に投資をし、事業活動の成果を最大に上げられるよう努力する。つまり会計情報を経営改善の指標として使い事業投資に対するリターン（収益）を重視するわけです。

公的分野は、時には「箱もの行政」とも揶揄されていますが、会計という機能に、歳入と歳出のバランスを図って健全で効率的な財政運営をして、その結果を定期的に議会や住民に報告をし、説明責任を果たすことを求めています。しかし、そのあたりのところの理解が不明瞭なままになっています。五輪競技会場の建設費がいつの間にか大きく膨らんでしまったのは、まさに会計マインドの欠如を示していると思います。

最近は、公的分野にも変化の兆しが出始めてきて、医療法人とか社会福祉法人で一定以上の規模には外部監査を入れようじゃないかという法律ができました。ただし、法律上の規定は明確なのですが、具体的な適用条件を施行令で決める段階でストップをかける、つまり、適用対象となる法人の規模などの要件を引き上げることで実質的に法律の適用を骨抜きにすることが過去にありました。公的法人にとって、監査コストは経営負担になるので規模の小さな法人は例外扱いにしてほしいという理屈です。

一方、東京都などの自治体の会計監査はどうなっているのだという質問をよく受けるようになりました。地方自治体には監査委員がいますが自治体の全体としての財務諸表監査はしておりません。なお、包括外部監査と言って公認会計士などの有識者が特定のテーマを選択して監査を実施し報告書を作

成する制度はあります。

公的分野の会計基準などについては、地方自治体は総務省、学校法人会計は文部科学省、医療法人や社会福祉法人は厚生労働省と官庁別の縦割りです。アメリカの場合には、財務会計基準審議会（FASB)という会計基準設定主体が,ガバメント・アカウンティング・スタンダード（GAS）と民間のフィナンシャル・アカウンティング・スタンダード（FAS）の両方の基準に携わっています。日本ではそれが省庁別にバラバラだということが、今後の課題になるわけです。

◆会計教育への期待、求められる教養とスキル◆

会計や会計プロフェッションに対する理解という面では、まだまだ十分ではないと思います。残念ながら、学校でも会計教育の重要性が一般学生に広く認識されてないというのが現実です。また会計教育は大学とか大学院だけで完了するわけでなくて、実務経験に裏付けされた生涯教育という側面があるわけです。

IFACの国際教育基準では、会計教育には知識と職業的技能という２つが必要だと言っています。「知識」としては会計に加え、金融、ファイナンスなどの関連知識、組織およびビジネス知識、IT知識、職業倫理などの知識が必要だということです。「職業的技能」というのは、それを技能として生かすという点に視点をあて、例えば思考力や判断力などの「知的技能」だとか、読み書きやIT能力などの「技術的・職能的技能」とか、自己啓発能力などの「人的技能」。そして「コミュニケーション技能」、この技能は人とのコミュニケーションに関係するので英語などによるコミュニケーション能力も含まれます。

また、会計に関係する知識や技能だけではなく、幅の広い教養も必要です。最近日本では、リベラルアーツ、つまり、一般教養的なものに教育の重点を置かずに、少し技術的なことに重点を置いた教育をしたらどうかという意見が出て論争になっています。私は、人間として幅広い教養というものがないと国際的にも対応できないと思っています。また、問題に直面したときには、過去の歴史や事例の基づいて考えることも大事だと思います。歴史上の思想だとか国際的な見方についての理解、人間行動に対する基礎的な知識、世界の経済、政治および社会現象の理解など、多くのことがリベラルアーツの範疇に入ると思います。会計士試験に受かったから、もう一人前だということではなしに、まだまだ学ぶべきことはたくさんあると考えてください。この頃は統計、計量的データに基づく分析・評価など、統計学やAIに関する知識も必要になってきています。私もこの年になっても毎日いろいろなことを学んでいます。それは人間には生涯学習が必要と考えているからです。

４．プロフェッションを取り巻く環境の変化
～会計プロフェッションの10年後を展望する～

さて本日の本題である「会計プロフェッションを取り巻く環境」ということですけれども、今、認識すべきポイントは、我々はグローバル化の進展、デジタルテクノロジーの革新、国際的規制とガバナンス改革の進展という時代環境のなかにいるということです。

◆グローバル環境の変化に対する対応◆

私もよく知っている東京大学名誉教授の月尾嘉男先生が、「平等で豊かな社会の過剰適合が日本人の変化への対応力を鈍らせている」と言っています。これは生物が特定の環境に適応しすぎると、環境変化に対応できずに、最悪の場合は絶滅してしまうという話です。昔々の話ですけれども、ニュージーランドは海のなかの孤島で生物にとって楽園みたいな島だったわけです。ところがイギリスから船がやってきて、犬とか家畜も一緒に連れてきた。

当時のニュージーランドには、80何種類かのいわゆる歩けるが飛べない鳥がいましたが、それが比較的短い期間に７～８割方に全滅してしまったと言われています。それは、犬などに追われると対応できなかった鳥たちです。わずか生き残った鳥は、山のなかの奥深いところにいた鳥たちだったのでしょう。

私が監査役を務めているセブンアイホールディング㈱の鈴木敏文名誉顧問

は、経営の要諦は、とにかく変化への対応であると口を酸っぱくして言っていました。環境の変化のなかで、いかに会社を素早く変えていくかを常に考えていたわけです。百貨店とかスーパーマーケットが全盛のときに、セブン－イレブンという小売店を始めた。コンビニにATMがあると便利であろうと銀行を始めた。皆大反対だったそうです。

ダーウィンは「強い生物とは環境変化に対応できるもの」と言っておりますが、今後、日本人がこの島国で安心しきって生きていけるのか、心配です。ところで、会計プロフェッションの脅威とは何だと思いますか？

◆会計プロにとっての脅威と課題◆

(1) 優秀な人材の確保と育成

一番大事なのは、ここに座っている皆さんのような優秀な人材を確保し、きちっと教育・育成していくことです。世界でも、セカンドジェネレーション問題と言って会計プロフェッションの後継者育成が重要なテーマとなっています。新しい人材がこの業界に入ってこないと職業として成り立たなくなるからです。日本では公認会計士試験の受験者が一時に比べ半減してしまいました。しかし、一時の未就職者問題はもう解消して、逆に人手不足が深刻な状態になっています。毎年の決算期では過重労働状態になっていると言われています。一方、試験制度の変更で合格者のレベルが低下しているのではないかともと言われています。現行の公認会計士試験制度は本当にこのままでいいのか。八田先生を初め我々は強く問題意識を持っており、魅力的な職業として公認会計士の社会的な認知を再構築する必要があると思っています。これが「藤沼塾」開塾の理由にもなっております。

ところで、私は非常にラッキーな世代の会計士なのかもしれません。要するに、若い時代に皆さんがあまり興味を持たなかった国際という分野に出ていって、新しい道を見つけた。また、運よく今回のような会計不祥事件に巻き込まれなくて済んできた。では私が国際基準をよく知る監査人であったとしても、完璧な監査ができてきたのかというと、必ずしも自信があるわけではありません。個人の能力や懐疑心も大事ですが、事務所全体としての対応力や、特に、企業におけるガバナンスや内部統制体制の充実などの周辺の環境整備が極めて重要です。会計士が魅力的な職業としての社会的認知を一段と向上するには、このような未整備な問題に対し改善につながる取り組みを確実に進めていかなくてはならないと思っています。

(2) エクスペクテーション・ギャップの問題

ところでこの言葉は聞いたことがあります？　これは80年代にアメリカで使われた言葉ですけれども。社会一般が監査人に期待するエクスペクテーションと、実際に監査人ができることに差異があることです。例えば、一般の人は「すべての会計不正は監査人が見つけてくれる」と思っている、あるいは期待している。これがいまだに存在しているのが現状です。

しかし、保証業務の宿命として、大型会計不正があると、仮に監査人として最善の努力をしたとしても結果責任が問われてしまう。監査事務所の宿命のようなテーマです。大手法人では何千社というクライアントがあるので、仮に知名度のある会社が不正会計を引き起こすと、残りの会社の監査に大きな問題がなくても、監査事務所はレピュテーション・リスク、行政罰リスク、そして訴訟リスクに曝されます。場合によっては、事務所の存続にもつながる問題となってしまう。IFAC会長時にはエンロン事件等によるアンダーセンの崩壊、会計士協会会長時のカネボウ事件によるみすず監査法人の解散の様子を見ていましたので、この職業の脆弱性の問題は、冷静な議論ができる時期に再検討したいと思っております。

(3) 倫理・行動規範の遵守（公益性か収益性か？）

監査事務所は、市場のゲートキーパーとして、独立の第三者としての重い責務を負っている割に監査報酬は低額であり、特に日本は、欧米と比べてもかなり安いと言われています。他の事務所の報酬と比較して値切られることがよくあり、監査人の交代時には、新監査事務所は報酬を引き下げているという問題が生じています。結局、自分自身で首を絞めるようなことをしているわけです。

一方、アドバイザリー業務とか、コンサルティング業務は、インセンティブのねじれがない業務ですから、相手が満足すれば高い請求金額でも払っていただける。

エンロンやワールドコムの会計不祥事件のときに、アンダーセンの監査が問題とされた１つの理由は、高額なコンサルティング報酬を得るために手ぬるい監査をしたのではないかと批判された点です。このようなことがあって、米国のSOX法では、一部のコンサルティングなどの被監査会社に提供できないサービス業務が規制されました。

私は、この問題がいまだに続いていると思っています。特に大手の監査事務所の経営陣は、公益性重視なのか収益性重視なのかという問題に直面しています。事務所職員のなかには、監査よりもコンサルティングやアドバイザリー業務をやりたいという人が増えている。顧客が良いサービスに対して高い報酬を支払ってくれるので、やりがいがを感じるのでしょう。

一方、監査業務は独立の監査人として厳しい意見を言わなくてはいけない場合があります。

大事な点は、コンサルティングなどの非監査業務に従事したとしても、公認会計士として保持すべき基本的な倫理感を持って行動することができるかという問題です。

過去の事例を見ると、コンサルティングなどの非監査業務が増えてくると監査業務が疎かになる傾向があります。この問題も大きな課題です。

(4) 自主規制と官規制のバランスの維持の問題

一般に、いろいろな不祥事件が起こると、官規制がその度に強化されるという傾向があります。社会も業界団体の自主規制は生ぬるいという立場から強力な官規制を望むという方向に動きがちです。極端なケースでは、監査事務所を国営化または半国営化すべきだという意見が出てきます。しかし、プロフェッショナルな職業は、私はまず業界団体が主体となって自主規制の強化に取り組むことが第一だと思っています。規制当局は、制度の枠組みをつくり、制度が正しく運営されているかのモニタリングをし、厳正な監督をすることが、国民経済的にも効率の良いやり方だと思っています。

したがって、会計士業界は、日本公認会計士協会が業界の社会的信用を強固なものするため、自ら進んで厳格なルールをつくり会員を指導監督する自主規制の強化が必要です。

以上が私の考える「会計プロフェッションの過去、現在及び将来にわたる脅威」です。

◆10年後の会計プロフェッションを展望する◆

(1) 規制の強化とガバナンス・コードの進展

10年後を予見するということは難しいものですが、多分、10年後にはグローバル経済がさらに進展し、規制の枠組みが今より大きく変わっているのだろうと思います。日本で適用が始まったコーポレートガバナンス・コードは、各国がそれぞれつくっています。それが株主にとっていい方に、逆にいうと、会社にとっては厳しくなる方向に変化していくだろうと思います。会計基準も含めて、ビジネスのやり方も同一の方向に向かっていくだろうと想定されます。

(2) デジタルテクノロジーの革新のスピードとその拡散

将来の予測が難しい大きなテーマは、最近メディアなどに取り上げられている、デジタルテクノロジーの進化とそのスピードの加速です。皆さんご承知のように、金融とデジタル技術の融合を進めるフィンテックという革新的なビジネス手法だとか、AIによる自動運転、サービス現場でのロボットの活用など、現行のビジネスのやり方が大きく変化して、10年〜20年後にはITに置き換えられて、なくなる職業が出てくると言われています。このような予測を、オックスフォード大学の教授や野村総研などで研究発表し、『週刊ダイヤモンド』や『週刊エコノミスト』などでセンセーショナルな記事として取り上げています。

監査業務のみならずいろんな職種について、AIとかロボットとかに代替可能な職業になると予測しています。確かに、取引記録と証憑類との突合のようなマニュアル的作業は、人工知能やロボットによって置き換えられて徐々に減っていくでしょう。昔の伝統的監査から、CAAT（Computer Assisted Audit Techniques）、次いでCA（Continuous Audit）に監査技法は進化しています。伝統的なマニュアル監査から、コンピューターがアシストする監査技法になり、データベースを共有化して、会社の取引記録と証憑とのチェックを同時に実施する、そういう時代になるだろうと予測しているわけです。しかし、会社が監査事務所にデータのアクセス権を認めないとこのCAの実施は難しい。また内部監査人が、データのなかの異常値を発見するデータ・アナリスティックスという手法も導入しようとしています。近い将来は、AI（人工知能）を入れて、それほど複雑ではない貸倒引当金や製品保証引当金の計算をすることも可能でしょう。しかし、監査人としてはこのような引当金計算の妥当性も含め、複雑な引当金の計上に深く関与していくことは従来と変わらないと思います。

また、ITによる作業の代替が果たして適正なものなのかということに関しては、誰かが調べてその妥当性を判断しなくてはいけません。昔の話ですが、私が工場の監査に行っていた際には、それぞれの工場で詳細な原価計算制度がありましたので、製造原価が適正に計算されているかを監査していました。ところがあるときから、原価計算の監査が工場ではできなくなりました。例えば、固定費にはどのようものがあり、どのよう配賦基準で製品に配賦しているのかといった質問に対し、「原価計算はコンピューターでやっていますから工場ではわかりません」という回答でした。ではどこに聞けば良いのかと問うと、システム部に行ってくださいという返事。システム部に行くと、「システムをつくった記憶はあるのですが、その後、原価計算システムを改訂しているので詳細はわかりません」との答えでした。このような場合、事務所のITのスペシャリストがシステム部に出向いて調査することになると思いますが、ジェネラリストの監査人とITスペシャリストの協働が必要です。したがって、10年後は監査はいらなくなる、あるいは監査人がいらなくなるということはないと思いますね。

(3) ビジネス界における職業会計士に対する期待の変化

まず、今後のビジネス環境の変化に合わせ、会計士はよりグローバルな視点の提供がクライアントから求められると思います。また、非財務情報の重要性も増してくる。数値情報だけではなく、非財務情報、例えば、環境（Environment）、社会的なもの（Social）、ガバナンス（Governance）といったESG情報などが大事になってくる。

戦略的な会計情報も、アドホックベースのレポート（特別報告）という形式で数多く出てくると思いますし、外部報告と内部報告の差異が少なくなってくるでしょう。このように10年後の環境は大きく変わっていくだろうと思います。

(4) グローバリゼーションと会計職業

この観点からは、経済がグローバル化すると既成のシステムもまたグローバル化せざるを得なくなると思います。グローバル規制の複雑化、租税回避行為の暴露を意図したパナマ文書の流出というスキャンダルがありましたので、国際租税の取り決めがますます重要になってくる。このような変化にどのように対応するのか。多言語を話す人、あるいは多文化に対応できる会計人材の必要性がますます大きくなると思います。

◆将来の成功のために会計人に求められる資質◆

今後10～20年を展望し、職業会計人の成功のために求められる資質とは何か、ということを研究した報告書が、ACCAという英国の勅許公認会計士協会から出ています。ACCAは英国のみならず国際的な活動しいている会計士団体で、英国の会計士資格試験を英連邦諸国などでも実施しています。ACCAの会員資格は職業会計士の資格試験のない発展途上国では会計士として認知されています。

ACCAの報告書では、広範なスタディを行った結果として、将来、職業会計人に第一に求められる資質は、つまりコアとなる資質は、「テクニカルスキルと倫理観」（Technical skill and Ethics）であると言っています。このコア資質は、高度な知識と独立性および懐疑心を保持しながら、決められた基準に従って継続的な活動を実施するスキルや能力を表していると説明しています。次に、コア資質に加えて必要となるものとして、知能（理解力や思考力：Intelligence)、創造性（Creative)、デジタルテクノロジー（Digital Technologies)、情熱的知能（Emotional Intelligence)、ビジョン（Vision）および経験（Experience）を挙げています。こういうようなスキルと感性を持っていないと、これからの社会に対応できないという問題提起です。

5．期待される人材への道
～世界に通用する会計プロフェッションを目指して～

◆会計プロフェッション人材の強み、弱みとは◆

まず強みは、クライアントとの関係で、独立の立場であるが会社にとっては大事な存在です。人間関係は対等で自由にコメントや意見ができる、会社内のいろんな立場の人から知識や情報を吸収することができる、上場・非上場の会社いろいろな業種の企業また大小規模の会社などを担当することができる、また自己啓発の機会、つまり自己研修、啓発の機会がある、などが挙げられます。

ただ、気になる弱みもあります。これはある会社の人事担当の役員に聞いた話ですが、会社は途中入社の応募者の適正検査をしますが、一般に、会計士は知識の偏重、視野の狭さ、コミュニケーション力と社交性不足、チャレンジ精神や国際性の欠如などの傾向があるそうです。これらは個人差がありますので、必ずしも会計士共通の特性ではないと思いますが。

私は、会計人になったら、日本で働くことも大事ですけど、皆さんには世界に受け入れられるような国際人になっていただきたいと思っています。

◆世界に受け入れられる会計人材として必要な要件◆

(1) パブリックインタレスト（公益）とノブレス・オブリージュ（身分に伴う義務・責任）という心構えと気概を皆さんのバックボーンとして持っていただきたい。

⑵ 専門知識に加え、一般教養と必要な基礎的素養があった方がいいですよ。IFRS財団のような国際組織の採用面接試験では、自国のみならず外国の文化や歴史などに対する興味と理解があり、人種的な偏見がないことが厳しく評価されます。

⑶ スキルとしては、英語の他に外国語はもう１つぐらいできたらいいですね。私見になりますが、一般に、国際組織では男性より女性の方が有利ですので、ぜひ多くの女性の方にチャレンジしてほしい。

⑷ 留学や海外派遣などの国際経験を積み重ねることが国際人の養成に早道です。

これは私見ですけども、日本人の一般的な外国語の習熟方法として、英語教室とか会話学校に行くのが普通ですが、まず外国語に慣れるためには、外国人と一緒に働いたり遊んだりすることの方が効率的ではないかと思っています。シンガポール生まれの中国人で５ヵ国語を話す人を知っていますが、ヒヤリングが一番大事だと言っていました。

日本の英語教育では読み・書き・文法に重きを置きますので、一般に、ヒヤリングとスピーキングは苦手意識を持っているようです。結果として、外国語の習得に多くの時間と金額もかけたのに、途中で挫折する人が多いように思います。文法上の理屈よりも、まず相手の言っていることを理解し自分の意思が相手に通じることが大事です。チャンスがあれば、海外赴任とか留学などには行った方が良いと思っています。

私の場合には、ヨーロッパのベルギー事務所にオーデットマネージャーとして32歳のときに赴任しました。当地の事務所では日本人は私１人で、カルチャーショックの連続でした。

しかし、毎週の金曜日か水曜日に気の合った仲間と近くのバーに飲みに行く習慣があり、いつの間にか、現地のベルギー人、英国人、米国人などとビールを飲みながら２時間程度リラックスした気分でおしゃべりをする仲間に入れてもらいました。これがなかなかおもしろかったですね。帰りは、酒飲み運転で帰ることになりましたけれども（笑）。また、ヨーロッパ地域のマネージャー研修にも参加し、いろいろな国の人たちと知り合いになったのも楽しい思い出です。このような国際研修の場で、日本人同士で群れをつくっていては、国際研修の意義をうまく生かせませんね。

IFAC理事会では、一般に、夫婦同伴で出席するのが慣例となっていました。IFACの理事会開催国の地元の会計士協会が 昼間の時間帯にLadies programを用意してくれるので、奥様同士も自然に知り合いが増えて仲良くなる。結果としてIFAC理事会メンバーとの交流が深まり、また私自身も、家内が持ち帰った情報が役に立ったということもありました。

IFRS財団では、トラスティー（評議員）は各国の経済界、証券取引所、官界や政界などの著名人が多く、また財団の活動を公的な立場で監視するモニタリングボードとの合同会議では、米国SEC長官やEUのコミッショナーなどの規制当局者と面談する機会があり、彼らの論点や問題意識などについて意見を交わしたことも貴重な経験になっています

◆「会計職業人の社会への浸透」のイメージ図◆

会計士志望者は、まず大学あるいは大学院で勉強し、資格試験に合格し、監査事務所で働くというのが試験合格者の通る一般的な道です。

監査業務は会計士にとってコアとなる業務ですが、経験を積み重ねることによって、コンサルティングなどの業務、税務業務（国際税務を含む)、M&Aのアドバイザリー、その他の保証業務に特化していく人たちが出てきます。また会社に入ってCEO・CFOまたは内部監査人を目指す人もいる。公的分野や非営利法人で活躍する人もいる。なかには規制当局で働く人、大学等での研究者になる人が出てくる。また外部の経験をもとに監査事務所に再就職する人も出てくるでしょう。

会計プロフェッションはこのように社会におけるなくてはならないインフラとなり、会計人材は社会のさまざまな分野で活躍し循環していくことになります。このような役割を皆さんに果たしてもらいたいと思っています。

図表２

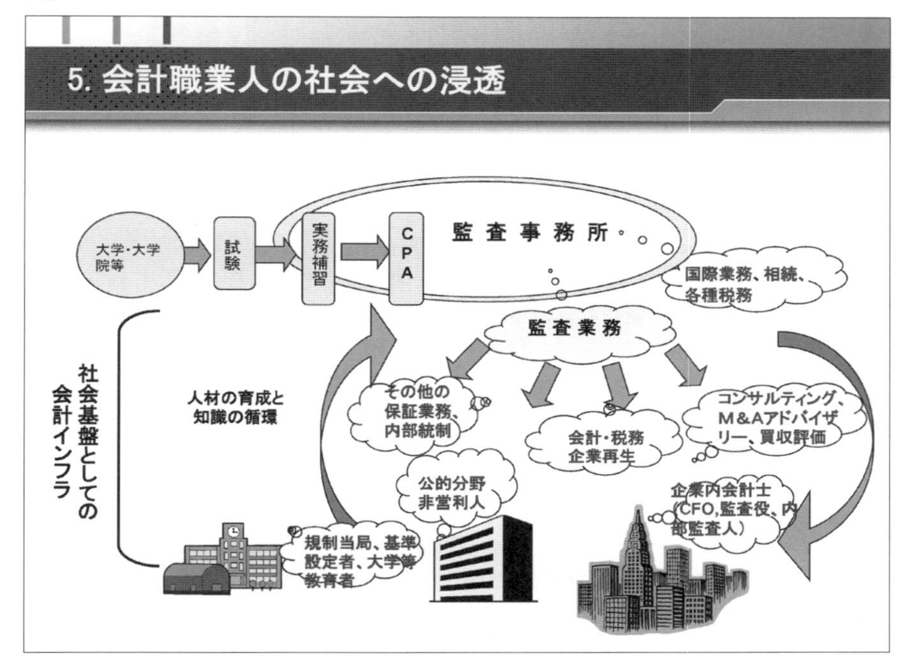

◆外国人との交流に当たってのFujinumaの「3F＋with Funの原則」◆

最後に、外国人との交流に当たってのFujinumaの「3F + with Funの原則」についてお話しします（図表３）。この3Fは結構有名なんです（笑）。つまり、私がいつも講演のときにPRしているから、知っている人は知っているという意味なんですが（笑）。

まず、①人に接するに当たって、できるだけフレンドリー（Friendly）に接して、友人を増やしてください。次に、②フランク（Frank）に意見を言って、相手の信頼を得てください。最後に、③フェア（Fair）な態度と判断力を保持して、尊敬し尊敬されること。つまり皆に尊重されることが大事です。これにプラスして、ジョークが言えて「笑い」に包まれれば（Fun）、さらに最高です。

意外に、日本人は、最初の「フレンドリー」ができないのです。日本人は、一般に、フェアな方が多いのですが、フレンドリーができないから、最初の

図表３

5. 世界に受け入れられる会計人材への道

Global会計人材には海外経験や国際交流が不可欠！
・外国人との交流に当たってのフジヌマの「3F＋With Funの原則」:
その1、 Friendly に接し、友人を増やせ！
その2、 Frank に意見を言い、信頼を得る！
その3、 Fair な態度と判断力を保持し、尊重し尊敬される！
「笑い」で互いに愉快な気持ちになる ”With Fun” を忘れずに！

・プロフェッションとして生きるための、Bob Herz氏（元IASB委員・FASB議長）
「3Pの原則」
Passion(情熱), Pride(誇り・自慢・得意分野), People(人間・仲間)

「塾生への期待」
人間としての Integrity（信頼性）、公益の擁護の姿勢、世界に通用する知識と前向きなVisionを持ち、その実現を目指して努力をする、つまり世界に通用する仕事ができる会計・国際人材を目指してほしい

ところで挫折してしまう。だからフレンドリー、フランク、フェアという順番は、覚えておいてください。

尊敬するボブ・ハーツ氏、米国FASB（財務会計基準審議会）の元議長ですけれども、彼はプロフェッショナルの3Pの原則と言って、Passion（情熱)、Pride（誇り)、People（仲間）の３つを上げています。

私は塾生の皆さんに、「人間としてのIntegrity（信頼性)、公益の擁護の姿勢、世界に通用する知識と前向きなVisionを持ち、その実現を目指して努力をする、つまり世界に通用する仕事ができる会計・国際人材を目指してほしい」と思っています。

終わりに当たって、松下村塾の吉田松陰の言葉を披露いたします。

「夢なき者に理想なし、理想なき者に計画なし、計画なき者に実行なし、実行なき者に成功なし。故に、夢なき者に成功なし。諸君狂いたまえ！」

皆さん、夢は諦めたときには夢でしかない、挑戦をやめたときは失敗でしかない！　ということを頭に入れて、この１年間皆さんと共に勉強していきたいと思います。

質疑応答

八田：これから後半の討議の時間に入らせていただきます。進行は私の方で進めさせていただきます。まず、いくつか初めにお話をさせていただきます。

今日は30名程度の参加者ということで会の開催を計画致しました。おかげさまで大変多くの方にご応募をいただきました。その後、公正な手続きを経て30名の方を選ばせていただきましたが、途中でご辞退された方もおられますので、その後、追加的にご案内を差し上げた方もいます。念のために申し上げますが、今日お集まりの皆さん方の性ないしは所属先につきましては個人情報になりますので、口頭だけで申し上げますけれども、一番若い方で26歳、そして20代、30代、40代とおられます。これは、まさに大人の世界であるということです。私は、プロフェッションの世界では、若くて優秀なプロはいないと思っている者の1人です。実は、これは私ではなく、私が大変親しくさせていただいている弁護士の久保利英明先生がおっしゃられた言葉なのです。久保利先生も、法科大学院の設立とか講義などで大変尽力をされたのですが、いつも同じことをおっしゃっているし、私が所属する大学で発行しております、『青山アカウンティング・レビュー』（vol.2、2012）という雑誌で、数年前に久保利先生と対談したことがあります。そこで、最後に彼はこう言うんですね。「要するに、プロフェッションは大人がやらなければいけない仕事です。多分お医者さんもそうだと思います。大人がやる仕事については若くて優秀ということはありえないのです。若ければ、社会を知らない分だけ、人間を知らない分だけ、危険に遭っていない分だけ、優秀ではありません。……」と。

別に若いからということで否定しているわけではありません。つまり、プロというのは自分の責任と判断によって社会的に大きな役割を担わなければならない。したがって、当然一定の専門的知識を積み重ねなければなりませんが、やはり年齢にふさわしい経験と知見、これを蓄積していかなければいけない。残念ながら日本の公認会計士試験制度は、2003年の公認会計士法改正によって改悪されました。つまり、受験資格要件が完全に撤廃され、誰でも受験できることになりました。確かにこの問題については若くてもいいではないかという議論もあります。例えばプロゴルフの世界を見ると、16～17歳でも優勝する男性・女性がいるということもあります。しかし、肉体的な部分の柔軟さや強靭さと、いわゆる頭脳の部分、つまり高度な判断の求められるプロとしての部分というのはまったく違うということがわかっていない。今日のご講演の第1番目の柱で、藤沼さんのご経歴を伺いました。それ以外にも、ジャスネットコミュニケーションズが出版している雑誌『アカウンタンツマガジン』（vol.37、2016.8）のなかでも詳細な先生のご経歴が掲載されていますが、これらを見てみると、先生が輝かしく旅立つのはまさに40代になってからなんですね。ただ、その前に、1970年に外資系の事務所に転職したことが人生の岐路になっていると……。今日はご縁があってこういう形で皆さん方と出会いました。もしかすると、後で振り返ったときに、まさに今日が、あなた方の人生の転機になるかもしれない。もちろん、良い意味で。こうしたことを我々としても支援できればと思っているわけです。

さて、この後の進め方ですが、今日は皆さん方に参加していただいていますから、いろんな質問あるいはご意見をいただきながら双方向で議論していきます。記録に残しますので、ご発言の前には必ずお名前だけははっきりおっしゃってください。そして、できるだけ手短な発言でお願いします。そして、それは藤沼さんに対する質問なのか、あるいは全体に対する評価なのか、何でも結構です。

今日、藤沼さんにお話しいただいた5つの柱に当たってのアウトラインがありますので、それに則しながら少し煮詰めていきたいと思いますので、よろしくお願いいたします。

まず1番目、職業会計人としての歩みということです。念のために藤沼さんに確認しますけれども、結果的に藤沼さんはあらゆるジャンルで草創期、草分け的な存在として今日までこられました。

実は私事でありますけれども、私は藤沼さんと最初に出会ったのは1992年のワシントンD.C.における国際会議でした。私は一学者として「世界会計士会議」というものの会議の内容に触れてみたいということで、私の同僚の橋本尚君と一緒に参加したのです。そのときの藤沼さんは、IFACの理事会のメンバーにご就任され、主催者側のメンバーとして参加されていました。私はかなり大きな驚きを持ちました。日本国内ではお会いしたことがないような、外国人並みに身長も高くて格好いい、とてもダンディ……。日本の会計士でこういう人がいるのかと、大変憧れの気持ちを持ちました。そして、取り巻きとのやりとりを見ると、まさに藤沼さんがいつもご主張される３F（スリーエフ）、Friendly、Frank、Fairの雰囲気に包まれ、そしていつも笑い声が聞こえる。私はそういう行動を遠目で見ながら、憧れの思いを持ち、そしてその後ずっと藤沼さんの追っかけを続けて今日に至っているわけです。これは本当の話なのです。といったこともあり、実は藤沼さんも最初はストーカーみたいな変なやつがいるなと思ったかもしれませんが、私の方も大変図々しく近寄っていきましたので、今のこういう親しい関係になっています……。

ということで、まず確認しますが、藤沼さんの歩みを見てみると、ちょっと言葉は悪いですが、必ずしも保守本流を歩いてきているわけではないという気がします。それは結果的にどういうふうに、藤沼さんという人間の形成につながっていくのでしょうか。

藤沼：仕事上で特に日本の監査法人と合併し一緒になったときは、法人トップの一部の方は、多分私を外国かぶれじゃないかっと思っていたように思います。外国派は情報だけ持ってきてくれ、重要な意思決定は俺たちドメスティック派がやるというような時代でしたね。会計士協会の役員も国際問題についてはほとんど興味がない。今はこの関係が逆転しまったようですけれども、当時はそういう感じだったのです。だから、まさに保守本流ではなかった…。

八田：先ほどのご講演にもありましたが、与えられたポジションあるいは与えられたファンクションを最大の能力と時間とエネルギーを使って履行されたのではないかと。それが結果として実を結んだのではないかと私は思うのですが、いかがですか。

藤沼：それは確かに……。例えば公認会計士協会の理事選挙に出るときには、当然ながら事務所内でも協会の役員になりたい人がいたわけです。それを国際派の藤沼に席を譲ってやれという影響力のあるボスや若手のパートナーがいて、その人たちがサポートしてくれた。私は、事務所内ではある程度信頼されていたし結構サポートしてくれる仲間がいた。当時の日本の監査法人と国際事務所との提携が強化されて行く環境のなかでは、国際関係は将来益々重要になるという認識が広まっていたのではないかと思います。一方、会計士協会では影響力のある元会長や役員などが中心になって、いろいろな支援をしてくれたり、また機会を与えてくれたということだと思います。つまり、自分が努力したことに対して周りも応えてくれた。

八田：今日は、『会計・監査・ガバナンスを考える』（同文舘出版）という本をお配りしています。これは、藤沼さんと私ともう１人、関西学院大学の学長もされた平松一夫先生の３人で、21世紀に入り日本の会計監査を取り巻く環境はどういう状況にあるのか、他の人たちよりは少しだけ国際的な情報を得ている我々が、日本の将来に対して警鐘を鳴らそうではないかと2003年に出版したものです。本のタイトルからわかるように、そのときに出たもう１つのキーワードが「ガバナンス」だったのです。会計や監査というのは、残念ながら企業活動や経営行動の後追いです。ただ何か事が起きたときに問題になるのは中核にある経済の仕組み、あるいはそれを支えている経営者であることから、ここにメスを入れなければ会計や監査も無力であるということです。その後、制度的には内部統制といった議論が始まりました。また、最近ではまさにガバナンス・コードというかたちで経営者の規律付け、あるいは行動付けについて議論されています。ガバナンスについては、実は私たちがすでに十数年前にその重要性を指摘していたのが、ここにきてやっと制度化が始まるのです。

ということで今日のテーマは、藤沼さんに10年後を占ってもらいたいということでお願いしました。向こう10年の間に何が一番あなた方の周り、あるいはあなた方にとって変わると思いますか。将来を担う皆さん方ですから、10年後はそれに見合う大きな責任を負うことになるでしょうが、何が変わっていると思いますか。多分、今日の藤沼さんの話にもヒントが出ていたと思うのですが。

質問者OK：OKと申します。よく言われていることですが、AIとかテクノロジーの発達で我々の業務が簡素化されたりするのではないでしょうか。

八田：それは避けて通れないでしょうね。藤沼さんの今日の資料にもありましたが、実は10年じゃなくても、イギリスのオックスフォード大学の関係者の研究によると、2025年位には今の会計担当者の半分はいらなくなるとも言われています。あるいは、大学卒業生で会計事務所に勤めたいと思っている人の場合、採用はちょうど半分になるだろうというような情報も出ています。それから、同じ資料ですが、現在存在するあらゆるジャンルの職業がコンピューター化されて乗っ取られるのではとの危惧も見られます。まだAI以前の問題です。そのランキングには700超の業種が列挙されていますが、そのなかで最もそれに親和性が高いのが会計業務ではないかということが言われているわけです。そのなかで、同じ会計でも、例えば帳簿記入とか会計監査のスタッフ機能、つまり補助者、これはなくなるかもしれませんが、難しい判断、見積もり、予測を的確に行える専門家は多分、今よりも求められるだろうと……。こういう議論が起きていますから、楽観的な部分と悲観的な部分が実は両方あるんですね。他にどうですか。

質問者KT：KTと申します。今でもそうだと思うんですけど、ビットコインとか仮想通貨、そういう国の保証のない通貨が流通して、監査のかたちというのは、やっぱりお金に落とす必要があると思うので、そういうところに対応した監査とか会計とかが求められるのではないかと思います。

八田：そうでしょうね。まさに資本市場、金融市場が、Fintech（フィンテック）というように、おそらくITの世界と密接にリンクしながら、現金以外の交換手段を用いて行われるということは当然あるでしょうね。ただ、いずれにしても、そのような行為が成立すれば、あるいは創造されてくればくるほど、その行為の信頼性、そして結果の妥当性については、情報というかたちで担保されなければいけないということで、会計の重要性はますます高まってくると思います。

２番目の柱にまいりましょう。２つ目は、公認会計士の使命・職責です。藤沼さんは、「公認会計士法」の第一条の使命規定、そして職責についてご説明されました。そして、一番重要なキーワードは「パブリックインタレスト（公共の利益）」を守ることだいうことをおっしゃっているわけです。ただ、これはなかなか耳障りのいい言葉なのですが、会計士や会計の専門家を目指そうとする方が、本当に身をもってそれを理解できているのかどうか。

今日集まった皆さん方を念頭に置くわけではないですが、私も会計の世界に身を置いて40年以上経ちました。私自身、公認会計士試験の勉強をした時期がありますが、そのときから比べて今、教育の現場から見てみると、残念ながら相対的に日本の会計士のレベルは下がっているのではないかという気がします。それは守備範囲から見ても、あるいは経験値から見ても、さらには教育のレベルを見てみても、残念ながら、昭和の時代の会計士と比べて、レベル的にもだいぶ見劣りがする。実は、そうした危機意識からも、今回、藤沼さんと一緒に、藤沼塾をどうしてもやり遂げたいという気持ちがあったわけです。ちょっとご紹介しますが、2017年８月30日付けの『朝日新聞』の「波聞風問」というコーナーで、「二つの私塾」という大変すばらしい記事が掲載されています。そこには今回の藤沼塾を創設する直接的契機になった話が書かれています。実は法律の世界の方で、日弁連の会長を経験された本林徹弁護士が、2013年から約２年間、「本林塾」というものを立ち上げ、何回かにわたって、著名な法曹人を呼んできて議論されたということです。その１年後に、そこでの討論の内容をまとめた書籍『本林塾講演録 新時代を切り拓く弁護士』（本林徹編、商事法務、2016年）が出版されたのです。ここでは10名ほどの弁護士の方が講演された後、参加者の間での議論などを収録した結果がまとめられています。この点について、藤沼さんは本林さんと個人的にもお付き合いがあるということですので、その辺の話をお願いします。

藤沼：本林先生とは昔からずっと知りあいでして、本林先生があるとき私に「藤沼さん、こういうものを書いたんのだよ」と先ほどの本をいただいたのです。弁護士の世界も、一時、司法試験合格者数が増え過ぎたということもあって、仕事がなく就職できない弁護士が急増している、また、受験者もかなり減ってしまったということでした。特に最近は、弁護士の俗称が、居候弁護士から軒先弁護士へ、つまりイソベンからノキベンへと言われる仕事がなく厳しい状況に置かれている弁護士が増えてきてしまった。従って、業界全体として元気がない。そこで、弁護士業界で道を切り開いてきた人たちに声をかけ、それぞれの方がそれぞれ異なる分野で苦労しながら今日を築いてきた経験を、主に若い弁護士に伝えたいという話になり、「本林塾」を始めることになったそうです。私はその話を聞きながら、「公認会計士も全く同じ状況ではないか」と思いました。それで八田先生に「弁護士の本林先生が本林塾を開いて若手の教育に取り組んでいるので、我々も会計士業界の活性化と、将来この業界を担う若手会計士の教育や育成に向けて何か一緒にやりたいね！」という話をしたのです。そうすると、八田先生の企画力で、いつの間にか「藤沼塾」の開設につながってしまったという経緯です（笑）。

八田：ということなのです。法曹界では層の厚いレベルで教育・研修などが行われていますが、残念ながら公認会計士の場合には、CPE研修というかたちの継続研修はなされていますが、本当の意味でのエリート教育はどこでもなされていない。これは日本の教育の問題なのかもしれません。しかし、会計士の世界でも国際的に伍して戦える本当の意味での一流を育てる必要があるだろうと思っています。一流を育てるためには、あるいは、一流になるためには一流の人に触れてみなくてはならないと思うのです。スポーツでも勉強でも、三流ばかりを見ていると、これがそうかなと思ってしまいますから。スポーツでもうまい人を見て、突然に開眼する場合があるそうです。なるほど、こうやってゴルフはするのかとか、水泳はこうやってするのかと。やはり本物を見させなくてはだめだということです。

そこで、藤沼塾での全6回の講義を通して、皆さん方には、是非一流の方たちに触れていただきたいと思っているわけです。

そこで公認会計士の使命・職責。基本的に公共の利益ということは、特定の人の為に利するのではなくて、広く、そして私利私欲がないかたちで業務を行わなくてはならないとなると、それなりの使命感とか覚悟とか、あるいは矜持ないしプライドを本当に持っていなくては、口ではわかっていても、なかなか実践できない場合があります。ボランティアでできるものではありませんから。使命・職責に関して、何か日頃思っているような疑問、あるいは悩みなどあればどなたでもご発言いただければと思います。

質問者KK：KKと申します。使命感の部分なんですけれども、藤沼先生の過去の経験で、どういうタイミングでそれがすごく強まったか。やはり何かのきっかけとか、そういうのがあると思うんですけれど、その辺のお話を聞かせていただければなと思います。

藤沼：自分の経歴のなかで、使命感というもの感じたとき、これは大変だなと思ったのは、IFACの副会長のときでした。1997年のアジア経済危機に際して会計監査が機能していないと特に世界銀行から厳しい非難を受けたんのです。その頃は世界の会計士業界はアンダーセンも含めてBig5でした。アジア各国の企業の監査報告書は、一般に、PwCとかKPMGとかEYとかDeroiteとか、Big 5の名前をつけていましたが、各国事務所の監査報告書の対象になる財務情報は会計基準に一貫性がなく比較可能性がないではないか、また監査の品質もバラバラではないかと批判されました。各国のルールに従っているから、金融商品は時価で評価しない、不良債権があっても十分な引き当てをしてない、為替のロスが発生しているのに未実現損失として繰延べて巨額な為替損を計上していないといった問題があったのです。このような比較可能性のない財務諸表をBig5の名前で監査証明するのか？　Big5は統一的な品質基準がないのか？　IFACは役割を果たしているのかと攻め立てられました。例えば、「トヨタ」のブランド名がついた車が世界で売られているが、日本でつくったトヨタ車も、タイでつくった車も、アメリカでつくった車も、トヨタ車の品質は同一ではないか、とも言われました。このような批判に直面したときに、これはパブリックインタレストの問題だなとつくづく思ったのです。このときからIFACとBig5はグローバルな監査品質の向上に向けて共同作業を始めたのです。

　したがって、その後会計士協会の会長になった後も、IFRS基準と国内基準のコンバージェンス作業の促進やIFRS任意適用に向けた動きに関心を持ち続けていました。

八田：KKさんはどのように使命感を考えておられますか。

質問者KK：私は教育の方をやっているのですが、私自身が今38歳になって考えると、本当に使命感を感じるのは30歳過ぎたぐらいからじゃないかな、と思っています。最初のうちは本当に自分のことしか考えていなかったのですが、ある程度、自分に実力が付いてきたり、役職が付いてくると、やはり全体のことを考えなきゃいけないなという使命感が高まってくるのかなというのを感じております。他の若い世代の方も含めて、どういったタイミングでそれが醸成されていくのかが気になっていたものですから、今の質問をさせてもらいました。

八田：何々感っていろんなものがありますよね。倫理観、使命感、正義感。「観(感)」というのは、実際にはどうやって醸成するのか、あるいはどうやって具備していることを立証できるかは難しいですよね。ただ、おそらくどのビジネスの世界でも、今、最も問われているのが倫理観や職業的使命感ではないでしょうか。残念ながら日本の社会を見ると、会計の世界だけではなくて、あらゆるところで不正ないしは不祥事が後を絶たない。それも個々人のレベルで見たらとても優秀な集団であるにもかかわらず、そういう問題が露呈してきている。どうしてなのだろうかと……。ただ、少なくとも監査業務というのは他の専門職の業務と異なり、藤沼さんのご説明にあったように、やはり監査結果に対しては、利用者は無批判的に受けざるを得ないのです。つまり、独占業務の結果ですから。ただ、それが特定の依頼人に対する業務であれば、医師に対してはこの診断結果には納得がいかないとか、あるいは、弁護士に対してはこの弁護手法が嫌だということで、担当者の交代を希望することができるわけですが、監査の場合にはそれができない。そういう意味でも使命感もだいぶ他とは違った意味で重みがあるのかなという気がします。他にいかがですか。

質問者Y：Yと申します。被監査会社、投資家等、あとは監査人という三者関係を前提としたインセンティブのねじれ問題があるとご説明されましたが、もしねじれを解消するような新しい考え方とか海外の事例とかがあれば教えていただきたいと思います。

藤沼：この問題についてはいろいろな議論があるのですが。例えば、証券取引所にお金を集めてそこから払えばいいじゃないかとか、いろいろな意見が出るいるわけですけれども、実際、証券取引所にその話をしたら即座に嫌だと言われてしまいました。それはなぜかというと、監査の場合には、会社のサイズということだけではなく、手間が掛かる会社とか、リスクの高い業務をしている会社とか、あるいはマネイジメントや取締役会が詳細な監査を求める場合など、サイズと報酬が正比例しない場合が多々あるからです。手間が掛かる会社は監査時間や監査報酬が当然ながら増えますよね。ところが、証券取引所がそういう個々の会社の事情を考慮して報酬の決定をすることは、情報がないのでできないのです。

結果的に、監査人の仕事の内容や工数について、よく分かっている会社側と監査人が協議して報酬を決めざるを得ない。ただ、会社が払うと言っても、株主から預かっている会社の財産を会社の執行部が代行して払っているとも言えますので、欧米諸国では、会社のコーポレートガバナンスが機能し始めているので、社外取締役が株主の代表としての役割を担い監査時間や報酬を決めていけばよいという考え方も出ています。日本では制度上の問題があって、監査委員会や監査役会に外部監査事務所の選任・解任の権限が付与されていますが、監査報酬については同意権があるのみで執行側が監査報酬の決定権を持っています。しかし、社外役員としての自分の経験から現行の制度は問題があると思っています。例えば、監査役が執行部門（通常は経理部）に「監査報酬が数年間上がらないがこれでいいのか？」と聞くと、「すでに外部監査人と同意していますから」と言われる。外部監査人に同じ質問をすると、「会社から提示を受けた監査報酬については異論がありません」という返事が返ってくる。つまり、両者で握手をしているから、今さら監査役として「同意できない」は言えないわけです。結局、監査時間とか監査報酬というのは、経理部と監査人のネゴで決められるわけです。先日開催された日本監査研究学会主催の「会計監査の在り方に関するラウンド・テーブル」の場でも、私は現行の監査報酬についての制度は問題があるという発言をしております。今後法改正があり、この監査報酬についても監査役会又は監査委員会に権限が付与されれば、大きく事情は変わってくるのではないかと期待しています。

八田：Ｙさん、あなたはどのように考えていますか。

質問者Ｙ：非常に難しいと思うんですけれども。私はインセンティブのねじれ問題ということで、あまりそういう例を聞いたことがないので、証券取引所とか、どこかしらのそういう団体にいったんプールして監査法人に配分するという方法が、一番いいのではないかと思っていました。

八田：要するにインセンティブのねじれがなくなればいいわけですよね。

質問者Ｙ：そうですね。

八田：結論としては簡単ですよね。今の報酬支払形態をやめればいいんです……。あくまで考え方ですよ。実は歴史的に見ると、クライアントが金を払って、最終的に受益者である株主、投資家にサービスが提供される、といった法制度上の仕組みができたのは、アメリカの1933年証券法と1934年証券取引所法ができたときなんですね。それまでの監査は任意でやっていましたから。任意の段階の監査というのは例えば信用保証の監査。銀行にお金を借りたいから財務諸表の信用保証をしてもらう。これはインセンティブのねじれはないわけです。法定監査ということは、マーケットをベースにした、不特定多数の利用者に情報を供するという公共的な性格を有している。当時も、報酬の支払い形態については少しは議論になったのかもしれませんが、結果的にはこれまでどおりでいいということで、現在の形態が続いているわけです。ただし、これでなくてはいけないという保証はどこにもないですよ。私自身、監査業務に関わる報酬形態を変える方向での論文を書いてみたいという気持ちがとても強いです。

でも、実際にアメリカではエンロン事件が起きたときに、いろんなパターンの支払形態があると議論になりました。一番有力なのは保険理論と言いまして、保険会社が介在する方法です。損保や生保と同様に、いわゆる監査リスクを査定して、それをしかるべき監査法人に委託する保険会社を介在させるというものです。例えば、被監査会社に関わるリスクを全部評価して、このレベルだからこのぐらいの監査費用になるとし、それを踏まえて、今度は監査法人に入札させる。被監査会社で後日、何か問題があった場合には損害賠償が起きますから、それは保険会社が全部見るというものです。おもしろい理論です。実際に有力な学者が論文を書いています。したがって、わが国発で、監査報酬の支払い形態を考案することもあっていいのではないかと思っています。反対意見もあると思いますが、制度というのは絶対というものはないですからね。他はいかがですか。

質問者SS：SSと申します。今、監査報酬の話になったので、少しお伺いしたいなと思います。インセンティブのねじれというところだと、アメリカにおいてもクライアントさんからお金をもらっている、と言いながらもオーディットフィーについては、オーバーランとか、結構もらえる状況なのかなと思っています。日本とアメリカを比較して、日本は監査報酬が削減傾向にあると思うんですけど、アメリカと日本においては何の違いによって監査報酬に対しての捉え方というのが異なるのかなというのが疑問なんですが、もしご意見があればお伺いしたいなと思うんです。

藤沼：これはいろいろと理由があると思うんのですけれども、１つは、アメリカはエンロン、ワールドコム事件が起こって、Sarbanes-Oxley法という厳しい法律ができて、経営者に対する罰則が厳しくなった。禁錮20年とか、最高500万ドルの罰金です。刑期の上限が20年と思ったら、アメリカの場合には他の罪も加算される積み上げ方式ですから、エンロン社の前チェアマンは120年という刑期が求刑されました。しかし、彼はその前に心臓麻痺で亡くなったわけです。米国では、会計不正に対する厳しい罰則規定からか、エンロンやワールドコム事件以降は大型会計不正事件は激減しています。企業経営者も罰則が厳しくて不正に走ることに躊躇する。従って、正当な監査報酬は受け入れる。また、一般に米国はサービス業務に対する対価は、フェアーなチャージであれば支払うという伝統があるような気がいたします。

ところが、東南アジア諸国とか日本ではサービス対価の支払いは非常に厳しい。コンペになると値引競争になることがよくあります。日本企業では予算は一般に経理部が握っていますから、監査法人だけを特別扱いはできないというのが会社側の考え方ではないかと思います。だから、監査人を変更する場合には、監査報酬は安くできるのでしょうねという発想になってしまう。こういうところが、ガバナンス改革で変わっていけばいいと思っていますが、会計士側にも問題があります。

八田：おそらく報酬が安いということは、それだけの価値しかないと考えているからということも言えるでしょう。マーケットの議論からいくと。実際問題、監査という職能に対して日本人は非常に評価が低い。ちなみに社内の役員報酬でも取締役より必ず監査役は低いと思います。あるいは社外で入った場合の社外取締役よりも社外監査役が低いと思います。でも、実際の業務量は、おそらく今は監査役さんの方が、取締役よりもずっと多いと思うし、責任もほとんど変わらないぐらいあると思います。つまり、日本は監査に対する理解が非常に乏しいということがまず第１点あります。それと、報酬形態を見たときに日本は自然発生的に監査制度が導入されたわけじゃなくて、突然のように戦後、アメリカ型の証券市場構築の一環としてゼロベースで始まった。報酬の取り決めも分からないため、当時の経団連、当時の大蔵省、当時の会計士協会が三つ巴で決めていこうということになったのです。そして、法定監査については標準報酬規程というものを策定して、基本報酬と執務報酬というかたちで一律的に決められる方式が2003年の公認会計士法の改正までずっと続いていたのです。その間、物価にスライドして２年から３年ごとに改定されてきました。つまり、日本の監査報酬について、会計士協会は何の努力もしないで物価スライドで上がってきたんです。しかも、昭和の時代はノーリスクだったのです……。今は当然ハイリスクですから、報酬と責任の間にギャップが出ているのではないでしょうか。冗談ですが、企業の方は、昔のノーリスクの時代のときに払い過ぎていると思っているのかもしれません。しかし、報酬についても当然に国際標準に合わせて修正されなければいけない。そのためには優秀な会計士が出て、企業サイドと丁々発止以上のレベルの意見ないしは考え方を示さなければだめだということです。それも今回の藤沼塾の目的の１つだと私は思っています。他にいかがですか。

質問者MT：MTと申します。独立性ですとか信頼性、こういったものの担保に関して、一部地域ではファームローテーションというものが入ってきていると思います。監査というものをより効果的に行っていくとすると、それこそクライアントに対する経験ですとか知見というもの、そういったものの蓄積が何よりも効果を生み出すと考えているんですけれども、その点、ファームローテーションを導入する弊害ですとか、あるいは効果というところを、どのようにお考えになりますでしょうか。

藤沼：実は、先ほどもお話ししましたが、先日、日本監査研究学会主催の「会計監査の在り方に関するラウンド・テーブル」に参加しました。金融庁が、強制ファームローテーションについて、調査、研究を始めるということを言っているわけですけれども、ラウンド・テーブルでは研究者も会計士も反対の意見がほとんどでした。私も反対意見を言った１人ですけれども、八田先生は金融庁からの依頼で、アメリカの実情を視察に行ったという事情もあり中立の立場です。強制ローテーションによって、監査チームの上から下まで一気に変えることによって、監査品質の低下や、結果として監査コストが上昇するというデメリットを主張する意見が出ていました。私はこの問題は本質的にプロフェッショナリズムに反していると考えているのです。自分の仕事についてのプライド、つまりプロフェッショナリズムを維持した上での話ですが、事務所の先輩が獲得し維持してきた、あるいはIPOのクライアントを指導し育成してきたとかいういろいろな歴史があって今日に至っているわけです。

ところが、例えば、10～15年たったら強制ローテーションで両者の関係がなくなってしまう。プロフェッショナルとしてのプライドやインセンティブがなくなってしまうように思います。強制ローテーションは監査人の独立性が強化されるという点に重きを置いた制度ですが、この制度の実効性は世界でもまだ本格的にテストされていません。また、独立性を担保するやり方は強制ローテーション以外にもあるのではないかと思います。現在の監査法人のガバナンス改革、パートナーのローテーション制度や品質管理制度の強化など、監査品質の向上に向けた施策を実施してこれらの効果を見定めることも必要だと思います。

一方、いち早くこの強制ローテーション制度を導入したスペインや韓国などは、この制度をすでに廃止しております。そういう面で、ヨーロッパのEUが始めたからそれに追随するということではなく、昨年の国民投票でイギリスがEUから脱退することになりましたので、今後、ヨーロッパでもどうなるかわからない部分があります。未成熟な制度を日本に適用しようという方向性は、大きなリスクが潜んでいるように思います。

八田：今のMTさんのご懸念というかご質問は、2016年３月８日に金融庁の「会計監査の在り方に関する懇談会」が出した提言書に関してものだと思います。これは金融庁のウェブサイトからもダウンロードできますので、ぜひ１回お読みいただくといいと思います。そんなにページがあるわけではありませんので。

私もその懇談会のメンバーとなっていましたが、会計監査の信頼性を確保するために全部で17の提言が出されています。その１つに独立性を確保するためにどうすべきかという考え方が示されていて、そこに今ご質問のあった監査法人のローテーション、いわゆる強制的なファームローテーション（mandatory farm rotation）のことが書かれています。この問題については、監査人の知識・経験の蓄積が中断されることにより、監査品質が低下するおそれがあるとか、あるいは大手監査法人の数が限られている監査市場の現状を踏まえると、当該制度の円滑な導入・実施は現時点では困難であるとの指摘もあります。そのため、まずは諸外国の最近の動向も踏まえつつ、わが国における監査法人のローテーション制度の導入に伴うメリット・デメリットや、制度を導入した際に実効性を確保するための方策等について、金融庁において、深度ある調査・分析がなされるべきだとされています。ですから、まず中立的にやりましょうということなんですね。ただ、メリット・デメリットの議論は諸外国であれ日本であれ、そして歴史のなかでも、すでに嫌になるぐらい行われています。メリットは第三者の目が入るということ、あるいは独立性も高まり、担当者の緊張感も高まるということ。しかし、デメリットは今おっしゃったように経験等の蓄積が中断する、コストが上がるかもしれないといったことがあるので、反対意見も多いのです。でも、EUでは実際にファームローテ―ションが始まりました。なぜ始めることになったのか。あるいはアメリカでは法律にはなってないませんが、下院の方でファームローテーションは行ってはならない旨の決議を行っているのです。

こうした諸外国の状況を手分けして調査するということで、私はアメリカ担当で公開会社会計監視委員会（PCAOB）に金融庁の方と一緒に行ってまいりました。他の方々はヨーロッパ、まだ報告書を読んでいませんけれども、イギリス、ドイツ、フランス、オランダ、この辺に行かれたようです。したがって、それが今後報告書として公表されるはずですから、それをつぶさに検証・分析した結果、どうなるかというのが今後の問題になると思います。

ただ、私は基本的には藤沼さんと同じようにプロの問題というのはプロに任せるべきだと思っています。しかし、残念ながら21世紀に入って、2011年のオリンパス事件、そして2015年の東芝事件、まさに日本を代表するモノづくりの企業、そういった歴史ある知名度の高い会社において、このような不正会計が報じられてくると、やはり国際的な信頼は一気に失墜してしまいます。オリンパススキャンダルとか、東芝スキャンダルということで、国際的にも多くの疑念が発せられているようです。やはり社会的にも国際的にも影響力の大きい問題ですから、ここにメスを入れて制度の見直しがなされるということは避けて通れないのではないでしょうか。ただ、制度の問題は絶対ということはないですから、関係者の方々が正しい知見と意見発信をすることによって、誤った方向に行かないようにすることが必要だと思います。今ここにいる皆さんの力も必要になってくるときがあるのではないかと思います。他にいかがですか。

質問者MN：MNと申します。パブリックインタレストということで、会計士協会のスローガンにもある言葉だと思うんですけれども、公共の利益のために働くというのは具体的にわからないというのがあります。

藤沼：公共の利益（パブリックインタレスト）、先ほども言いましたように、医者、弁護士、税理士、それぞれのミッションがあるわけですね。我々の場合は先ほど話したようにインセンティブのねじれというのがあって、いわゆるお金を払う企業ではなくて、財務諸表のユーザーが最終的な便益を受けます。ユーザーである投資家等のために役立つ正確な財務情報を提供する、監査人は監査証明を行うことによってその信頼性を担保することをコア業務としています。このことによって、会計士の使命は、広く社会つまり公益に奉仕する職業と言われているということです。

少し具体的に言うと、実際にユーザーというのは機関投資家であり、会社の企業年金基金、保険会社、国のGPIF（年金積立金管理運用独立行政法人）など、規模は小さいですが会計士協会の公認会計士年金基金もこの範疇に入ります。最終ユーザーである国民の拠出した資金が積み立てられ、国債も含めた多くの会社の株式や社債などに投資されているわけです。資金の投資先の会社の財務情報の正確性や適正性について監査人が監査証明をして、初めて信頼性を付与されるものになるのです。そういう点で我々の職業を語るときには、会計士はパブリックインタレストを守る職業人であるということが、欧米諸国では、広く社会に認識されています。

ところで公益にかかわる別の例をお話ししましょう。私の前のイギリス人のIFAC会長、フランク・ハーディングと言いますけれども、そのフランクのロンドン郊外の家に何度か招待されたことがありました。あるとき、彼はロンドン郊外の閑静な住宅街にある自宅の改造をしようとしていたのですが、市の当局許可を事前に得る必要がある。彼はアルミサッシを窓に入れたいと思ったのですが、市の許可が取れず、何度も申請が戻されてしまった。何と言われたかというと、アルミサッシの窓というのは彼が住んでいる住宅地の環境に合わないから、公益に照らして却下するということでした。日本では、原色を使ったカラフルな家があるとか、自分の敷地のなかにゴミを集めて近隣住民を悩ませている人がいても、一般に個人の財産権が優先されます。近隣の住宅地の不動産の価格が下がってしまうという不利益が生じても泣き寝入りの場合が多いように感じています。反対に、英国ではパブリックインタレストの概念が強く、このような場合には私権はある程度制約を受ける。つまり、公共の利益が優先なのです。自分の敷地内のことだから何をしても別に問題はないだろうというのが日本人の考え方であるとすると、パブリックインタレストという言葉は日本ではなじみが薄いのかもしれません。だから「国民経済の健全な発展に寄与する」というような会計士法（使命規定）のふわっとした表現になってしまいます。

八田：見方によるとプライベートインタレストじゃないということですよね、パブリックなのですから。つまり、特定の人がいて、その人に利する行動ではないということ。不特定多数ということであり、経済を支えている資本市場の大きな役割を担っている番人なんだという意味でパブリックインタレストなんでしょうね。でも、これはなかなか難しい言葉ですよね。肌感覚で理解していただかないと、定義をといってもなかなか難しいですから。例えば国会議員などは国を支えていますから、彼らがパブリックインタレストを使うと、これを国益なんて訳すかもしれませんしね。ちょっと意味が違いますが、そういう意味もあるのかもしれない。他にいかがですか。

質問者HS：HSと申します。制度周りのところにまた戻ってしまうんですが、今、会計業界のなかで人が足りないという問題がある一方で、いろいろやらないといけない手続きが増えてきて、監査側でフィーを増やす交渉があると思います。先ほどおっしゃられたように、アメリカみたいに厳罰化みたいな方法で、そもそもの経営者リスクを抑えるみたいな流れというのは日本でも広がっていくではないかというところに興味がありまして、お答えいただけたらなと思います。

藤沼：実は今回の「会計監査の在り方に関する懇談会」の提言のなかに、その部分は書かれてないのですね。監査の在り方懇談会ですから議論の対象範囲を狭くして、監査事務所のガバナンスコードを作成するだとか、監査人に懐疑心を持って不正を見抜く力をつけろとかそういうことはいっぱい書いてあるのだけれども、会計不正の真犯人である企業側の制度的な問題点や改善事項についてはテーマになっていません。そういう意味でバランスがとれていない提言と感じています。

監査人というのはゲートキーパーとしての責任を負う、言うなればお巡りさんみたいな役割があって、不正を指摘したり是正をする役割があります。不正した人を捕まえる役割りは、証券取引等監視委員会と検察庁が担います。日本では、金融庁は縦割り行政のなかにいるということなのかもわかりませんけれども、経営者の不正に対する厳罰化ということに関してはあまり触れたがりません。今回、証券取引等監視委員会が検察庁に東芝の経営幹部に対し刑事罰を科すべきだと提案しているのに検察は腰を上げてくれない、裁判で負けると困ると懸念していると新聞で報道されましたが、刑事罰でやらないということは、民事訴訟でもセーフになる可能性が高いかもしれません。

2002年に成立したアメリカのSarbanes-Oxley法みたいに、禁錮20年とか500万ドルという罰金があって司法も厳しいと、経営者不正に大きな影響を与えると思っています。2001～2002年にかけてのエンロンやワールドコムの大規模会計不正事件後は、大型の不正会計事件は激減したという記事が、エコノミストに掲載させていましたが、実は、八田先生が企画に関与した公認不正検査士協会のシンポジウムが一昨年開催されました。エンロン事件の当時のCFO、アンドリュー・ファストウ氏がビデオ講演という形で登場しましたが、ファストウ氏は刑事罰で約10年近く収監されていました。先ほど言いましたようにファウンダーである元会長のケネス・レイ氏は刑期に服す前に亡くなってしまいましたが、約120年の刑期でした。CEOのスキリング氏は未だに収監されているということで、経営者に対する刑罰の厳しさが違うわけです。アメリカではSarbanes-Oxley法が法制化されて以降大きな会計粉飾は起こっていないということです。

先ほどのラウンド・テーブルでは、これを参考に日本も刑罰規定を見直すべきだという意見を述べましたが、経済界を含め経営者を委縮させてはいけないという意見が多いと聞いております。今のところ、メディアもこの問題に真剣に取り組んでいません。会計士の場合ですと、事務所全体のレピュテーションにも影響が出るし既存のクライアントの流出につながる。関与していた会計士は業務停止や資格も取り上げられる。ところが、経営者の場合は、会社のレピュテーションは大きく損なわれてしまうが、課徴金は本人が払っているわけではなく会社が払っている。経営者が無罪になってしまったら、あの会計不祥事件は何だったのかということになりかねない。これは制度的な問題ですね。

八田：そうですね、まず日本とアメリカの法制度が違いますからね。藤沼さんがおっしゃったように、厳罰を科すということ、特に上場会社の経営トップに対してですが。実は私が先般PCAOBへ調査に行った際に、アメリカではエンロン事件後、大きな不正事件が起きていないがそれはどうしてなのかとヒヤリングをしてきました。その1つとして、担当者ははっきり言いました。経営サイドに対する厳罰化が極めて有効に効いていると。藤沼さんがおっしゃるとおりなのです。特にアメリカの場合には量刑ガイドラインというのがあって、例えば内部統制など適切に対応していて問題を起こした場合には罰則が軽減される。しかし、やるべき対応を講じていなかった場合には、二倍、三倍の刑罰が科される。日本にはそういう制度はありません。アメリカでは司法取引というのもあって、全部情報を教えくれたら減免するよというのもあります。法体系が違うというところは、アングロサクソンと日本の違いですよね。金融庁は立法府じゃないですから、なかなかそういった部分に立ち入れないという、アンフェアな状況が実はありますよね。だから、私自身、懇談会のメンバーとして参加した第1回目の会議のときに、東芝の事件は企業の問題であって、監査人の問題はその次なんだと発言しました。でも、金融庁は監査体制に対する規制当局ですから、この問題についてはそこの部分だけを扱いますということでした。したがってそれ以外の所は別途考えていただくことになります。非常にフラストレーションが溜まりますけど、現実はそうなんですね。最後にお1人、どなたかいかがですか。

質問者KN：KNと申します。今、私は静岡の方で、家業の木材屋を経営しているんですけれども、3年前までは監査法人にいました。そこで3年前に辞めて家業に戻った1つの理由、もちろん家業を盛り立てたいと、静岡を盛り立てたいと思ったのも1つなんですけれども。実はもう1つはもともと会計士を目指すとき、「ノブレス・オブリージュ」って本当に好きな言葉で、すごく高貴な職業だなと思っていたのです。それを志して入ったんですけれども、まずクライアントに情報を出していただくのに、かなりコミュニケーション能力が必要で、クライアントの方も忙しいのでしょうが、かなり戸惑いました。そのときにやっぱりこれは、先ほどのお話にもあったんですけれども、監査報酬をいただいていることを考えると、最後の一声を出すところがなかなか難しかった。八田先生が先ほど監査報酬の仕組みを変えるというようなお話をされましたが、今、現状としてどの程度、監査報酬の変わる可能性というか、世界、日本を含めて、本当にその可能性があるのかとか、そこら辺をお聞きしたいなと思いました。

藤沼：金融庁の報告書によりますと、ガバナンスが強化されて監査法人も会社も監査の内容についてできるだけ株主、機関投資家などに情報を提供することによって、高品質の監査に対するバリューを投資家が評価してくれて好循環が生まれるだろうと言っています。私の読解力の問題かもしれませんが、この文言は作文のように感じています。講演でお話ししましたが、会社の執行部、一般的には、外部監査人の窓口になる経理部が監査人と交渉し監査報酬を決定する権限があります。監査役会や監査委員会に同意見が付与されていても、両者が同意した報酬に異議を申し立てることは難しいのが実情だと思います。

八田先生はそのあり方懇談会のメンバーですから、あんまり強力に言うと仲違いをすることになってしまいますが（笑）。まずは一歩ですけれども、監査役会とか監査委員会に監査時間と報酬の決定権まで付与しないと監査報酬の問題は改善しないと思います。経理部が作った予算のなかで動くという形から、監査役会や監査委員会の予算申請という形であれば、全然重さが違ってくると思います。

八田：法曹界から見ると、「監査報酬がこんなに安くてよくやりますね」と、みんな言われます。だったら上げるようにすればいいんですよね。つまり、痩せ我慢してもいいから安い監査はしないということ。ところが残念ながら、この１年・２年、監査法人の交代事例はかなりの数に上ってきています。日本は安いと言われながら、監査法人が変わると、さらに安くなるんです。あり得ませんよね。つまり、業界がそれだけプライドがないということです。ぜひあなた方の時代には、それを変えなくてはならない。あるいは会計士協会がリーダーシップを持って主導しなくてはならない。昔、医師会にケンカ太郎と異名を持つ武見太郎という会長がおられました。診療報酬はやらない、そんなのは安かろう悪かろうだ、ということで突っぱねて、厚労省と大ゲンカした時期があります。確かにそれはあまり正しいことではないと思いますが、金融庁とそれなりに対峙して、業界のプライド、まさに真骨頂をちゃんと発揮することが、私はあってしかるべきだと思います。そちらの女性、お願いします。

質問者ET：ETと申します。日本と海外のパブリックインタレストの違いについてお伺いしたいです。私自身、ロンドンに赴任していたことがありまして、グローバルの会社を監査していましたので、イギリスですとかグローバルの監査チームとよくコミュニケーションを取ることがありました。そういったなかで海外と日本では監査人と被監査会社との関係が少し違うのかなと思っておりました。例えば指摘事項をした場合に、海外だとオープンに相手が受け入れてくれて、どう直せばいいんだろうかというようなかたちでディスカッションが進んでいくんですが、日本だと指摘事項をしづらいというような環境があるなと考えております。先ほどおっしゃったように法制度というのも１つの理由かもしれないんですが、その他にもどうして日本と海外でパブリックインタレスト、使命感の強さに違いがあるのかというところ、ご意見をお伺いしたいと思ったのと、あとは日本のなかでパブリックインタレスト、使命感を上げていくためには、どういった施策が必要なのかということで、そちらについてもご意見がお伺いしたいと思います。

藤沼：まず日本は、先ほどの会計マインドのところで説明したのですけれども、会計の役割についてあまり理解していない人が多いということ、つまり、会計担当者というのは単なる数字を作る集計屋さんじゃないかと思っている人が多い。むしろ、会計というものは、会計プロセスを経て出てきた結果を利用して経営に生かしたり、決算について経営者が報告責任や結果責任を負うというアカウンタビリティーの概念があることを、あまり広く認識されていないですね。

例えば、東日本大震災の後に、八田先生たちと被災地をアカンティングプロフェッションとして応援するテーマで本を出版し、シンポジウムを一緒にやったのですけれども、こんな話が出ました。被災地に対し、いろいろなNPO法人や団体が活動をしていますが、活動の結果がきちっと報告されていない、つまりアカンタビリティーが果たされていないという問題です。この件について国際的なNPO法人の代表の人と話したら、海外のNPOは国連とかいろいろな公的組織からお金をもらうので、NPOの資金収支について監査証明が絶対に必要になると言っていました。個人も含め多くの組織から寄付をいただいていろいろな活動に使っているわけですから、第三者による監査証明は必須なわけです。この国際的NPOの代表者は、イラク戦争のときに避難民にテントを提供する活動をしていましたが、NPOを動かすには莫大なお金がかかるわけですし大きなリスクもあったと言っていました。しかし、善意の寄付金を集めたわけですから、集めた寄付金がNPOの活動に沿って正しく使われたことを第三者に監査をしてもらいその結果を報告する責任があるわけですね。ところが、日本の場合には、大震災を契機に多くのNPOができたのですけれども、残念ながら、監査を受けることは最初から頭のなかに入ってない場合が多く、一部の新聞報道には、あるNPOの代表者は集めた寄付金を本来の目的とは関係のない個人的支出に費消していたと報道されていました。社会的にも重要なNPO活動だとしても、NPOの責任者にきちっとしたアカンティング・マインドがないと無責任なものになってしまいます。

会計についての役割は、報告責任というものを忘れるべきではありません。これは八田先生の受け売りですが、アカント（勘定科目）、アカウンティング（会計）、アカウンタント（会計士）、そしてアカンタビリティー（報告責任）は、みんな同じ言葉から出てきている派生語です。残念ながら、このところがきちんと理解されてない。将来、皆さんがこのような問題に直面したら、「あなたは報告責任があるのですよ！」と厳しく言わなければならないと思います。

監査上で発見した、例えば、内部統制上の指摘事項についての反応の違いについては面白いコメントですね。一般に、日本人は外部からの指摘に対して身構えたり、自分のポジションの保身のために良い指摘であっても事実誤認だと反論したり、「この指摘事項は書かないでくれ」と要請することが多々ありますね。ただし、このような反応を示す人は必ずしも日本人だけではなく外国人でもいますよ。良い指摘だねと考えて受け入れてくれればいいのですが。上司がどう思うかとか、自分の評価が悪くなるのではないかと心配する日本人は結構多いと思います。監査人の指摘を批判と考えずに前向きにとらえ、良いサジェスチョンや提案と考えてくれればいいのですが。抜本的な改善策はありませんが、日頃から良い関係を作ってコミュニケーションが担当者とできていれば、スムーズに解決する場合もありますので、このことも考えてほしいと思います。

この流れで言うと、長文式監査報告書が今、金融庁や経団連を巻き込んで議論になっています。監査上の重要案件について監査報告書上で説明することが国際監査基準で求められるようになり、英国ではすでに先行事例が出ております。現在の監査報告書だと、監査人の意見が無限定適正意見だったら、一字一句同じ文言を使うわけですね。しかし、無限定適正意見であっても濃淡の差があり、100％オーケーというわけではない。この問題については監査上の対応が難しく要注意だねという問題が潜んでいる場合が多々あります。このような監査上の問題点を長文式監査報告書で書こうじゃないかというものです。先程の監査人の指摘事項に対する会社担当者の反応と同じで、経済界はそういう記述があると投資家が混乱し、かえって投資家をミスリードすることにつながるので反対だと言っているようです。しかし、投資家はそういう情報を欲しがっていると思うのですが、皆さんはどう思いますか？

八田：まだまだ尽きないと思いますけれども、時間もすでに超過しております。今のお話ですが、今日のメインテーマでもあると思いますが、日本人はレスポンシビリティーという意味での責任、つまりそれぞれ請け負った役割を自分の力で責任を持ってやるということは非常に長けているのですが、自分ないしは組織が行った結果に対して正しく説明をして、その役割を適切に履行したことを社会に知らしめるという、アカウンタビリティという意識が非常に脆弱なんですね。それを他人から言われると、自分の業務でありながら人格まで否定されたんじゃないかと思ってしまう。こういったところのメンタリティの違いがだいぶあるのではないかなという気がします。ただ、これも非常に難しい問題ですから、これ以上はやめましょう。

藤沼：どうもありがとうございました。

塾長からのコメント

第１回の藤沼塾ということから、塾生が少し緊張気味のようでした。私の講演では、まず、本塾の創設に至った趣旨を、最近の会計監査環境を踏まえて説明し、私自身の職業会計人としての歩みを語りました。次いで、公認会計士の使命・職責について、原点に立ち返って確認した上で、塾生とともに会計職業の将来展望についての意見交換をしました。

塾生との質疑応答においては、公認会計士の使命・職責である「国民経済の健全な発展」という規定、つまり「公共の利益への貢献」は、弁護士、医師および税理士など、他のプロフェッションと比較してわかりづらいという点に焦点が集まりました。しかし、監査サービスの受益者は財務情報の利用者である投資家や債権者などの利害関係者であることから、大部分の国民は、公的あるいは私的の年金や保険料の支払いを通じて株主や債権者、つまりアセットオーナーであることに気がついてないという問題があるようです。監査人の独立性の維持のためには報酬の支払いを証券取引所や保険会社が代行したらどうかといった意見も出ました。金融庁では、独立性の外観を維持するために、「監査事務所の強制ローテーション」制度の検討を始めています。この制度のメリット・デメリットのみならず、プロフェッショナリズムに反していないのかが気になるところですが、塾生にとっても関心の高いテーマだと思われます。

さらに、会計職業の将来展望という点では、グローバル化やデジタル化の加速、国際規制の進行などで10年後には、会計職業を取り巻く環境は大きく変化し、このような変化に対応して生き残っていくことが大事であるとの認識を共有できました。会計職業がAIなどに置き換えられるという研究論文も発表されています。確かに、マニュアル的な監査作業やルーチン化した引当金の妥当性チェックなどはAIに置き換わることも考えられます。しかし、監査に当たってAIをどのように利用するかという点、とりわけ、複雑な会計判断も含め難しいプロフェッショナル・ジャッジメントまでをAIに譲ることはないと思っています。

質疑応答後の懇親会では、乾杯後に、塾生や出版社などのオブザーバー参加者の自己紹介が続き、その後も塾生との談笑の輪が広がり、年齢や所属を越えたコミュニケーションをとるための有意義な場となりました。

第2回

会計士の役割

斉藤　惇

講師プロフィール

さいとう・あつし／1963年、慶應義塾大学商学部卒業。野村證券株式会社副社長、住友ライフ・インベストメント株式会社最高経営責任者、株式会社産業再生機構社長、株式会社東京証券取引所代表取締役社長、株式会社日本取引所グループ取締役兼代表執行役グループCEOなどを歴任。2015年、米投資ファンドのコールバーグ・クラビス・ロバーツ（KKR）日本法人会長に就任。16年、旭日大綬章を受章。
現在、一般社団法人日本野球機構会長・日本プロフェッショナル野球組織コミッショナー、KKRジャパングローバルインスティチュートシニアフェロー。

藤沼塾第２回

私が証券アナリストとして日本株の売り込みにニューヨークに渡ったのは、1972年である。当時のアメリカは、長く続いたベトナム戦争で経済が疲弊し、５番街の道路は穴ぼこだらけという状況だった。しかしそんな中で市場関係者たちは、企業価値＝エンタープライズバリューを正確に捉え、それによって決まる市場価値、すなわち株価を梃子にして、企業活動、産業構造を合理的かつ競争力のあるものに転換させようというチャレンジを始めていた。そういう彼らのプロフェッショナリズムは、その後の私の原点となった。

近年の日本経済について、「デフレに取りつかれている」といったマクロ的な表現がされる。だが、ダメな原因は「マクロ」にはないというのが私の考えだ。個々の日本企業が国際競争力を喪失し、生産性を劣後させてきたことこそ、デフレの真犯人なのである。

例えば、１人当たりGDPは米国のみならず英国、ドイツ、中国、シンガポール、韓国などが軒並み右肩上がりなのに対して、ひとり日本は2015年にマイナスに転じた。ここでポイントになるのがTFP（全要素生産性）である。実は、GDP成長に対する労働投入量の寄与度はそれほど高くはなく、牽引力になるのは資本投入量とTFPなのだ。TFPとは、平たくいえば経営スタイルとか技術開発だとか、生産性改善の要素であり、ここが伸びないために“右肩下がり”を余儀なくされているのである。

そうなる原因も一つではないが、日本ではいまだに客観分析による企業価値の発見が不十分であることは、指摘されなければならない。部門別の価値分析や成長分析が圧倒的に弱く、結果的に「ゾンビ部門」を引きずって、企業全体の価値を下げているような例は、枚挙にいとまがない。ROE（株主資本利益率）といった指標を語ると、「数値で経営はできません」と堂々と反論する政治家や経営者がたくさんいるのも、私には驚きだ。彼らに「では何で経営するのですか？」と聞くと、なんら解答を持ち合わせてはいない。

対象となる企業が、必ずしも新たな時代に対応しきれていない状況の下では監査はどうあるべきなのか？　単なる過去の実績の帳簿検証にとどまらず、将来の収益動向だとか経営の方向性、さらには予測されるリスクを正確に把握して、企業側に伝達する役割を担うこと――というのが私の答えだ。いってみれば、従来の静的な監査から、より企業と会話しつつ十分な説明を行い、必要に応じて「言うことは言う」動的な監査への転換が求められているのである。

それを実現するためには、企業とともに、監査法人もまた変わらなくてはならない。企業の事業内容は複雑化し、国際化している。それに伴い、監査法人の組織も肥大化する傾向にある。そうしたなかで社会から求められる機能を発揮するうえで、監査法人自体のさらなる経営の独立性や透明性の確保は、避けて通れない。

カギを握るのは、やはり一般企業同様、ガバナンスだ。株式会社における取締役会に該当する社員評議会の能力が、本格的に試されることになるだろう。私は、今後評議会員の選考方法などについて、検討が進むだろうとみる。さらには、社員評議会に外部の有識者が参加して意見表明などを行うことにより、法人経営の透明性を担保するといった手法が、取り入れられていくのではないだろうか。

日本経済は、この間、かつての成長の余韻の中で生きてきた。しかし、その余韻も消えようとしている。成功体験も破壊して前に進まなかったら、本当に沈没である。建設的経営分析ができないという弱点を克服するために、「動的監査」のデータやそこで交わされる議論は、他にない武器になるはずだ。監査人、会計士のみなさんも、ぜひそうした使命を自覚し、変革の一翼を担ってほしい。

『アカウンタンツマガジン』Vol.40より

■はじめに

こんばんは。皆さんはプロフェッショナルな会計関係の方々だと思いますが、私は会計士の資格も持っておりませんし、八田先生のように研究者でもありません。皆さんにどういうお話をしていいのかということで考えたのですが、たまたま私は藤沼さんや八田さんよりも少し長く生きてまして（笑）、経験だけは長いものですから、その経験に基づいたお話を少しさせていただこうと思っております。

私は証券アナリストをニューヨーク、ウォールストリートなどで10年ぐらいやっていたことがあり、その後企業の経営などをしておりましたので、その関係で多岐にわたる監査法人や会計士の方々とのお付き合いがありました。また、先ほどのご案内のように、東京証券取引所という、１つの規制団体に籍を置いていたということで、政府の監査に関する審議会や研究会に参加しておりましたので、私なりの市場からみた監査、あるいは監査人、監査役とはなんだという位置づけでお話をしたいと思います。

１．アナリストとして世界を見る

ニューヨークで証券アナリストをやっておりまして、昔々のことで、1972年ですから、皆さんがまだ生まれる前かもしれませんね。アメリカがベトナムとの戦争をようやく終えた頃にウォールストリートに行きまして、アメリカがどんどん沈没していった頃でしたので、「アメリカ株じゃダメだよ。これからは日本株だよ」といった話をアメリカの市場関係者に言っていたんですけれども、彼らのプロフェッショナリズムのようなものを逆に見せつけられたということが多々ありました。

そこで学んだのは、やはり企業価値（エンタープライズ・バリュー）をどうやって測定するか、そしてそれを正確に捉え、さらに国際比較をするということでした。そのバリューの国際比較をすることによって市場価値の決定、つまり株価ですよね、それが決まる。そして、この株価を通して企業の産業構造を合理的、かつ競争的なものに変換するという行為が1972年ぐらいからアメリカを中心に進んだのです。

もちろんその頃のアメリカは非常に混乱していまして、1960年代のニフティ・フィフティ（ちょっといかした50銘柄）というめちゃくちゃ株価を上げていたような時代がありまして、まだそうした合理的な考え方というのも実はウォールストリートにもなかったし、コーポレートガバナンスというものも1930年代にはテーマとしてはありましたけれども、今言われるほどアメリカにおいても定着していませんでした。

しかし、アメリカは、1972、1973年頃から大不況となります。年金もガタガタになっていて、「自分は年金をもらえないかもしれない」あるいは「自分の子ども、孫はおそらくもらえない」というような、本当に悲壮感ただよう状態だったんです。皆さん、ニューヨークに行かれたことがあるかもしれませんが、あの５番街は、当時は穴ぼこだらけで、シティ・オブ・ニューヨークは破綻していたんですね。ニューヨーク市が出したビッグマックと称する市債は100を50で償還するか、さらにあと５年待つかというふうな状況でガタガタでした。ただ、そういうなかで、その企業価値を見て、株価を合理的に算定して産業構造を転換する。これによって国家、国民の富を増やすということに盛んに彼らはチャレンジし始めておりました。私には、こうした経験がいまだにずっと自分のベースになっております。

２．国際競争力を喪失する日本

近来、日本はデフレにとりつかれているというマクロ的な見方と、それに対する対策が華々しく論じられておりますけれども、私の考え方は、その原因は決してマクロではない。日本企業の国際競争力が喪失し、生産性が劣後してきたということがこのデフレの本当の理由だと思っていますので、それをなくさないとデフレは改善しない。つまり安倍総理の方針で言うと第三の矢ですね。第一（金融）と第二の矢（財政）だけでやろうとすると、すでに金融市場は危ない状態にある。市場が嘘を言い出しているということで、私はこれを非常に危惧しておりまして、第三の矢をどうするかということが大事だと考えています。

それはなぜかということを用意しました資料で説明したいと思います。皆さんは見慣れているものばかりだと思いますので、簡単に説明したいと思います。

3．右肩下がりの「1人当たりGDP」

1人当たりGDPの2015年まで、2、3年前までの数字なのでちょっと古いのですが傾向は同じです（図表1）。いずれにしてもおわかりのように、アメリカはすごいレベルで右肩上がりですし、イギリスもそうですし、ドイツもそうです。中国も小さいなりに右肩上がり。シンガポールにいたっては特に日本を2000年前後で抜きまして、右肩上がりが続いている。韓国も今現在の問題は少し気になりますけど、右肩上がりです。台湾もすごい。それで、日本、韓国、台湾、シンガポールを見ると、数字的には日本とあまり変わらないですね。それどころか、一番のポイントは、日本は右肩下がりに転じているということなのです。他の国のように右肩上がりではない、右肩下がりになっている……。

また、国際通貨基金（IMF）の調査によるデータも、人口増減と国内総生

図表1

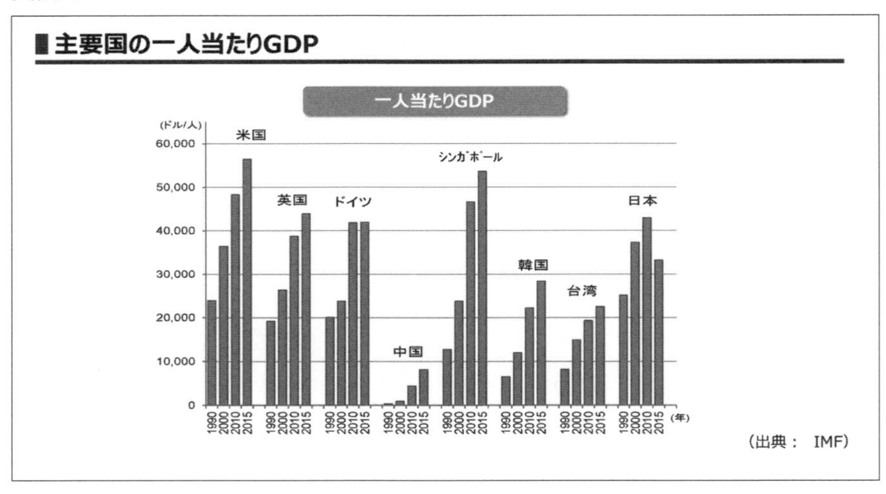

図表2

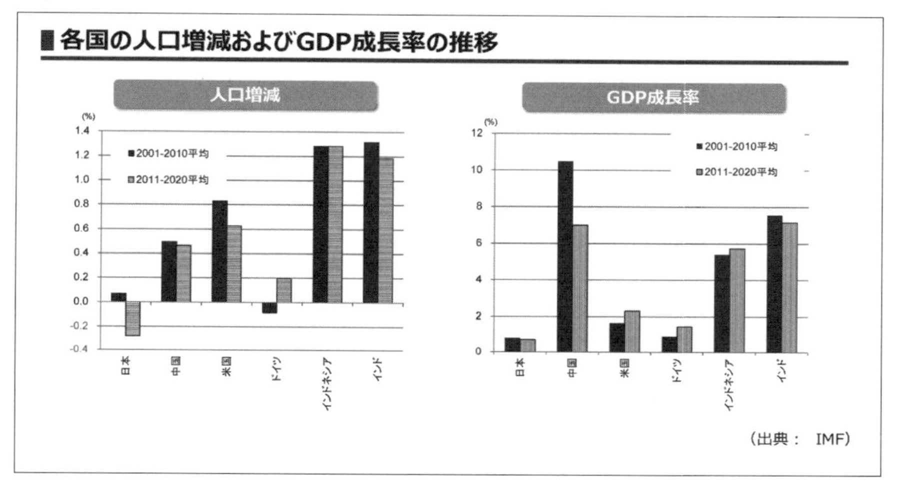

産（GDP）の2001年から10年までの平均と11年から20年までの予想平均です（図表2）。これを見て言えることは、11年から20年の方が大事で、人口増減については、日本だけ減少している。問題のドイツでもプラスです。ドイツは移民の問題がここで出てきたわけですけれども、数字としてはプラスです。そこで、GDPですが、日本はほとんどフラットです。中国は落ちていますが成長率6％台を保っている。インドなどは今も現実に7％台で動いています。インドネシアも伸びていますが、日本はどうかというと1％当たり……。これが実際の姿です。

4．日本のGDP成長率の要因分解

なぜこういうことになっているのか。わが日本も、過去には今の中国のように11％ぐらいGDPが伸びていました。私が入社したのは1963年でしたので、皆さん、うらやましいんじゃないでしょうか。11.1％のGDPのときに証券界に入りましたので、最もエンジョイできたということであります（笑）。しかし残念ながら、その後10年毎に、どんどんどんどん下がっていって、今や0.8％、こんな事態になってしまっております（図表3）。

このなかで、一番のポイントは、東京大学（大学院経済学研究科・経済学

図表3

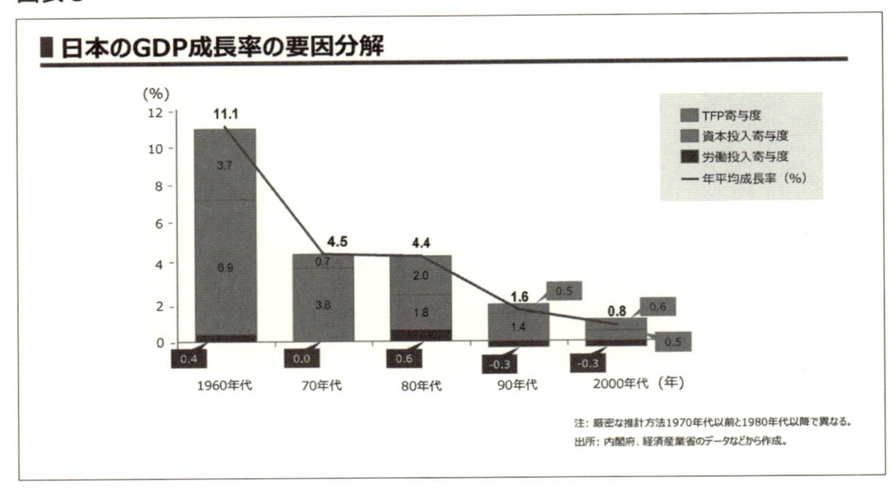

部　教授）の吉川洋先生が特に問題になさっていますけど、必ずしも労働投入量ではないんですね。GDP成長率を分解すると、労働投入量の貢献度というのはそれほど高くない。零点数パーセント（0.数%）でありまして、1%ないわけです。これがネガティブになるという点においては問題ではありますけれども、一番問題にとなるのは、この資本投入寄与度、あるいはそれと関連しますTFP（total factor productivity）寄与度、つまり「全要素生産性」が極端に悪くなっていっていることです。

全要素生産性とはなんぞやというと、算数的には、全GDPの伸びから資本投入寄与度と労働投入寄与度を引けば、それが全要素生産性ということになります。これは例えば経営のスタイルだとか、技術開発だとか、いろいろなことがからんできた生産性改善の要素なのですが、日本はこれが悪化しているためにGDPが伸びないんです。

5．伸びない日本と米国の底力

本来は、国をあげて、80年代ぐらいから必死でこれに取り組まなければいけなかったのです。これを提言した人は結構いましたが、少なくとも行政、政府はこれに対する反応は非常に鈍かったということでありますし、いまだに鈍い。その結果、仮に日本とアメリカのGDPを比べますと、日本は皆さんご存じのとおり伸びていません。500兆円ぐらいで、2000年から現在に至るまで、ずっと横這いになっているのです。それで、なんとか530兆円になったのですが、よく見たら計算項目を変えて530兆円としている。こんなインチキをやっちゃいけませんよね。それならそれで、よその国と何から何まで全部同じ条件にしなきゃいけない。アメリカは確かに研究費を入れていますので、日本も研究費を入れて530兆円としてもいいのですが、相手は、はや2000兆円超になろうとしています。日本は500兆円で、2000年から、つまり皆さんがお生まれになった少し後ぐらいから現在に至るまでGDPが伸びていない、めずらしい先進国なのです。かたやアメリカのGDPは2000年には日本の２倍の1000兆程度だったのですが、今ではその差は４倍ぐらいになってしまいました。これが現状であるということです。

あえて個人金融資産で見てみますと、日本はよく自慢げに「日本は金持ちだ。1700兆円も家庭、ハウスアカウントに金がある」と言いますよね。これは少ない国と比較して威張っているのです、実は。新聞報道などで、1700兆円と言うときには、アメリカはどういう状況になっているかということを比較して書くべきだと思うのです。そうでないと日本人は、日本のハウスアカウントのキャッシュというのはすごいんだと思ってしまいます。すごく少ないとはさすがに私も言いませんけれども、ご覧のとおり、ほとんど伸びていないのです。しかし、アメリカは、ずーっと伸び上がっていて、どうですかね。実は、1990年頃は、日本は1000兆円とアメリカは1900兆円で900兆円ぐらいしか差がなかったのですが、今では、日本は1700兆円、アメリカは7547兆円です…。

なぜ、こういうことになるのかということを、国をあげて徹底的に研究して、対応していかなきゃいけなのが国家政策ですし、企業経営だと思うのですが、そういうナショナルな研究討議が行われないというところに問題があると思います。

典型的なのは生産性、先ほど言いましたTFPに関連するんですが、購買力平価で先進７ヵ国を見ますと、１時間当たり労働生産性は、アメリカに劣

図表４

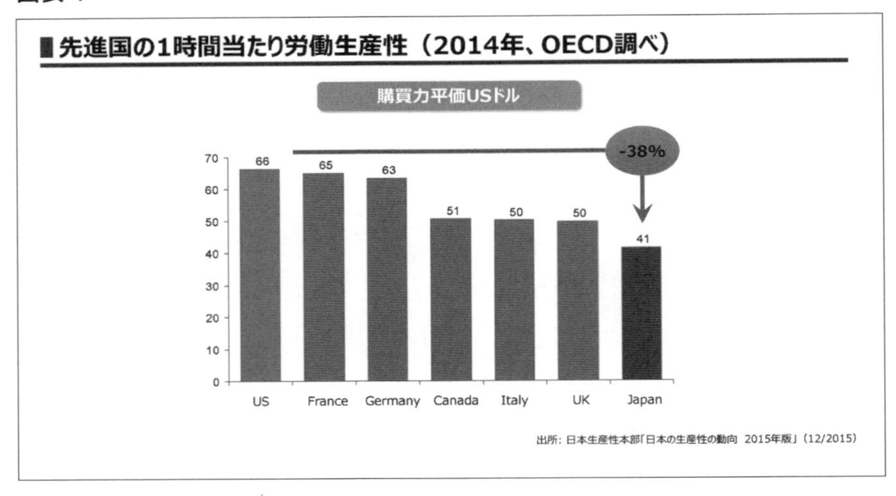

ること38％ですが、なんと、なんでと言い方をすると怒られるかもしれませんが、イタリアやイギリスより悪いのです（図表４）。イタリアはどうのこうのと偉そうに言う日本人がいるのですが、私は「自分の足元をよく見なきゃいかん」と言ってやりたい。働いているか、働いていないかというよりも、生産性はイタリア、イギリスの方が高いということですし、ドイツなどにはまったく及ばないのです、実は。この原因を徹底的に洗わないといけない。このデータは2014年のものですから、少し古いのですが、2017年になると、もっと生産性のギャップが出ています。

そこで、皆さんにとって親しみのある売上高純利益率を日米で比較しますと、日本は2000年代の15～16年間、１回もアメリカの売上高純利益率を超えたことはありません。その差は、だいたい３、４％、ひどいときは５％以上、アメリカの企業の純利益率の方が高いのですね。

６．なぜアメリカとの差ができたのか

なぜ、こうなのかということを日本経済団体連合会で、１回検討会をしたらいいと思います。私はかつて経団連のメンバーとして、コーポレートガバナンス委員会の副委員長を務めたこともあります。1993年頃です。それで、

委員会のメンバー、ソニーとか、日立とか、三菱重工だとか、そういうところの法務担当、企画担当の方々と15人ぐらいで、当時アメリカの株主総会を見て回りました。もちろんご案内のように法律の構成が違いますから、様子もだいぶ違うのですが、そこでは当時、すでにコーポレートガバナンスが課題になり始めておりました。そこで、私がそのレポートを経団連のランチミーティングの時間に報告させていただいたら、みんな寝てましたね、ほとんど（笑)。「何を言っとるんだ、この若造」という感じです。確かに当時は私も若造でしたからね（笑)。そのときは、「コーポレートガバナンス、株主のパワーを使った企業の生産性構造の転換」ということを話したのです。そのときの委員長は亡くなられた日本興業銀行の黒澤洋さんでしたけれども、とにかくほとんど誰もが無関心でしたね。嘘だと思われましたら、経団連のサイトのアーカイブに行っていただけますと、当時の私が書いたレポートが残っているはずです。

私は当時、『旬刊商事法務』（1994年７月５日号）にもこの問題を取り上げて書いているんですけれども、30年たって今、ようやくコーポレートガバナンスと言い出し始めた。30年遅れているんです。30年といったら恐ろしい年月ですよね……。まあ、いずれにしてもこういうことです。

７．企業不正はなぜ起こるか

それでは「先端工業企業と伝統的工業企業の差」というのを、あえてここで見てみたいと思います（図表５)。このデータは野口悠紀雄先生の書籍などを参考にしております。野口先生の数字をベースにしてFinancial Timesのデータ（Global500 2015）を取っています。ご覧のとおり、アップル（Apple）という会社は従業員１人当たり42万6000ドルの純利益を出していますね。従業員数は９万2600人で10万人いません。それに対して、トヨタ（自動車：Toyota Motor）は従業員数33万8000人、３倍います。そして１人当たりの純利益は５万2000ドル。これが日本で１番の会社なのです。また、シスコシステムズ（Cisco Systems）は従業員数が７万4000人、10万人もいません。そして１人当たりの純利益は10万6000ドルです。ただ、これを見ます

図表5

■先端工業企業と伝統工業企業の差

2015 世界ランク	企業名	従業員数	従業員1人当たり 時価総額 (百万ドル)	従業員1人当たり 純利益 (千ドル)
1	Apple	92,600	7.8	426.7
13	General Electric	305,000	0.8	49.9
15	Toyota Motor	338,875	0.7	52.1
46	Cisco Systems	74,042	1.9	106.1
49	Volkswagen	592,586	0.2	22.1
103	BMW	116,324	0.7	60.3

出所: Financial Times "Global 500 2015" (6/19/2015)

と、GE（ゼネラル・エレクトリック社）も1人当たりの純利益はそれほどよくありませんね。結果的には、株式の時価はトヨタとGEはほとんど同じですね。フォルクスワーゲン（Volkswagen）は完全に落ちます。そこに並ぶのはドイツのBMWなのですが、BMWの従業員数は11万人ですね。フォルクスワーゲンにいたっては59万で、約60万人もいる。非常に効率性の悪い会社と言うことができますが、こういう会社が不正をやるんですよ（笑）。

このことから、企業不正というのはなぜ起こるのかと言いますと、経営の失敗なんですね。経営の失敗をカバーするという行為に出たときに、会計をいじったり、あるいは外で、そういうエミッションコントロールの嘘を報告するとか……。つまりは日本の企業も身近に不正があるということであります。

さらに、図表6はパナソニックを見ています。これも野口先生のデータから、ブルームバーグ（Bloomberg）のデータで修正しているんですけれども、パナソニックは、売上高合計は706億ドルですかね。アップルが2337億ドル。そうするとアップルは、だいたい3倍売り上げが大きい。中国のハイアールは規模が小さいです。パナソニックとアップルを比較すると売り上げは3倍ですが、当期純利益はパナソニックが16億ドル、アップルが533億ドルです

図表６

■企業業績格差比較（直近年度での比較）

パナソニック、ハイアール、アップルの比較

		パナソニック	ハイアール	アップル
売上高合計	百万米ドル	70,629	14,247	233,715
当期純利益	百万米ドル	1,643	810	53,394
期末従業員数	人	254,084	54,286	115,000
売上高当期利益率	%	2.3	5.7	22.8
一人当たり売上高	千ドル	278	262	2,032
一人当たり当期利益	千ドル	6	15	464

出所: Speeda; Bloomberg(7/20/2015)

から、33倍ぐらいの差があります。そして、従業員数はパナソニックが25万4000人、アップルが11万5000人。従業員数は逆にパナソニックが倍いますね。これはパナソニックに聞くと、国内より海外の従業員数が多いらしいのです。それはさておき、私が何を言いたいのかというと、１人当たり当期純利益です。パナソニックは6000ドルですが、アップルは46万4000ドルと、差が77倍ぐらいになっちゃうんです。規模の小さいハイアールにも負けている。これが、さっきからいろいろとデータを出しましたが、GDPが上がらない、国民の金融財産（個人金融資産）が、日本は1700兆円で、アメリカは7000兆円といった結果につながっていくのです。

要するに、こういうファンダメンタルズ（経済の基礎的条件）を、つまり日本の産業構造を変えないといけないということです。明らかに日本の産業構造と企業社会が、ITとグローバライゼーションという、二十数年来のテーマにマッチしない経営をやってきたということなのです。それを徹底的に見直し変更してきたのがアメリカの企業でありまして、もちろん行き過ぎというのは多少あったと思いますが、トランプさんが「行き過ぎだ」と、自分でおっしゃっているので、反動もあったのでしょう、しかしアメリカのファンダメンタルズは変わるとは思いません。

図表７

■売上高営業利益率・売上高純利益率の比較

	(A) 売上高	(B) 営業利益	(C) 純利益	(B/A) 売上高営業利益率	(C/A) 売上高純利益率
米国	12,869	2,306	1,614	17.9%	12.5%
中国	14,787	2,522	1,856	17.1%	12.5%
韓国	4,318	519	472	12.0%	10.9%
台湾	2,979	258	254	8.7%	8.5%
日本	8,142	952	614	11.7%	7.5%
英国	8,633	552	419	6.4%	4.9%

(※1) 各国の集計対象取引所
米国：ニューヨーク証券取引所・ナスダック証券取引所
中国：上海証券取引所・深セン証券取引所
韓国：韓国証券取引所
日本：東京証券取引所
台湾：台湾証券取引所・台北取引所
英国：ロンドン証券取引所
(※2) 2016/2/4時点における各国の時価総額上位10銘柄が対象
(※3) 売上高・営業利益・純利益は、直近12カ月(公表ベース)の合計値
(※4) 上海証券取引所に上場している中国平安保険集団は、時価総額上位10銘柄に入る(本来であれば６位)ものの、直近12カ月の営業利益を公表していないことから、集計対象から除外

注：A～Cの単位＝億USドル
出所：Bloomberg

それで、ショッキングなのは各国の取引所の売上高営業利益率と売上高純利益率を比較したこのデータです（図表７）。各取引所のトップ10だけを見ていますので、これですべてが語れるわけではありませんが、売上高純利益率を見ますと１位と２位のアメリカと中国は同じです。純利益は中国の方が上ですね。そして韓国、台湾の下に日本がくるということでありまして……。イギリスが低いのはいろいろ研究してみないとわかりませんが、我々が関心があるのは、近隣の諸国がクオリティの高い経営でチャレンジしているということを知る必要があるということなんですね。

私たちはまさしくバブルの時代や戦後の復興期に生きました。当時はアジアと言うと日本しかなかったのです。自動車をつくれる国なんていうのは、アジアには日本しかありませんでした。そこにソニー、ホンダ（本田技研工業）、パナソニックが出てきたのです。近隣諸国は今の途上国よりも悪いような状況でしたし、中国は完全に封鎖されておりました。そういう状況で、日本は確かに奇跡の国のように崇められたわけですけれども、環境が変わってきたとたんに質が劣化しているんです、経営の質が。我々は、それを謙虚に認めて、対策をとらなければいけないというのが私の考えなのです。

８．「資本生産性」の理想的な「プロポーション」

さらに、みさき投資の中神さんの資料をお借りしてお話ししたいと思います（図表８）。投下資本利益率（ROIC）と株主資本利益率（ROE）と総資産利益率（ROA）と、私の大好きな指標です。ちなみに、こういうテーマで政治家の先生と話すと、「こんな数字でおまえ、経営ができると思うか」とおっしゃるんですけど、「はい、経営は数字を見ながらやらないとできません」というのが私の答えです。某大臣をされた方で、大蔵省元官僚で、自称ビジネススクールをアメリカで２つ出ているという方がいらっしゃいまして、私が「ROE」と言うと、「おまえな、これはレバレッジをかければ、なんぼでも上がるんだ」と滔々とおっしゃるので、「先生、レバレッジのレシオ（比率）は、アメリカも日本もだいたい同じなんです」と私が言うと、黙ってしまわれます。いずれにしても、ビジネススクールで何を学んでこられたのかなぁと、私は思っているんですけれども……。

さて、話を戻しますが、みさき投資のもう１つの資料を参考にしていただきたいと思っています（図表９）。これは中神さんの、非常におもしろい考え方だと思うのですが、資本生産性の望ましい姿というのは、どういうもの

図表８

ROIC分析の目的

■ 資本生産性の指標はそれぞれ「何を測るか」「誰にとっての利益か」が異なる

- ROEだけでは、はたして当該企業の事業の競争力が高いのか把握できない
- ROIC分析では投下資本の生産性を測り、事業の投融資者にとっての収益性を知ることが目的

（出典　みさき投資）

	ROIC	ROE	ROA
定義式	事業利益／投下資本	当期純利益／純資産	経常利益／純資産
測定対象	■ 投下資本の生産性	■ 株主資本の生産性	■ 会社資産全体の生産性
誰にとっての利益か？	■ 事業への投融資者	■ 株主	■ ステークスホルダー全員

図表９

■「資本生産性」についての望ましい「プロポーション」

■ 資金提供者が期待する以上の収益性を持ち、適切なバランスシート管理を行っている会社の場合、資本生産性の各指標は以下のような関係になると考えられる

（出典　みさき投資）

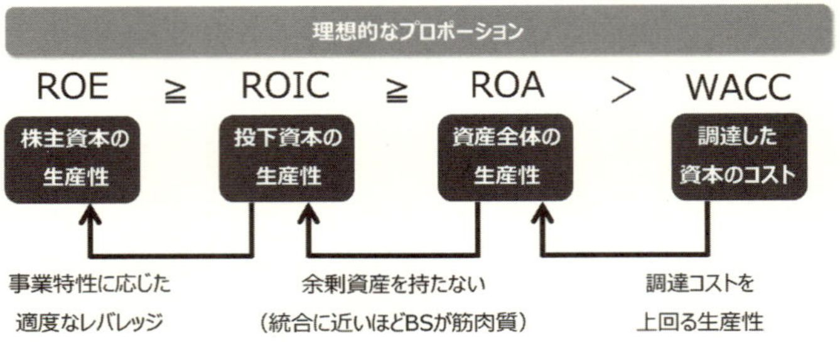

理想的なプロポーション

ROE ≧ ROIC ≧ ROA ＞ WACC

株主資本の生産性 / 投下資本の生産性 / 資産全体の生産性 / 調達した資本のコスト

事業特性に応じた適度なレバレッジ / 余剰資産を持たない（統合に近いほどBSが筋肉質） / 調達コストを上回る生産性

だろうかというものです。実は、私は日本取締役協会でコーポレートガバナンス・オブ・ザ・イヤーの審査委員長をさせられておりまして、毎年、賞に値する会社を選ぶのですが、実は経営指標という面では、このような基準で選んでいるのです。まず当然ですが、ベース資本よりはROAの生産性が高くあるべきであると。しかしそれだけでもダメでして、さらに、少なくとも投下資本の生産性のROICは、ROAとイコールorベターでないと余剰資産を持っているというおそれが生じるので、余剰資産を持たないで、どう効率的にリターンをもたらすかということから、ROICは少なくともROA以上であるべきです。最後のROEは当然、事業特性に応じて、過度なレバレッジをかけているか、かけてないかということを検証する。しかし、ROICよりはレバレッジがかかっているのですから、株主資本の生産性という点でも見ますと、エクイティ（正味資産）という点で、ROEは、ROICとイコールorベターであろうという考え方になります。我々が表彰対象の企業を選択するときには、こうしたことをベースにしながらディスカッションをしているということなのです。

それでROEはと言いますと、釈迦に説法ですが株価とのリンケージはかなり高いものでして、時間をかけて見ていけばROEがすべてではないと言

いますけれども、長期的に見ますと、この関係性は非常に高いということです。

9．変化が求められる理由――主要国の時価総額上位企業の比較

これは少し古いデータなのですが、各国主要指数採用銘柄のROEです。日本が8.5%、今もこれくらいですね。コーポレートガバナンスの制度を導入して、少しは上がっているかもしれません。アメリカはだいたい15%。イギリスが意外と高いですね、15から16%ぐらい。中国の高さは14%ぐらいというのは、ちょっと不確かなところがありますが、いずれにしても世界平均が12%ぐらいに対してこういう結果となっているのです。さらに、1990年代以後の株価の推移を見ると、悲しいかな、GDPの姿とそっくりですよね。右横這いです。

皆さん、こんな日本でいいと思われます？　世界はみんな右肩上がりなんですよ。「右肩上がりはすべてではない」とか、テレビなどで滔々と述べられる評論家方に、私は直接言ったことがあるんです。「あなたが使っているお金は産業が生んできたお金であって、あなた自身はちっともお金を生んでないんですよ」と。「そういうことを忘れて、あたかも右肩上がりが強欲な資本主義者どもというようなことを言っていたら、あなたは食えなくなるんですよ」ということを申し上げました。

そういうことに日本はどうも、「けものへん」の方で、狎(な)れすぎていると私は思います。もう少しリアリスティックにものを考えなきゃいけないと思います。

次は東京証券取引所にいたときに私がつくった図なんですが、主要国の時価総額上位企業を比較したものです（図表10）。おわかりのとおり、レベルがだいぶ違いますね。１番はアメリカ、次はイギリスが入ったヨーロッパ、３番目はイギリスだけの会社という順です。その次は中国、韓国となっています。まぁレベルが違う。低いですよね、日本の時価総額は。アメリカは、アップル、アルファベット（Alphabet）、マイクロソフト（Microsoft）、バークシャー・ハサウェイ（Berkshire Hathaway）、エクソン（Exxon

図表10

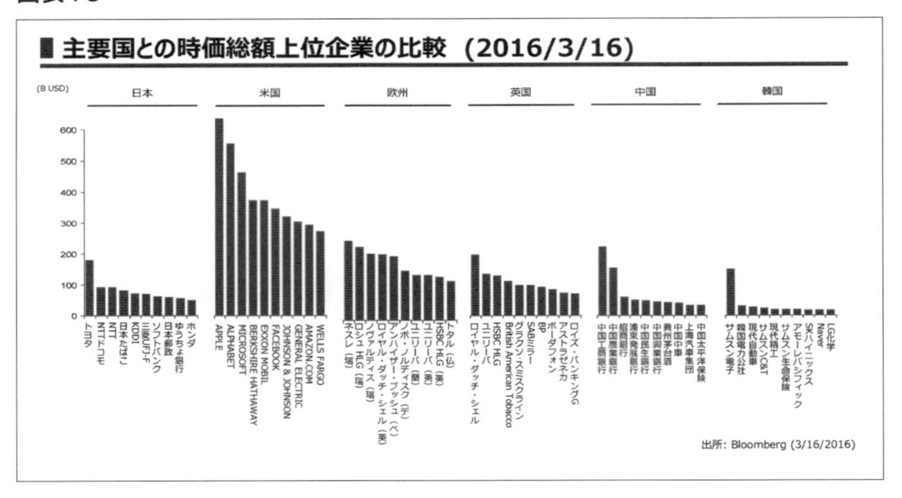

Mobil)、とこうなっています。日本は、トヨタが確かに頑張っていますが、アメリカの上位企業に比べると……。次はNTTドコモ、NTT、日本たばこ(日本たばこ産業)、KDDI、三菱東京UFJ銀行、そしてようやく孫正義さんのソフトバンク、また日本郵政、ゆうちょ銀行、そしてホンダとなっていますが、比較になりません。この構造でアメリカのアップル、アルファベット、マイクロソフトうんぬんというものに勝てるはずがないですよ。とにかくラディカルなチェンジをしなきゃいけない。ラディカルなチェンジということは今あるものを破壊しなくちゃならないのです。そうでないと既得権益者が必ず反対しますから。その行動が必要であるということであります。

10. 判断プロセスが重視されない日本の性(さが)

ここからは、では、なぜこんなことになったのかという点をお話ししていきます。

1つは、客観的分析によるエンタープライズ・バリューの発見が日本ではなかなかできていない。やっておられる方もいますが、経営者と話すとなかんずく、部門別の価値分析、あるいは成長分析というのが非常に弱いです。結果的には、「ゾンビ部門」を引きずって企業全体の価値を下げている。一言で言うと、コア・コンピタンス（自社の得意な競争分野）に集中できていない。

私は、かつて産業再生機構という半政府のところにもいたことがあります。当時、8.7％あった不良債権を２％ぐらいまで引き下げる行為を行って、41社の事業を再生しました。いずれの会社もいわゆる数字や会計分析、あるいは管理会計というものができていない。そのために会社のなかで評価基準やKPI（重要業績評価指標）の設定ができていませんでした。判断プロセスが重視されていないということで、何となくという感覚的経営をやっているからです。これを言うと「おまえ日本人じゃないだろう」と言われるのですが、こうした感覚は、どうも日本人の性（さが）じゃないかと思うのです。

もし、お時間がありましたら、日本がどうして戦争に負けたかというのをつぶさに分析している『失敗の本質：日本軍の組織論的研究』（戸部良一ほか著、中央公論社、1991年）という本がありますので、読んでみてください。今の経営のミステイクと、戦争、バトル（闘争）で負ける日本のミステイクがまったくマッチしています。以前、天皇陛下がペリリュー島（パラオの島の１つ）に慰霊に行かれましたけれども、そこでの戦いというのは悲惨なものだったそうです。そんな悲惨な戦いをやっている最中に、日本陸軍は人事異動を行う……。それで陸軍士官学校卒業年度別に、年齢順にポジションをつけて戦争をするのです。向かってくるアメリカ軍の将校というのは、ならず者みたいなケンカの強いおじさんが指揮を取っています。当然ながら日本は、こてんぱんにやられるんですね。もちろん武器がなかったとか、物資がなかったとか、いろいろな理由はあるのですが、そういう失敗があらゆるところに見られるのです。あらゆるところに。この話をし出すときりがないので先に進みます。

日本の場合、では、こういう分析ができてないのかというと、実はできているのです。皆さんのような優秀な方々が会社におられますので、できるんですね。ところが分析結果をもってしても実行に移さない。ほとんどの経営者が実行に移さない。なぜか？　ということなんです。

１つは、従業員の問題、労働法の問題です。だから、私はどうしても労働法は変えていかなくてはいけないと思っています。ドイツの「シュレーダー改革」のポイントは労働法の改革つまり、変化でした。ご存じのとおり、ゲアハルト・シュレーダーさん（第７代ドイツ連邦共和国首相）は、日本で言うと、社会民主党の福島瑞穂さんよりもっと左かもしれない。そのくらいの人がドイツの労働法の金銭的解決とか、解雇や異動といったものを緩和する政策を進めたんです。結果的に彼の内閣はつぶれてしまうのですが、その後、アンゲラ・メルケルさん（第８代ドイツ連邦共和国首相。ドイツ初の女性大政党党首・首相）が引き継いで、ドイツのリカバリー（回復）があるわけです。

こういう分析をして、「ゾンビ部門」を売りなさい、カーブアウト（事業分離）してくださいと言うと、売り先がないというようなこと、あるいは取引条件の設定が合理的でないとか、さらに前任者や先輩への気遣いがある。これが意外と強いんですね。先輩がつくった子会社を私には売れませんと。こういったことをおっしゃいます。一方で、上場トップの企業で、先輩がつくった会社を売り払って、すぐにクビを切られた社長も現にいますから、とんでもない国だと思うんです、日本は。合議制がきつくて、逆に弊害になっている。そしてリーダーシップが取れない。他にも、もちろん取引先からの反対があるとか、いろいろあると思いますが、先ほど言いましたように、数値だけでは決定ができないというのです。これは日本ではよく言われることなんですよ。「数値だけじゃないよな。数値は冷たいよな」と。そういう人に「じゃあ、あなたは何で判断するんだ」と問うたときに、実は何もないのです。ただただ言っているだけなんです。「数値はすべてじゃないよな」って。そういう方には「じゃあ、あなたは何で経営するんですか？」と、ぜひ問うていただきたい。

11. 会計監査に求められるもの

本来、会計監査というのは、企業側に内部管理体制が構築されていて、それが機能していることを前提として提出される会計資料・関係資料を会計士の皆さんが検証して、必要な現場の視察や意見聴取を行った上で、意見を表明する。これが、八田先生たちが延々と教えてこられた会計監査の原則だと思います。ただ、こんなことを言うと後で怒られるかもしれませんが、国際財務報告基準（IFRS）が導入されて、IFRSの導入に当たっては先生方と協力してバトルしてきましたけれども、時価ベースとして監査が取り入れられるようになると、もはや単なる過去の実績の帳簿検証というだけで終わることではなくて、やはり将来の収益動向ですとか、経営の方向性、あるいはリスクを把握して、それらを含めて企業側に伝えるという必要性が監査行為に出てくるのではないかと思います。

企業監査の手続きとしては、コーポレートガバナンス・コードが導入される時代になってきておりますので、会計監査が単に過去のstill（静的）な数字の分析だけでは良しとはしない時代になったのではないかというふうに思います。

会計監査というのは企業の持続可能性を前提としたものだということを考えますと、この変化の激しい時代にあって、企業が巻き込まれる将来のリスクを考えて対応する必要があると思っております。したがって、従前以上に企業との会話、あるいは会計士の皆さんからの説明が強く求められますし、意見の言える監査法人というものが求められていると思うわけです。そういう意味では「動的会計監査」ということでしょうか。そういうものが求められる時代になってきている。

従来、無限連帯責任を負った出資者である社員、パートナーなど、皆さんのなかにもおられると思いますが、そういう方々によって運営されてきた監査法人は、今までは監査法人の経営と所有という問題はそれほど大きな課題にはならなかったのではないかと思います。ただ監査法人の組織が非常に肥大化して、そして対象企業の事業も複雑化し、国際化してきている。これに伴いまして、監査法人が十分機能を果たすためには、いわゆる監査法人自体の経営の独立性や、透明性が厳しく求められる時代になったということだと思います。

12. 日本的な経営から合理的な経営へ

近頃、大手上場企業による不正会計問題というのが、監査法人の問題として新聞等々でも取り上げられるようになりました。私は、そのことの重要性の以前に、なぜ企業がそのような行動をとる誘惑に陥ったのかという面から、会計監査のありうるべき姿を見ていきたい。何度も申しましたように、ちゃんと合理的な数字を見ながら経営していけば、それをごまかす必要はないんですね、本来は。しかし、そういうことをちゃんとやっていない。企業価値の上がる経営をやっていないがゆえに、それをごまかそうとするのであり、そういう意味では企業会計の不正というのは、合理的、決断的な経営手段を受け入れていない企業が、結局競争力を喪失して、破綻的な、自己保身的な考えから、目先の数字をいじってしまう。つまりは、その場限りの責任逃れをしようということなのだと思います。

私はいろいろなところで提言しているのですが、日本企業の社長の任期が、4～6年というのはよくないと思うのです。10年、20年と経営させればいい。GEのジャック・ウェルチ氏は20年近く経営しました。そうすると目先でごまかそうなんてことには何の意味もないんですよ。すぐにバレてしまいますし、自分にそれが降りかかってくる。しかし、4年ぐらいで任期が終わって次の社長にバトンタッチすれば、自分は会長になって、部屋がもらえて、秘書がいて、車がつくと思うから不正をやるんですね。だから不正をやらせないためには、しっかり長く社長をやらせる方がいいのです。

それで、日本企業のなかで、合理的な財務戦略を使った選択と集中によって自社のコア・コンピタンスを見いだす作業を行っているところは相当数あると思いますが、絶対数は少ないでしょうし、そこで出た結論に対して行動が伴わない。それは先ほどからお話ししているような理由のためです。かなり情緒的な理由で行動が伴わないというのは非常に情けないことです。

要するに先輩、後輩という序列は、あまり大きな組織ではどうかわかりませんが、本当に驚くほどあるんです。一番すごいのは、役所ですね。私は、以前にMOF担（大蔵省［現財務省］との折衝を主な任務とした銀行・証券会社などの担当者の通称）というのをやっておりまして、会社に行かないで、ずっと大蔵省に行っていたような時期もあるのですが、役所の人と話すと、だいたい顔を見たとたんに「何年入社？」「あぁ、何年だよね」と言います。もう天才的です（笑）。さすが東京大学を１番で出たような人たちだなと思います。私なんて頭が悪いものだから「あなた、何年ですか？」と聞かれて「えーと、私は38年です」って言ったら、「38年？　38年は君みたいのがいたっけかなぁ」って言われて、みんな東大を出ていると思ってるんです（笑）。私は東大じゃありませんのでね（笑）。そんなことが価値を決めている。私はそんなことには意味がないと思っていますので、何で同一労働同一賃金なのか、何で実力ベースでものを言わないんだ、と思ってしまうのです。

現実に、私は野村證券にいたときにそうでしたが、皆さんの会社はどうですかね。社内に入ると席が四角に並んでいて、奥の方に部長というような、偉い人がこっちを向いて座っている。それが入社順に座っているんですね。それで、一番下（手前）にいるのが「ははーん、こいつが新入社員だな」というのがわかるようになっているでしょう。私は、これを変えて、みんなの机を丸くしたんです。まん丸に（笑）。この机、高かったんですよ（笑）。なかなかこんなのないんです。だから、わざわざ発注して。そうすると、丸いから誰が一番先輩か後輩か、わからないじゃないですか。要するにプラグをどこにでも差し込めるようにして、机を丸くして、デキの良いやつのところで、クルンと回ったら、会議ができるように設計したんです。それに私は「プラザ」という名前をつけていました。もっとも、私が野村證券を辞めたら、すぐにその丸テーブルは破壊されてしまいました（笑）。いかに彼らがこれが嫌だったか（笑）。情けないと私は思うんですね。もう少し個人の実力というものを評価しながら組織を経営しないと、どうしても先ほどのような経営になってしまうのです。

13. 監査法人と企業の緊張関係

この図表11は、監査法人の機能と監査を受ける企業の倫理や責任、あるいは株主やステークホルダーへの説明といったことを示しています。この左側が監査法人で企業が右側にありますが、監査法人の方は、やはりリスクの発

図表11

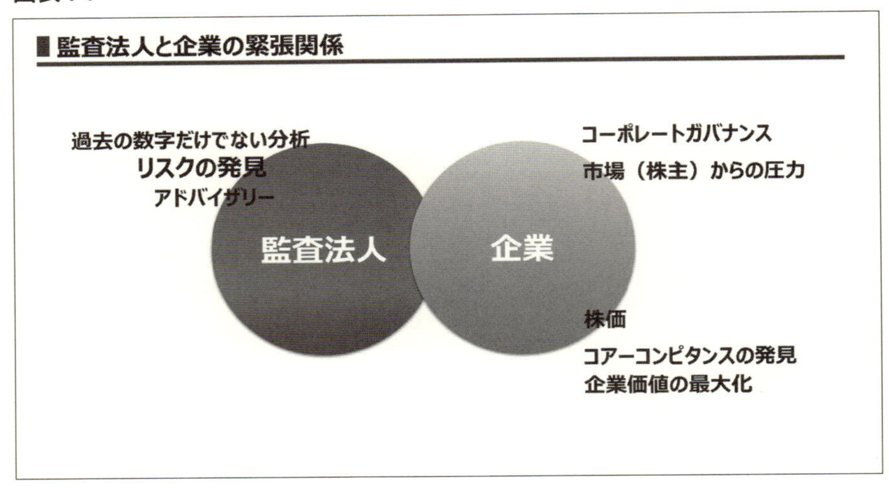

見、そして、よりアドバイザリー業務が非常に重要になるのではないか。これは非常に物議を醸す話かもしれませんが、そういうふうに私は思います。そして、右側の企業の方は当然、株主からのプレッシャー、株主のウォッチ度ということで、ガバナンスや市場の圧力を受けながら経営するということです。もちろん圧力は受けた方がいいのです。それで、この案件は市場の圧力があるから嫌だ、というのが堂々と通るわけですよね。その１つがアクティビスト（物言う株主）はけしからんとか、いろいろありますが、アメリカの決定権とは、つまり、決めたことに対して経営を徹底させる力、それが圧力なんです。

アクティビストに攻められる。株が下がったらまた株主が文句を言ってくる。それが嫌だから株が上がるような経営をしようと思う。そこに改革があったり、無駄をなくしたりするということがあるのですが、こういう話をすると、もう本当に嫌われます。でも、これをやらないと日本の生きる道はありませんよ、正直言って。

14. 不正会計の起きる企業と監査法人のガバナンスの問題

今、われわれは、まったくもってかつての成功の余韻で生きている。もう

20年間、タプン、タプンと波に浮かぶ余韻で生きてきましたが、ここからは、もうこの余韻は消えていきます。自らダイナミズムに、これまでの成功体験を破壊して前に進むということをやらなかったらこれ以上は進めない。だから建設的経営分析のための監査データが発見されて、それをベースとしたリスクの評価と企業価値最大化のための経営戦略というものが前向きに取り組まれる。こういうことが必要だと思うんですね。

そのようなデータの欠如と、企業経営者のガバナンスの感覚の欠如、これが発生したときに不正会計が起きるというのが私の考え方であります。

求められる監査の品質というものの意味するところは、このような社会的ニーズを満たすものであるということだと思います。この監査の質を求めて、行政や先生方も含め、企業経営のガバナンスと同様に監査法人の経営にもガバナンスを求めるべきだという社会的な声が非常に大きくなってきており、これに対応しようという動きがあるのは皆さんもご承知のとおりであります。

パートナー制度における理事会や社員による評議会といったものは、ちょうど株式会社における取締役会のような位置づけだろうと思うんですが、今後、このガバナンス機関としての理事会や評議会のメンバーの選考方法についても、随時、検討されていくのではないかと、私は思います。

加えて、メンバーに独立した外部の有識者が複数名参加して、なんらかのかたちで、そこで意見の具申をする。あるいは、それ以上の強い意思表明をする。拒否権などもあるかとは思いますけれども、意思表明を外部に行うことによって、法人経営の透明性を担保するところまでいくのではないかと思っております。

私、あるところで、この監査法人の経営執行の委員会にも出席して、いろいろ意見を申しております。決定権はないんですけれども、やはり外から見た見方と、ずっと監査業務に就かれてきて、しかもこれまでのパートナー制度で、やってこられた方々とはときどき見方が違う場面が出ます。それはお互いに、私も勉強になりますし、おそらく内部の方々も、それなりに評価しておられると思います。

同じような経営執行の独立性、透明性、公正性の堅持という、この流れのなかでは、執行役員の専任、あるいは報酬決定に対する会議体にも、当然外部の有識者が入るべきだというふうに思うわけです。ですから、株式会社ではないので、理事長を選出する際には、いわゆる指名委員会のような複数名の候補者を選考する過程では社外有識者が参加して、それを全社員による投票によって決定されるのが望ましいのではないかと思います。

さらに、従来、監査を担当するチーム、それぞれあると思います、東芝を担当しているチームとか。これは相当の独立性をもっていて、グループとして監査を担当し、よほどのことがない限り、今までは、いわゆる監査法人の品質管理部門や監督部門による指摘変更というのはなかったのではないかと思うんですね。皆さん方はパートナーという立場の人が多いかもしれませんが、パートナーの方は「これは俺の会社だ。俺が持ってる。俺はたまたまX監査法人に籍を置いているけれども、本来この会社は俺の会社だ。だから俺のチームでやっている。本社にいる品質管理部門、監督部門というのは現場に下りている連中じゃないし」という考え方をしているのではないかと思うのです。おそらく、そういうことなのだろうと。こんなことを言うと藤沼先生に怒られるかもしれませんけど（笑）。

そして、なぜ事故が起きているかということを徹底的に分析しておりまして、守秘義務がありますので言えませんけれども、だいたい、そういうことなんです。要するにパートナーというのは難しいんですね。独立しておられるし、パートナーが会社を持つている。「俺は金を出して、この会社を持っているんだ」という気持ちがあるために、経営側がものすごく遠慮してしまう。だから、そこにメスを入れようということなのだと思います。経営と実際の執行部隊は違いますと。同じ会計士であっても、監査をする人は経営の方には入らない。完全に透明性と独立性を担保するということが、おそらくガバナンスという点において、求められることだろうと思います。

今後は、法人の独立した経営者が代表して、検査結果に責任を負うという意味でも、外部有識者と協力した監査品質の評価というものを通して、人事権を伴った、公平かつ専門的な監督を行う必要があると思います。チーム部門の責任者や社員のローテーションの問題もありましたけれども、あれだけ言っていたローテーションですら、今まではちゃんとできていないようです。やはり、そこには人事権をつけてローテーションをやるべきだと私は思っております。

従来、企業が提出する資料や、対象企業の持続可能性にまで疑問をもって監査に従事するということは考えられなかっただろうと思うわけです。しかし、先ほどから言っていますように、時代環境の変化で、ここまで求められてきますと、監査法人全体としての監査責任を明確にして、運営の透明性や説明性を高めていくということが監査法人の経営に強く求められる時代がきたということを、我々はしっかりと認識しなければいけないと思います。

監査委員会、あるいは指名委員会や報酬委員会の各委員長は、外部有識者によって執行されるといったことが、今後の監査の目的を達成する意味でも、今では望ましいと私は思っています。

外部だけでやる必要はないでしょうけれども、必ず外部を入れてやる。このように経営の独立性、公平性をチェックして、アドバイスする外部有識者で構成するような社外の委員会、そのようなものを独立組織として別に用意するということも、非常に意味があるのではないかと思います。

ご案内のようにコーポレートガバナンス・コードのなかには「株主の方で社外の取締役だけで独立したガバナンスのグループをつくったらどうか」というコードが入っております。同じようなことを監査法人にもつくってみたらどうかと思うわけです。

15. やさしい監査法人はいらない

プロフェッショナリズムのために強く求められますのは監査人の教育、あるいは訓練の充実です。そこでは、専門的能力の育成というのは当然必要ではありますけれども、守秘義務、あるいは誠実性ですとか、職業倫理に加えて、一番私が求めたいのは、職業的な懐疑心を育てるということです。そういうベテラン社員による現場ベースの教育です。つまり、「懐疑心を持つような人間にはなりたくない」とお思いかもしれませんけど、私は監査法人で監査人になられる方は、今後は状況の変化に伴って、やはり職業的懐疑心をもって職にあたるということが必要だと思います。そして監査法人の独立性、透明性が求められるとともに、現場における監査姿勢の改善、評価が進められているわけです。

何よりも大事なことは、企業経営者が業務執行に関する監督行為やいろいろなデータは自分が行っている日頃の経営についての合理性、透明性の確保にとって非常に有効なものだ、大事なものだという意識を持ってもらうことです。その上で、厳しい内容を求めて、むしろ高品質の監査をしてくれる監査法人に対して、相応の対価を払う。やさしいというか、甘い監査をしたら高く払って、厳しい監査をしたら値切るというのは、これはもう倫理観が壊れているんですね。私は、よくさまざまなところで話したのですけれども、私自身も何度もいろいろな監査法人、四大監査法人すべての監査を受けました。そこで言うことは、いつも決まっています。社長面接の際、「この会社を徹底的に洗ってください。“問題がない”と言われたら、私はあまり払いません。“ここが問題だから改善しなきゃいけないと思いますよ”と言われたら、お求めの値段プラスαぐらい払います」と。このようにいつも同じことを言うようにしていました。ところが、おもしろいのは、ほとんどの方がいかに自分がやさしい監査人かということを主張なさるんですね。私は「やさしい監査人はいらない。お金を払うのがもったいない。厳しい監査人になって初めて、レントゲンの意味がある」という感じでいますので。そこは社会がそうなっていかないといけないと思っています。そして社会は変わりつつあると私は思っています。

16. 前に進むための真剣な議論を

社外の有識者を使うということで、1つ注意があるのですが、この有識者を悪用する経営者がいるんです。それで、有識者の方も悪用されているのがわかっていて、含み笑いをしているような感じなのですね。お金も少しいただけるしというような。そして、「私どもはかくかくしかじかの有識者を使っています。この先生方もいいとおっしゃっているですから」と言いながら、実はこの先生方を徹底的に教育しているんです。会社側が自分の都合のいいように。

関係者がたくさんおられるのでこの辺でやめておきますが、私はよく政府の委員など、自分もやってきたので何ですが、役所が「この先生はいい」というのはどういう意味かと言うと、役所の言いたいことをそのままおっしゃっていただける先生がいいということなんです。ところが、これはマスコミとか外部の方々は、専門の先生が外から入って賛成なさっているんだから、やっぱり役所が言っていること、あるいは政府が言っていることは正しいんだなと思ってしまう。そこにトリックがあってはいけないのです。

だから、これもいろいろと物議を醸すかもしれませんが、参考人としてある政党が呼んだ先生がまったく反対のことを言ったというので大騒動になりましたけど。呼んだ人も偉いし、あそこで堂々と述べた先生も、私は偉いと思っているんですね。そこで真剣な議論が活性化して、初めて前に進む。そういうことがビルドインされて生産性が改善し、結果的にはGDPが伸びたり、コア・コンピタンスの力が伸びてくると思っています。監査というものを、私はそういう意味で見ておりまして、非常に重要ではないかと思っているわけであります。

あまり参考にならない話を延々と話させていただきましたが、時間になりましたので、これで終わらせていただきます。ご清聴大変ありがとうございました。

質疑応答

八田：それではただ今の斉藤さんのご講演を踏まえて、これからさまざまな視点で議論をさせていただきます。まず斉藤さんのご講演をお聞きになって、皆さんかなり衝撃を受けたのではないかと思います。会計監査の議論というのは、その前提として健全かつ強靭な企業社会と言いますか、マーケットが存在していることが不可欠なのだということです。残念ながら、日本のマーケットの活力が失われてすでに10年、いや20年という長い期間が経過していますが、なかなか復活の兆しが見えてきません。そういった意味での警鐘もいくつか鳴らしていただきました。

そこでまず、会計監査以前の市場の問題として、今日伺ったお話のなかで何かご意見、あるいはご質問があれば、まずその辺から伺っていきたいと思います。藤沼先生、何か最初にありましたらお願いします。

藤沼：確かにこの資料を見て、日本の企業の生産性、特に売上利益率やROEなどがこれほど低いということは衝撃です。そしてそれがずっと長く続いているのはなぜなのか、こういう問題意識を今のお話の間にずっと考えていました。私もいくつかの会社で社外役員を任されており、それぞれの会社でそれなりに立派な経営者、いい経営者といった人たちと付き合っています。確かに斉藤さんのおっしゃるように、日本ではアクティビスト（物言う投資家）と言いますか、個別的にいろいろと攻撃してくる投資家は基本的に嫌われるわけです。しかし海外に行ってみると、アクティビストは、いわゆる資本市場ではそんなに悪い評価ではないのです。日本ではアクティビストと付き合っていると「あいつは何かおかしなやつなんじゃないか」と思われるところがありまして、そういう面では、市場の圧力を感じることを嫌う風土があるのではないかと感じました。

これは日本だけの特徴なのでしょうか。コーポレートガバナンス・コードでは、今はいわゆる「対話」などの言葉を使っています。ある会社で配当性向の話が出たとき、何パーセントを目標とするか明確にできないのかと聞いたところ、非常に低い目標を言っていました。私は、日本の配当性向は低くても平均で30%はあるのではないかと思うのです。そこで、なぜそんなに低い目標数値を立てるのかと聞いたら、配当をいきなり２倍・３倍にするのは難しいから、低いところからスタートして徐々に改善していくと言っているわけです。このエピソードからもわかるように、日本は、ステップ・バイ・ステップで改善しようといった習慣があるのです。このようなことで、時間軸も含めて日本は対応が大変遅いという評価につながってしまうのではないかと、今お話を聞いて感じたのですが、その辺のところはどういうふうに考えればよろしいでしょうか。

斉藤：アクティビストや外からのプレッシャーというのは、世界中のどの経営者も嫌だと思います。そんなものはないのが一番いい。本当は自分が好きなように経営をしていきたいと、みんな思っていると思うのです。それはアメリカ人でもイギリス人でもイタリア人でも同じです。しかし、アクティビストのアクションの背後にあるもの、つまり、企業はアクティビストのプレッシャーを受けることによって改善し、利益を上げるようにしようと思うようになるわけですが、アクティビストのそういう考えの背後は何かというとアニマルスピリットです。要するに名誉欲やお金なのです。倫理観をもって「やらねばならない」と行動するアクティビストを私は見たことがありません。アクティビストはみんなお金が欲しいから活動しているのです。

アメリカの場合は、これをうまく利用する社会制度をつくっています。しかしこれが非常に難しく、ときどき行き過ぎて、いわゆるグリーディ（貪欲）で、とても認められないような行動をとるアクティビストもいます。これに対しては、例えばクラスアクション（集団訴訟）や他の株主からのカウンターパンチがかかるように制度をつくるなど、非常に合理的に、見えるかたちで対応をとる組織をつくっています。

それに対して日本はどう評価するかというと、「お金が欲しいという行動で会社を変えようなんてとんでもない」という結論で、そういったことを言う人は品が悪い人という印象を持たれます。社会的バリューをそこで落とすという独特の文化を持っているのです。これは、人間としては非常に美しいものだと思いますが、私はこれを嘘だと申し上げたい。批判する人は本当にお金が欲しくないのか。何のために会社を経営しているのか。私も外で「会社の使命は社会的位置づけにあります。税金を払い、従業員を雇い、給料を払い、カウンターパートと事業をやることによって経済効果が社会に流通し、豊かになっていくという責任があります」とは言うものの、ベースにあるのは実はグリーディな欲望でしょう。しかしそれを言ってしまったら元も子もないというのが日本の社会なのです。日本というのは非常に難しいですよね。本日は勉強会ですから、こういったこともお話しているのですが、こんなことは経団連なんかでは絶対に言いません。ですが結局は、これが欲しい、より良い生活をしたい、という欲求がエネルギーになって、企業を良くしよう、新しい商品を出していこう、チャレンジしてみよう、リスクを取ってみようという意欲を持つことができるのではないでしょうか。それをうまく制度化しているのが、アメリカなのです。しかし繰り返しになりますが、これは行き過ぎるときもあります。経営者の高額報酬は日本人から見るととてもじゃない、社会としておかしいよということになる。

よくこの問題を話すときに、貧富の格差という話が出てきますが、これは分配理論の話ですから、別の問題なんです。貧富の格差というのは、私も当然人間として、本当の貧富の格差、つまり、どれほどの努力をしても満たされないような社会をつくってはいけないと思うのです。努力をしている人や、現に本当の弱者、例えば病気と闘っている人など、そういった人たちは救済しなければいけません。これは当然ですが、健康など一定条件を満たしている人はみんな、よりベターなものを求めてチャレンジしていくのがいいのではないかと私は思います。それを止めてしまうと、インノバティブ（創造的な革新技術）な仕事ができないのではないかと思うのです。正直に言うと、非常に難しいのですが。

八田：基本的なこととして、私もその質問をしようと思っていました。日本人の文化的背景と言いますか、価値観は謙虚であることが美徳であるといわれてきています。あるいは、武士道の世界までさかのぼらなくても、「武士は食わねど高楊枝」ということで、お金というのは極めて不浄なものであると捉えられているところがあります。と同時に、汗を流してお金を稼ぐならいいが、株の売買など、いわゆる不労所得のようなかたちでお金を得るのはいかがなものかというのが、我々が生まれたときからの教育の原点にあります。私もそれは否定しませんが、いわゆるマーケット、企業、そして営利法人というかたちで株式会社は機能しているわけであって、営利を前提としない会社経営はないと思うのです。もちろん、暴利をむさぼってはならないわけですが。と同時に、稼ぎ出した利益、あるいは稼得した収入・所得に対して正しい評価がなされなければいけないわけですが、日本にはそれがない。悪平等的な側面もあるのです。このような根底にあるものをどう打ち壊すか、という点についてはいかがでしょうか。

斉藤：まったく先生のおっしゃるとおりで、最近では日本的な考え方を問題にする方々も出てきて、以前より進んできたと思います。しかし不思議なのは野球選手が、例えば大谷翔平選手が23歳弱で2億7000万円の年俸になったとき、「少ないな。10億ぐらい取っていいよ」とテレビで（コメンテーターなどの）おじさんが言っていました。そういう感覚もあるのです。

業績のあるすごい人が10億取って何がおかしいという感覚があるにもかかわらず、これをなぜ経営者に言わないのか。「あいつは会社を変えた」「ターンアラウンド（事業再生）して1,000円だった株価が3,000円になった」「あのCEOはすごい。10億円ぐらい取っていいよ」と、こういう社会をつくればいいのです。

日本にはまったくないかというと、実はあるのです。スポーツ選手がお金を取ることに関しては、みんなほとんど文句を言わないでしょう。「大谷が10億取ったら、けしからん」なんていう人は、あまりいないのではないでしょうか。あるいは、誰か下手な選手が高い契約をしたら「あれはおかしいよな。あいつは3億も取る資格がないのに」と、現実には正しい評価が行われているのです。この制度を社会全体にもビルトインすることが解決策となるでしょう。なぜなら、野球などのスポーツ界と同じ方法で、アメリカの社会でも経営者が正当に評価されているのです。

野球でたとえると、9人のレギュラーの前には100人ぐらいの競争相手がいるのですが、そのなかでもさらにセカンドならセカンドだけで10人ぐらいのプレイヤーがいるわけです。セカンドのポスト、ファーストのポスト、キャッチャーのポストなど、1つのポストをねらってみんなが懸命に争います。

それぞれのなかで１番になった人だけを集めて、９人で戦って１番のチームが勝つという制度をつくっています。野球というのは典型的なアメリカの社会を表しているのです。この仕組みは、ある意味で非常に良くできています。日本はその野球を国内に取り入れました。

しかし、ここはアメリカではありません。では、いったいどういうふうに取り入れたかというと、武士道です。そのため「あの行動は選手としてあるまじき行動だ」などと、選手としての活躍ではなく、生活態度の方が評価の上で大事になっていきました。もちろんそういうことも大事です。麻薬をやってもいいとか、そういうことではありません。しかし、キューバの選手ではないですが、フォームは良くないけれど、とにかくたくさんホームランを打つ選手は「エンターテイナーとしてすごい。こいつはお金を取っていい」と評価をするように、企業の判断もそういうもので、基本は同じと私は思うわけです。なぜなら、先ほどもお話ししたように、国のお金というのはいったい誰がつくっているのかということです。事業者の稼いだお金、外から持ってきたお金が使われて初めて日本の富になり、それが介護や弱者救済や文化存続に使われていくのです。

もちろん、そういった仕組み・制度（不平等を悪とする考え方）などがあってはいけないとは言いませんが、使う側の意見が多く、稼いでいる側の人をすごく批判するという文化になっています。これは自分の足元を鉄砲で撃っているようなもので、非常におかしいと言えます。これが社会に蔓延化してくると、成長が止まってしまうのです。ギリシャやローマの歴史を見てみると、なぜ昔の一等国が現在のような国になってしまったかと考える。いろいろな本を読むと、同じような理由に行き着くのです。豊かになったことでおごってしまい、豊かさをつくった人を批判するという文化ができたときに国は滅びます。私は、日本の将来は本当に危ないと思っています。

八田：1990年にバブル経済が崩壊し、その後はデフレと言いますか、経済環境が低迷し続けて、すでに四半世紀がたちました。ということは、本日参加している塾生の大半は、右肩上がりの経済成長のなかにあった日本企業の実態についてまったく知らないわけです。塾生たちにとっては、単なる歴史の１ページを伝聞で確認しているに過ぎず、少し温度差があるかもしれません。

しかし、今日せっかくこういったお話が出てきましたから、皆さん方のご質問・ご意見を伺いたいと思います。時間が限られていますので、端的に質問してください。

質問者HS：HSと申します。本日は貴重なお話をありがとうございました。歴史的な背景から、日本の経営者はどちらかというと安心して経営できるかたちで、無借金経営は美しいとか、手元に運転資金以上のキャッシュを持って安心したいなど、あまり企業価値に目を向けないで経営するという流れがあったと思います。そういったなかで、生産性が落ちてきて、「伊藤レポート」が出て、ROEの具体的な数値目標が出たり、スチュワードシップ・コードやコーポレートガバナンス・コードなどの枠組みがだんだんとできてきたなかで、実際に経営者の目線というのは変わってきているのかというのを、マーケットに長くいた斉藤さんからお話を伺いたいです。また、今後の展望がどのようになっていくのかについて併せて伺いたいと思います。

斉藤：まず、もし時間があったら1930年頃の日本の企業経営がどうであったかという本がいろいろと出版されていますので、それを読んでみることをお勧めします。1950年から1970年の間に出版されたものが多いのですが……。一言で言うと、実は戦前の日本の経営というのは、現在のアメリカの経営と非常によく似ていたのです。株主はプリンシパルで、経営者はエージェントです。そのため、三井や三菱などの資本財閥が株を持って会社を所有しているわけです。当時の経営者というのは、福澤諭吉の学校などから連れてきて、ぽんぽんと企業にはめていたのです。当時の労働者のモビリティレシオは、だいたい３～５％で、社員は非常に激しく働きます。大正ロマンの話を聞くと、１カ所に定着する人は必ずしも優秀ではないぐらいの雰囲気があるのです。

これを終身雇用や、サラリーマン社長を輩出する環境に変化させたのは戦争です。要するに軍が、「株主が経営者を決めたり、資本のアロケーション（配分）を決めるのは困る」というわけです。こういったことを国家で決定できるように、連続で４本ぐらいの法律を出し、株主権を剥奪してしまいました。労働者、技術者もあっちこっちに行ったのでは困ります。そのため１ヵ所に留まりなさいということになり、終身雇用制ができました。そして、年功序列で徐々に出世させる制度を定着させたのです。1940年頃から、戦後にできたジャパンインク的な統制経済のようなかたちのものがすさまじい勢いで成長してきましたが、これは戦争をするためのものです。

ところがどうしたことか、終戦後1945年に米軍が来たときに、この制度を破壊していないのです。それはおそらく見落としたんだと思うのですが、財閥解体だけを行い、財閥が持っていた株は民衆に売り出しました。野村證券などが大きくなったのはそれが理由です。ところが経営面では、戦争で軍が統制的なものを持っていたところを、そのまま残してしまいました。終身雇用も当然そのまま残ります。何も日本人は自由契約が苦手なわけではないのです。そういう制度があるからそれに従っているだけであり、制度の考え方次第で変わるのです。

そして「無借金経営は非常に美しい」といった考え方についてですが、これは典型的な銀行のガバナンスがそうだったことが背景にあります。日本の企業は、エクイティ（正味資産）よりも借金、つまり銀行からお金を借りることが主流と言えます。銀行のお金の貸し方というのは、今の、森信親金融庁長官が一生懸命に言っていますが、事業が生み出すキャッシュベースのバリューを計算してお金は貸さずに担保で貸します。なぜバブルが起きたかというと、実はバブルのときは、事業はすでに利益を出さないようになっていたのですが、あのときは不動産が隣よりも高く、さらに隣よりも高くというように、相当な額の値上がりをしました。私はダイエーを再生したときに、「なぜこんなに高い土地を買ったのですか」と聞くと「いや、隣が買ったから、俺はそれより高く買ったんだ」という答えが返ってきました。しかし買った土地に何も建てられずに、空き地がたくさんあるのです。そのため、キャッシュを全然生んでいないのです。不動産の値段が上がり、担保の値段が上がると、銀行はジャブジャブお金を貸します。しかし、そのお金がアディド・バリュー（商品以外の付加価値）を出しているかどうかについては、実は興味がないのです。つまり、担保主義だということです。メインバンク制、担保制、これを破壊しなければいけません。ここに銀行の方がおられたら、私は明日、鉄砲で撃たれているかもしれませんが（笑）。

私は大蔵省（現財務省）のMOF担でずっと政策を行っていましたから、

ずっとこの戦いだったのです。無借金が美しいなんて思って、無借金で経営をやるから利益性が落ちるのです。たまたま、KKR（Kohlberg Kravis Roberts：コールバーグ・クラビス・ロバーツ）でプライベート・エクイティ（PE）投資をやっていますが、PEはレバレッジドバイアウト（LBO：企業買収法の１つ）でレバレッジをかけてファイナンスしますが、だいたい我々の経験では、昔は10％以下のエクイティで90％のデッドを入れてやっていくわけです。いろいろありましたので、今は25～30％くらいのエクイティを入れて、70％ぐらい、企業の事業案件で借金を、つまりデッドを入れます。そして、何をするかというと、エクイティバリューを上げる経営を一生懸命するわけです。そうすると、エクイティバリューを上げながら、上がった分でデッドを返していくわけですから、企業価値が約２倍になったときに、エクイティバリュー（株主価値）は約3.5倍になっています。私どもはパナソニックのヘルスケアに約2,500億円のお金を入れました。EBITDA（減価償却前営業利益）で、３年で５倍になっています。結局「なぜこうなるの？」と言う人が多いのですが、それはそういう経営をしていないからだめなんですよと答えています。

エクイティバリューの上がる経営をし、そうすることで企業価値も上がっていき、借金の状態をエクイティバリューで押し戻していく、というかたちにするのがPEなんです。私は、このPEの大きな案件が日本にも必要だと思っています。こういった考え方が今後必要だと思っています。

質問者HS：ありがとうございます。

八田：次の質問いかがですか。どうぞ。

質問者UH：貴重なお話をありがとうございました。UHと申します。私の質問は、斉藤さんがどんなゴールを見ているのか、今後日本はどうなったらいいのかについてお聞きしたいです。これまでのお話を通じて、どうやらゴールとしてはアメリカのような市場を思い描いているのかなという印象を受けたのですが、先ほどご指摘があったように、日本人独特の感覚や価値観があるなかで、アメリカの制度をそのまま導入することが難しいからこそ、こういう現状があると思うのです。例えば、安倍首相が600兆のGDP（国内総生産）を目標に掲げていますが、私はそれもあまり現実味がないと思っています。今からアメリカに勝とうと思っていても勝てる見込みがないなかで、日本がこれからどういう状態をゴールとして目指し、戦略的に経済を動かしていくのかというのを、斉藤さん自身はどうお考えになっているのかというのを、お伺いしたいです。

斉藤：なかなか厳しく、大変いいご質問だと思います。結論から言いますと、私は日本のすばらしいところは全部、もちろん肯定しておりまして、日本の文化の良さもそれなりに理解しているつもりです。アメリカの制度をすべて日本に取り入れるべきだという考えは持っていません。しかし、先ほどからお話ししているように、先進国のみならず途上国なども含めて、GDPが過去20年間で500兆のままであるというのは、やはりみんなの生活も豊かにはなってないということです。500兆が倍の1,000兆になる必要はありませんが、なぜ700兆ぐらいにはならなかったのか、基本に戻ってレビューしましょうというのが私の提案なのです。その過程で、例えば貧富の格差は気にしなくていいとか、日本の持っている文化を破壊すればいいとか、そういうことは全然思っていません。それらは大事なことなのですが、500兆が500兆のままで、その倍以上の借金・紙切れを発行して、我々はその紙切れの上で生活をしています。つまりこれは一種のフェイクと言えるのではないでしょうか。そのため、ドイツあたりでも対GDP比のデッド・エクイティ・レシオ（負債資本倍率）が150％ぐらいになってきたら、非常に厳しい規制を急速にかけて、再び120％ぐらいに戻しましたし、アメリカもあまり良くないという評価はあっても、一時はクリントンのときには完全に戻しました。

私は、これは人間としてのモラルだと思うのです。借金をして紙切れを手元に、自分の子どもや孫に、「今後どうなるかは知らないけど、俺は医療費が欲しい。食べたいものは食べたい」と言う。それはあまりにも低次元なアニマルなのではないでしょうか。500兆がずっと20年間500兆のままで、紙切れだけがその間に3倍ぐらいにふくれ上がっているというのを、私はモラル的にいいとは思いません。その際、デッド・レシオは別にゼロになる必要はなく、100％や110％ぐらいはあってもいいと思います。何とかして健全な姿に戻すためには、やはり生産性を上げるしかないのではないかと思います。

UHさんがおっしゃったとおり、安倍首相がGDP500兆を600兆にするとの目標を掲げました。しかしそうは簡単にならないため、GDPの計算に影響する項目を変えて530兆にしています。私は、これは倫理的におかしいことだと思っています。GDPの伸び方は、簡単に言えば、労働投入量×労働生産性で計算できますよね。それを見ると、現在の労働投入量はすでにマイナスになっています。現在、14歳以下の青少年の比率は全人口の13%ぐらいが、将来的には10%を切るのです。そしてトータル労働人口は、7000万人ぐらいから5000万人ぐらいまでずっと落ちていきます。そして、私も含め、稼がない（笑）。しかし医療費はたくさん使う、そして杖を買いたい、他にもあれを買いたい、これを買いたいという。そしてそれは東京都で補給してくれ、俺はバスにタダで乗りたい、という人がどんどん増えていって、高齢者が40%ぐらいにまで達してしまうのです。この構造は、厳然たる事実ですよね。

フランスにジャック・アタリという経済学者がいますが、彼がかなり前に日本に来たときに、「Japanese are foolish」とだけ言いました。これだけ明確に将来が見えているのに、私が日本に来て、各大臣やいろいろな人に会ってお話ししても、真面目な答えが返ってこない、具体性が全然ないというのです。一時、フランスも出生率バースレートが1.2ぐらいまで落ちて、とんでもない構造になっていたわけですが、それが今、1.9から2になっています。これにはいろいろと問題もあるわけですが、どのような対策をとったかというと、結婚していないカップルの間に子どもが生まれ場合、その子どもたちも、結婚したカップルの間に生まれた子どもとまったく同じトリート（待遇にする）を与えるというものです。フランスには未婚で生まれた子どもが多くいるため、それを社会で認めることによって国力を保とうとしたのです。フランスというのは非常に国家主義の国ですから、自分たちでそういう対策をとって、移民の問題もあえて受け入れてきた。しかし日本に来てみたら、移民については反対だと言うし、女性に聞いても幼稚園・保育園がどうだとか、甘っちょろい答えしか返ってこない。いったいどうするんだ、はっきりとした答えを誰も持たないから日本人はフーリッシュなのだとアタリさんは言っていました。

国際会議などに私はずっと出ていましたが、これでは徹底的にバカにされますよ。みんな笑い出して、「Oh No!」と、あきれて物が言えないとなるでしょう。「500兆を600兆にするんだ」との安倍首相の発言を実現するため、私は例外的にでも、限定的でもいいから移民を入れるなどする必要があると思います。これについてはいろいろとコントラバーシャル（議論の余地があること）ですけど。

以前、雑誌にも書きましたが、フィリピンやインドネシアからお手伝いさんを雇おうとしても日本には来ませんよ。なぜなら、日本の方々が彼らに払うお金よりも、人口２億人ほどの中国人が払うお金の方が、すでに、はるかに高いからです。人口２億人ほどの中国人はみんな何億という額でお金を持っています。12億人は貧乏ですが、２億人はものすごいお金持ちですから、日本の倍もいる中国人がフィリピンのお手伝いさんをどんどん雇っているのです。「さあ、いよいよ日本も移民の窓を開けました」といってももう誰も来ません。移民も「日本語をしゃべらなければいけない」と言っていますが、私は「日本人が英語をしゃべりなさい」と言いたい。介護施設などへ行ったら、現におじいちゃん、おばあちゃんの方が、フィリピンのヘルパーと身振り手振りを交えて英語でしゃべっています。おじいちゃん、おばあちゃんは「俺の英語が通じたぜ」と言って喜んでいます。だいたい、考え方がおかしいのです。

八田：（笑）。斉藤さん、次のテーマにいきましょう。他にいかがですか。その隣の方どうぞ。

質問者YM：貴重なお話をありがとうございました。YMと申します。私は戦後の間接金融の強化の残滓の金融機関に属しておりますので、苦いお話もいろいろあり、非常に耳の痛い思いでお話を伺っておりました。確かに間接金融という意味では、一橋の伊藤先生がおっしゃるような、ある程度のリスクをコントロールしながら、ある程度の利益率を確保できれば、金利は払えるし、その方が銀行は助かるという、確かにそういう構造かなと思います。間接金融と認めてしまうというのは怒られるのかもしれないですが、つまりはそういった構造にあるのかなと思います。私が思ったのは、間接金融と、機関投資家との関係のなかで、ある意味、利益相反はあるのかなということです。斉藤さんがKohlberg Kravis Roberts（KKR）に在籍されているなかで、野村證券の内の目線と、KKRの外の目線の２つをお持ちなのではないかということで、知見と言いますか、思っていらっしゃるところがあれば、お話しいただきたいです。

斉藤：現在の日本の証券会社というのは、我々の時代のそれとは少し違いますが、私たちのときもいろいろ問題はありました。例えば、野村證券は世界で３番目ぐらいに大きく、私は「ウォールストリートで、おまえら何をやる気だ」とよく言われました。要するに野村は、当時は5000億ぐらいの利益を出していたのですが、そのうちウォールストリートでは1500億ぐらいを出していました。一支店が1500億ぐらいの利益を出すというのは、彼らにとっては驚くべきことでした。そのため、メリルリンチ（現バンクオブアメリカ・メリルリンチ）のデービッド・コマンスキー社長は「おまえら何を考えているんだ。世界を支配する気か」と言いました。そのくらい、当時の野村證券は迫力があったのです。

例えば私は、マンハッタンのビルもいろいろと買い回って証券化しましたし、日本の生保も不動産担保の金融商品をものすごく求めました。当時は金融商品の組成から販売までというサイクルでやっていましたが、今はそれが止まってしまっています。マンハッタンに乗り込んでビルを証券化するという大きな商売は、現在ではゴールドマン・サックスはやっていますが、日本の証券会社はやっていません。それが少し残念です。私は、デッドなどの銀行の役割は非常に重要だと思います。決済というのもありますし、銀行から見たガバナンスがあるのです。しかし、それはリスクレバレッジの話ではありません。要するに、エクイティバリューを上げるということとは少し違うという考えであり、役割が違うと思っているのです。エクイティバリューを上げるというところにリスクテイカーがあり、イノベーティブなチャレンジが出てくるので、株とかかわらず、エクイティバリューは経営の１つのレバレッジのポイントに置き、そのポイントではトータルリターンを上げます。その結果、リターンが上がって株価が上がるのです。

ストックオプションを入れることについてもいろいろと批判がありますが、例えば私の今の会社は、コンペンセーション（報酬）はほとんど全部がストックオプションです。そのため、ストックが上がるようにみんなが頑張るのです。先ほどから言っているように、アニマル、自分が豊かになりたいという、非常に優秀な若い連中が集まっています。よく日本にこれだけ優秀な連中がいるなというぐらい、彼らはものすごく働きます。それはなぜかというと、上場していますので、自分の仕事の実績によって株価が上がり、それによって自分の生活も豊かになるということでしょう。私はそれでいいと思うのです。天下国家を論じる必要はあまりありません。結構まともなチャレンジをやっています。不正をしているわけではありません。みんながこのように働いていけばいいのではないかと私は思います。

八田：よろしいですか。

質問者YM：ありがとうございます。

八田：他にいかがですか。その後ろの方、いきましょう。

質問者MY：本日は貴重なご意見をありがとうございます。MYと申します。会計監査と監査法人の制度について、お話を伺えればと思います。現在、金融庁の方でもコーポレートガバナンス・コードの導入等について話が進んでいると思いますが、今日の斉藤さんのお話のなかでも少し触れられていたように、監査法人の組織にもっと透明性を持たせたらいいのではないかというお話がありましたが、私はそれと並行して別の目線からも考えています。なぜ今、監査法人が監査法人という制度になったのかについて、最近興味がありまして、いろいろと本などで調べてみました。もともと無限連帯責任に基づく公認会計士がいれば設立できるという制度であったものが、今の何千人という大きな組織になってきて、なかなか制度が実態と合わなくなってきたところがあると思うのです。ある本には、監査法人の制度として公認会計士法に基づいて、社員の方が出資をして経営を持ち、所有と経営が一致しているという組織ではなくて、これとはまた違う形態が可能なのではないかという意見も書かれていました。例えば私も、株式会社が監査をやってもいいのではないかなと思ったりもしましたが、そこには独立性の問題などもあって、実現は難しいのではないかと思っています。事前に配られた新聞の切り抜きを見て、少し納得したのが、会社法の法制度で社外取締役の導入があったとき、法制化で対応するのはなかなか難しかったため、ソフトな基準ではあるけれどもコーポレートガバナンスを入れましょうという流れがあったということで、今回、監査法人の改革についても、そのようなことが背後にあるのかなと思いました。

私のお聞きしたいところは、今、監査法人という制度は公認会計士法だけで認められている制度であると思うのですが、それ以外に、例えば監査というサービスをマーケットに提供するなど、他のかたちで、もしこういうものがあったらいいのではないかというお考えがあれば、お聞きできればと思います。

八田：先に、本家本元の藤沼さんからお願いします。

藤沼：公認会計士法との関係についてですが、この法律ができたときに会計士は被監査会社との対応で厳しい独立性の保持が求められました。第１回の講義でお話ししたように、公認会計士の職業は他のプロフェッションと比較して、企業との間にインセンティブのねじれという問題があるので、会計士は会社に対して独立した存在でなくてはいけないというのは、皆さんも覚えていることと思います。

そこで、監査法人が株式会社という形態に置かれ、事務所の経営に、例えばファンドなどの外部株主が50%あるいは60%の所有権を握る、または影響力を行使できる株主になる場合を想定しましょう。そうすると非常に基本的な問題になるのですが、この監査法人の株式会社は、いったい、収益性と公益性のどちらを重視する組織なのかという話が出てきます。監査法人の場合には、その構成員である公認会計士に監査業務を独占的に提供する権限が与えられているので、常に公益性を頭に入れて経営しなくてはいけないのではないかという考え方になります。ですから、これについては事務所のようなものが、プライベートの利益追求型の株主にすべてあるいは一部を買収されるとなると、非常に公益性の維持が難しくなるというわけです。しかし、この議論を展開すると、先ほど斉藤さんがおっしゃっていましたが、事務所で提供しているサービスのなかに、もっとアドバイザリーやコンサルティングなどのサービスを増やした方がいいのではないか、という議論にもぶつかるわけです。

一般に、アドバイザリーやコンサルティング担当者のメンタリティのベースにあるものは、顧客満足度、つまり報酬を払ってくれるお客さんの会社が満足してくれればいいというところにあります。このような業務が増えると、果たして監査事務所は独立の立場で厳しい判断を下すことができるのかと疑念が生じてしまいますし、規制当局から、あるいは社会的にも、批判の目で見られるおそれが生じます。これは会計士業界における長年の倫理上のジレンマなのです。今、考えている監査法人のガバナンス・コードは、制度そのものをいじるというよりも、むしろ外部の有識者が監査事務所に関与して、監査事務所のガバナンス、品質管理、教育研修制度、また人的資源管理などに対して、外部の立場で客観的な意見を出してもらい、法人のガバナンスを改善し、その内容を外部に公表したらどうかという監査法人の経営の透明性を高める制度です。この制度は、イギリスやオランダがすでに実施している監査事務所のガバナンス・コードを見習って、近く実施を予定しています。この提案では、監査法人の資本構成を変えるところまでは考えていません。

八田：先ほども斉藤さんからお話がありましたが、日本はいわゆる制定法の国ですので、基本的には確立した法律で取り決めをした方がいいという認識があると思います。但し、マーケットの事柄は日々刻々と変わりますし、やはりグローバル的な標準も持たなければいけないということです。したがって、コーポレートガバナンス・コードは、いわゆるソフトローという言い方をしますが、柔軟性を持って、その代わり機動的に見直すこともあるということです。そういう流れのなかで、今の監査法人の在り方について、斉藤さんのコメントをいただければと思います。

斉藤：藤沼先生がお話されたとおりで、これは非常に難しい問題だと思います。ルールの問題で言いますと、アメリカはご案内のようにルール主義で細かいところまで決めていますし、それに抵触しない限りにおいては、ほとんどがオーケーというかたちで。しかしイギリス、特にアングロサクソン的な考え方では、ルール主義はあまり取りません。非常にプラグマティック（実用的）なんですが、証券事故や企業の事故はアメリカの方が多いのですが、これについてイギリスやヨーロッパの人々は、我々の方が優秀だと言います。ルールをつくればすべて解決するかというと、必ずしもそうではないというところがあり、少しフレキシブルに、現実的に対応していこうということを、今回の議論にあげてみたというわけです。答えはなかなか出ないですね。

八田：監査法人の現状につきましては非常に根源的な課題があって、なかなか一朝一夕に答えが出ないところです。個人的には、半世紀前からある監査法人制度はすでに崩壊していると思っています。もっと違ったかたちに置き換えなければいけないという考えがあるのですが、それについては話がそれますから、やめておきます。次の方、お願いします。

質問者MS：本日は貴重なお話をありがとうございます。MSと申します。これからの株式市場やマーケットの今後の展望について斉藤さんにお伺いしたいと思います。第1回の講義でもお話がありましたが、人工知能（AI）の技術がこれからますます発展していくと思います。そこで、株価についてですが、株価はこれから上がっていくだろう、下がっていくだろう、という人の気持ちが反映された相場だと思うのですが、それがAIに取って代わったときに、株価や株式市場が実態を伴ったものになるのか、私のなかで将来がどうなるのかわからない部分があります。最近はボラティリティ（金融商品価格の予想変動率）が高く、株価の上下が非常に激しい相場になっていると思います。これからさらに激しくなってくるのではないかなと個人的には思うのですが、その点も踏まえて斉藤さんのお考えをお聞かせいただければと思います。

八田：斉藤さんも占い師ではないので展望するのは難しいと思いますから、簡単なコメントでよろしいかと思います。

斉藤：わからないですね、本当に。どこかのファンドマネジメント会社が、AIによる株価のトレーディングを行っているようですが、常に勝つとか、そういったことはないと思います。私はHigh Frequency Trading（HFT：高頻度取引）を東証に入れて評判が悪いわけですが…。これはコンピューター上で、マイクロセカンドで、100分の1秒や1,000分の1秒の超スピードで行う証券取引なんですが、いろいろな予想をして取引の動きをプログラムに組み入れているのです。

コンピューターはその動きを見て反応して処理するのですが、時には、その反応が出たとたんに全部オーダーをキャンセルするという方法もとっています。これを金融庁が問題視しているわけです。こういった経緯がありますので、AIを入れてすぐによい取引ができるとか、そういったことではないと思います。

八田：これはなかなか尽きない課題だと思います。AIと同時にIoTの時代でもあり、すべてのものがインターネットでつながってくると、おそらく市場のメカニズムそのものが、株価形成の問題に関しても大きく変わるのではないかと予想されます。それでは、あとお1人方、質問を受けましょう。

質問者OA：本日はありがとうございました。OAと申します。先ほどの監査に関するところで、今後は企業がリスクを認識する動的監査やIFRSの会計基準の導入などによって、過去だけではなく、将来を見て監査をするということが求められるだろうというお話がありました。分析から実行に移していかなければならないということですが、会計士は基本的に分析が主になってきて、実行をする機会がそもそもあまりない業種なのかなと思っているのですが、そもそも、そのような分析をしている監査人が、どこまで深度ある先を見ての予測ができるのかという点についてお聞きしたいです。また、いったん外部の企業に転職して経験を積んで戻ってくるなど、どういった経験をすると、客観的に、きちんと予測して判断できるような会計士になれるのかという点についてもお聞きしたいと思います。

斉藤：非常に重要なポイントを押さえた質問だと思うのですが、分析をして一定の方程式から外れるような現象を見つけるということはありますよね。つまり、リスクがそこに潜在しているということで、経営者がそこに気がつくような話をしてあげることが求められます。そこに自分の感情を入れる必要はなく、客観的なデータを分析することによって、例えば平均から外れていると、デュレーション（期間）が非常に乖離していますよと言えるわけで、これはリスクを意味します。業績がどうなるかは現時点ではわからないけれども、そういった分析結果を淡々と伝える必要があります。

例えば、証券アナリストが会社を分析していくと、在庫の積み増しのスピードが非常に高く、売れ行きが非常に遅いとか、そういった結果が見つかってくるわけです。証券アナリストは会社のバリューを計算しますが、化学業界を例に挙げると、在庫がいろいろなところにつながっていきますので、在庫の内容を詳細に洗ってあげます。このような分析は、会社が部門別のサイロ状態（それぞれ孤立した部署）にあるために、あまり行われていません。すると最終的に収益性のある最終製品を1つつくっている途中で、収益性のないバイプロダクトがいっぱいできて、それが累積しているということがたくさんあります。

例えば、私はカネボウのデューデリを産業再生機構でやりましたが、カネボウは毛布を山のように積んでいました。それは実はバイプロダクトなのです。毛布が売れないため、それを不正会計に使って出し入れしていました。現先取引のようなことを行っていたのです。そういう動きを、当時の監査人は見つけていたんです。これはおかしいと気づいていたんです。じゃあなぜこれを会社に言わないのか。監査は、会社との１つの戦いなんですね。そういうバッドニュースを逆に会計士に求める経営者にならねばならないし、監査人の方も素直に「将来の不正会計あるいはリスクに転換するおそれがありますよ」とお話を経営者にすることが必要ではないかと、こういうことを私は申し上げています。外部に出て違った経験をして、また事務所に戻ってくるというのは、いいことだとは思いますが。

八田：今日、斉藤さんのお話をお聞きになって、どういう感想をお持ちになったでしょうか。最近の公認会計士試験で資格を取った人たちというのは、マクロ経済・ミクロ経済、あるいは国際経済、さらには経営学上のベーシックな議論、こういった基本的なビジネスマター―について、ほとんど勉強してこなかったのではないかと思っています。しかし、企業活動に密接なかかわりを有する立場にある公認会計士になれている。私はここに問題があると思っているのです。やはり、企業は生き物であると同時に企業を取り巻く経済環境、あるいは国際動向、そして国の経済政策、こういったものが、さまざまなかたちで企業経営ないしは企業会計に影響を及ぼしているわけであって、その出てきた結果について監査をしているわけですから、結果だけを見ても本当の実態には踏み込めません。おそらく、深掘りした監査をしろというのは、私はそういった意識もあるのではないかなと思っています。

まだまだ勉強しなければならないことが山ほどあるということです。あるいは多面的な理解をしないと、本当の意味で企業経営者と議論することはできないでしょう。もしも、斉藤さんが社長だったら、今日の我々は全員、敗北しております。ということで、まとめにもなりませんが。最後は塾長、まとめてください。

藤沼：斉藤さんの先ほどの答弁のなかで、カネボウの毛布在庫が何百万枚かわからないですが、在庫品の評価の問題がありました。あのとき、カネボウでは確か４～５年前のアイスクリームを冷凍庫に入れていて、それを正常在庫だと処理していたとか、いろいろな問題がありましたね。

実は私が初めて斉藤さんと直接会ったのは、もちろんそれまでもお名前は存じ上げておりましたが、国会答弁で斉藤さんと私が衆議院・参議院の委員会に参考人として招致されたときです。私は会計士側の参考人で、斉藤さんはカネボウの会計不祥事件を発見した再生機構側の社長としての参考人でした。そこで私は斉藤さんに厳しく攻め込まれ、防戦一方でした。そういう経緯があって、徐々に親しくなってしまったというわけです。

本日、ご多忙中にもかかわらず、斉藤さんに藤沼塾での講演をお願いしたのは、資本市場の歴史も含め、主に日米の資本市場の違いや、日本経済の低生産性、会社の企業価値などの重要なテーマについての資本市場の見方を皆さんに理解してもらいたいという意図があったからです。皆さんすでにおわかりのように、斉藤さんは、高い報酬を求めるようなグリーディ（貪欲）な方ではありません。むしろまったく逆のタイプの方ですので、藤沼塾の講師を引き受けてくださったのです。

最近、企業経営者に聞いたところ、会社の経営者と会計士のディスカッションがまったくおもしろくないと言われました。皆さんが経営者に質問するのはどうもテクニカルな話ばかりで、例えば「後発事象はありませんでしょうか」とか、そのような話ばかりで、ディスカッションにならないんです。今日のような機会を生かしてもう少し自分の目線を上げて、会社の戦略や企業価値をどのように考えているのか、まずはマクロの話をすることが大切です。次に、例えば会社の戦略のなかで、各部門の連携などについて全体最適を考えて行われているかなどの質問に移る。工場などの製造部門は、できるだけ製品をいっぱいつくって固定費を安くしたいと思っているわけですね。ところが、営業部門は注文を受けた範囲でつくってもらい、できるだけ在庫を多く持ちたくない。会社はこのような部門間の連携をどのようにマネージしているか、ということも経営者とのディスカッションで題材になります。また、従業員の倫理違反事例や通報制度など、いろいろな問題がディスカッションの対象となります。本日の話を参考に、視点を変えて、経営者と対峙するような気持ちでアクティブなディスカッションをしてほしいと思います。

八田：どうもありがとうございます。これにて斉藤さんのご講演とディスカッションを終わらせていただきます。もう一度盛大に斉藤さんに感謝の意を表しましょう。

塾長からのコメント

斎藤氏は、野村證券副社長、産業再生機構社長、東京証券取引所および日本取引所グループのトップとして、グローバルな視点で、日本の資本市場の参加者である上場企業と公認会計士監査を見てきた方です。

まず、日本経済の近年の低落傾向について言及し、いくつかの経済指標を用いて、長期にわたる右肩下がりのGDP、TFP（全要素生産性）の寄与度の低下、資本生産性の低さ、株式時価総額の停滞などを説明されました。また、個々の企業が一時の国際競争力を喪失し生産性を劣後させてきたことが長期デフレ経済の原因であり、その要因として日本企業のガバナンス上の問題を指摘され、とりわけ、社長の任期が短過ぎる点や、先輩・後輩文化によって不採算事業を整理できないなどの問題を明快に説明され、塾生に対して問題意識の醸成を図ってもらいました。

監査人としては、単に過去データの静態的実績分析に偏った監査ではなく、経営の方向性と収益動向、リスクの把握など動的視点をもって企業を評価し、企業側に伝える必要性があることを示され、これからは動的会計監査の時代になるという指摘は、塾生たちも新鮮な驚きを得たと思います。一方、「監査法人のガバナンス・コード」（2017年３月）を受け、監査法人の組織体制を見直し、経営と執行を分離し、社外有識者を招くことで、経営の独立性、品質管理および透明性向上について助言を求めることは大変有益であるとの指摘は、正にその通りと思いました。

塾生との討議では、アメリカの経済社会のエネルギーになっているのは、ある意味でグリーディー（貪欲）な欲望であり、これが企業を良くし企業価値を高め、報酬を増やすことにつながっていると指摘されました。日本は成功者の高額報酬に厳しく、その芽を摘んでしまっていると感じているとのコメントは大変印象的でした。さらに、コーポレートガバナンス・コードで日本の経営が変わればよいが、銀行の影響力が強く、企業はエクイティーバリュー（資本価値）を上げるという発想に乏しいとの点は、銀行のみならず社会一般の課題であると感じました。

また、カネボウ事件では、問題に気がついていた監査人が経営者に指摘しなかったということを紹介され、経営者とのディスカッションの機会を有意義なものにするには、経営者が無視できないあるいは興味を持つ論点を用意して会議に臨むべきであるとの考えを示されました。

大変に刺激的な講演と討議の場を持つことができたと思います。

第3回

M&A、起業および上場を通じて会計士経営者として学んだこと

渡辺章博

講師プロフィール

わたなべ・あきひろ／1980年、中央大学商学部在学中に公認会計士第二次試験に合格。82年、ピートマーウィック（現KPMG）のニューヨーク事務所に入所。94年の帰国後、KPMGコーポレートファイナンス代表に就任。2002年、現GCAを個人創業し、04年に法人化。06年、東証マザーズ上場。12年、東証1部に市場変更。現在、GCA株式会社代表取締役。著書に『M＆Aのグローバル実務［第2版］』（中央経済社）など。

藤沼塾第3回

米国ピート・マーウィック・ミッチェル（現KPMG）でＭ＆Ａのアドバイザリーをしていた私が、帰国してKPMGコーポレートファイナンスを設立したのは1994年だった。いずれ日本国内でも案件が増えるはずだという読みは当たって、事業は順調そのもの。今でこそ「Ｍ＆Ａサポート」は当たり前だが、当時ほとんど同業者はなく「国内のこの市場は自分がつくった」という自負が、私にはある。

ところが、例のエンロン事件で環境は一変する。監査先へのサービスが大幅に制限されてしまったのだ。独立したのは、顧問先に「これは、会社ではなく渡辺さんに頼んだ案件なのだから、最後まで面倒をみてほしい」と懇願されたのがきっかけだった。

そもそも渡米し、Ｍ＆Ａの仕事と出合ったのも偶然の産物だったのだが、そうなってみて、私は初めて会計のことがわかったように感じている。日本の現地法人の100％子会社を監査した時、米国人のレビューインパートナーが語った一言が、今も耳に残る。その会社は、親会社から業務委託料などの名目で「ミルク補給」を受けて、ようやく黒字という状態だった。決算書を見た彼は、即座に「これは収入ではない。資本取引だ」と指摘した。「その処理だと赤字になってしまう」と抗弁した私に返ってきた言葉が、「本当は、自分では立って歩けない赤字会社なのだろう」「アキ、この財務諸表を誰が使うのか、本当にわかっているのか？」だった。まさにサブスタンス・オーバー・フォーム（形式より実質）の神髄を見た思いがした。

日本の会計士試験に出てきた「真実性の原則」がいま一つピンとこなかった私が、その大事さを感覚的に理解した瞬間である。

Ｍ＆Ａには、デューディリジェンス（DD）が不可欠である。DDは監査ではないから、売り手が自主的にすべての情報を開示するわけではない。限られた時間の中で徹底的なマネジメントインタビューを行い、出ている数字が本当に正しいのかを見極めるわけだ。それは毎回、真剣勝負だった。もしも自分が誤ったら、クライアントはとんでもない案件を掴まされるかもしれないのだ。口幅ったいようだが、真剣勝負の場数を踏んだ結果、決算書類や契約書を見ながら話を聞いていると、おかしなところがバーッと浮き出てくるところまで、私のスキルは高まった。

そんな私から見て、日本の監査法人、会計事務所のDDは、残念ながら及第点のレベルにはない。例えばこれまで、自分の会社で２回Ｍ＆Ａを行ってきたが、DDを依頼した事務所が作成したレポートは、両方ともほとんど使い物にならなかった。そうなってしまう理由は、「ビジネスがわかっていない」の一言に尽きる。そのことが、クライアントの立場から丸見えなのである。ビジネスがわからなければ、本当の監査はできまい。

厳しいことを申し上げたが、私が会計士から経営者になって骨身にしみたことの一つが「監査のありがたさ」である。偉そうなことを言っていても、経営者には常に不安がつきまとう。「あの判断は間違っていなかったか」と、思い悩むことの連続なのである。そんな時に、会計監査の「財務諸表は健全です」という太鼓判が、どれほど勇気を与えてくれることか。

大前提は、サブスタンス・オーバー・フォームに裏打ちされ、ビジネスを理解した会計人の存在だ。そのサポートも得つつ、実態を反映した会計情報に則って経営をしていれば、今の東芝のような事態は起こらないはずだ。

『アカウンタンツマガジン』Vol.41より

■はじめに

皆さん本日はどうぞよろしくお願いします。最初に、弊社の宣伝動画を流しますのでご覧ください（約10分間のビデオ動画を放映）。

昨年、イスラエルとヨーロッパの会社を買収したのですが、これはそのときの統合記念セミナーで流した動画です。

今日は１時間50分のお時間をいただきました。藤沼先生は会計士の人たちを、これからいかに日本、そしてグローバル展開のなかで育てていくかという、非常に高い目標を持たれています。そのようななか、厳選された皆さんと真剣勝負をしなければいけないということで、私もかなり力を入れて、新しいレジュメをつくってきたのですが、全部をお伝えするのは無理かもしれませんので、ざっと全体をお話できればと思っています。

１．経営者の立場から見たM&A

先ほど、GCAの宣伝動画を流させていただきましたが、わが社は、フォー・クライアンツ・ベスト・インタレスト（顧客の最善利益のために）という経営理念を持ってM&A助言ビジネスを始めました。今の売り上げは約200億円です。従業員数がグローバルで400名おり、10ヵ国、15拠点です。M&A市場のなかで、私たちはアドバイザリーの仕事をしています。皆さんのなかには監査法人の方も結構いらっしゃいますし、FAS（ファイナンシャル・アドバイザリー・サービス）のグループも監査法人のなかにあるので、だいたいM&Aのアドバイザリーの会社がどんな仕事をしているかというのは、よくご理解いただいていると思います。M&Aのアドバイザリーの会社というのは、ほとんどが金融機関のなかの一部門です。皆さんのように、監査法人のなかにM&Aのアドバイザリーがあるというのは、実はそこまで歴史が長いわけではなく、私がニューヨークのKPMGという会計事務所にいた1980年代に始まったビジネスです。その後、私が日本に帰ってきたときに、「FAS」という市場をつくりました。

実は、M&A業界における会計事務所の存在というのは、現時点でもそんなに大きくありません。M&A市場は、例えば手数料でいうと、年によって違いはあるのですが、世界で約３兆円から５兆円と非常に大きなビジネスです。手数料だけでそれくらいになっています。では、そのなかでどれほどのフィー（報酬）がどのような業者に落ちているかを見ると、ほとんどがいわゆるインベストメントバンク（投資銀行）と言われる人たちの手に落ちています。会計事務所に落ちるフィーは、おそらく全体の10%もないのではないかと思います。

ほとんどが投資銀行のフィーのなかに落ちているということは、いったいどういうことかというと、M&Aというものは、ものすごい額の金額が動くわけです。昨年、今話題の東芝の東芝メディカルの入札案件がありました。最近は東芝メモリーを切り離すのではないかという話が出ていますが、これらの案件の規模は数千億円から１兆円です。このように、上場企業のM&Aとなると、かなりの大きな金額が動くわけです。

なぜM&Aのアドバイザリーのビジネスを、いわゆるインベストメントバンクの人たちがやっているのかというと、歴史的に言えば、やはりかなり巨額なお金が動くビジネスだからでしょう。例えば、お金を貸したり、株を発行してもらったり、あるいは社債を出してもらったりなど、そういうところに非常に大きな手数料が発生します。M&A助言での手数料に加えて金融取引でも稼げるわけです。そういったビジネスに関与するために、最初からM&Aのアドバイザーとして入っておけば、いろいろなかたちで金融取引にからんでいけるというメリットがあるのです。このようにM&Aのコンサルティング部門を設けて金融取引にからんでいこうという歴史的な背景があるため、M&Aでは金融機関の一部門がビッグプレイヤーになっているというわけです。

ところが、これはものすごい利益相反を生みやすい。どういうことが起きるかということを今日は会計士の人たちが多いので、図表１を使って説明します。M&Aを理解するときには、必ず買い手、売り手、それから買収対象（ターゲット）、この３つを意識することはすごく大事です。M&Aとは何ですかと聞かれたとき、皆さんは何と答えるでしょう。M&Aには買い手、売り

図表１

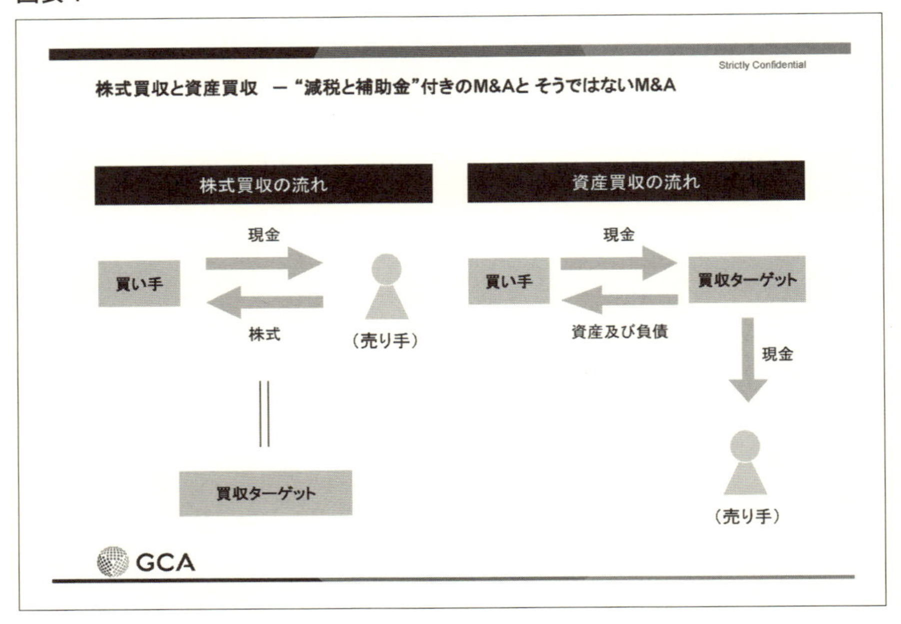

手があり、つまり結局は対価を払って事業を手に入れる、という話ですよね。事業を始めるとき、今の世界の経営者の頭のなかは、M&Aが７割を占めているのではないでしょうか。そして残りの３割が自前でやる。なにか新しいビジネスをやろうとか、成長しようと考えたときに、世界の経営者の頭のなかには、M&Aというのが最初に浮かぶのです。これはなぜかというと、今日、グローバル競争が非常に激しいことが理由の１つです。ドナルド・トランプ氏が大統領に就任し、グローバル化の流れを止めるというようなことを言っていますが、グローバル経済のなかではビジネスは戦争ですから、早く陣地を取って勝負をかけることが非常に大事になってくるのです。そのため、今、世界の経営者にとっては、M&Aは非常に重要な手段になっているわけです。

私は自分でビジネスを創業したのでこの経営者感覚がすごくわかるようになりました。私は2004年に今のGCA、前身の会社は2001年につくったのですが、創業者として何を感じるかというと、ビジネスというのはゼロから立ち上げるとなると、最初にお金が出ていくのです。資本金が何のために必要なのか、本当によくわかります。お金が最初出ていくから、資本金は必要なのです。2004年にこのGCAをつくるときに、まずは仲間を募って会社を立ち上げるということで、当然事務所を借りなければいけなくなりました。事務員も少なくとも1人入社してもらわなければいけない。そして、いずれプロフェッショナルを雇うということで、事務所のリース料に加えて、給料も払っていかなければいけない。しかし私はとても恵まれていて、2004年に会社をつくったときには、すでにお客さんが、しかも結構な、そうそうたるお客さんがついてくれていました。大手の企業が最初から入ってくれたので、私はまだ幸運だったと思うのですが、それでも2004年の4月に会社をつくってから、最初に請求書を出してお金が入ってきたのは、2004年の9月でした。つまり半年間はキャッシュが入ってくることはないわけです。その間、給料を払い、オフィスのお金を払い、パソコンなどのいろいろな設備投資をし、どんどんどんどんキャッシュがお足のように最初に出ていきます。黒字化させるには、普通はビジネスを始めて3年くらいかかるのです。

わが社は非常にラッキーで、1年目から黒字になりましたが、それでも最初はすごく不安でした。キャッシュが出ていき、いつお客さんがついてくれるのかわからない。その後私どもの会社は2006年に上場しました。2年で上場し、先ほどの宣伝動画にも少し出てきましたが、2008年にはアメリカの会社を買収しました。この時にM&Aの素晴らしさを実感しました。それはM&Aでは創業と異なり1日目から売り上げがついてくることです。先ほど申し上げたようにビジネスを始めると、最初にキャッシュが出ていき、お客さんを獲得するのが非常に大変です。ましてやサービスを提供して、最初に請求書を発行して、そしてまたお金を払ってもらうまで、何ヵ月も待たなければいけない。こういったことに比べれば、M&Aをすると、もうそこにはお客さんがいて、人（社員）もいて、オフィスもあって、パソコンもあって、ビジネスに必要なすべてがついてくるわけです。こうしたことを繰り返すことによって、会社を成長させて、自分のやりたい夢を実現する。これがM&Aなのです。

2. 買い手と売り手の力関係

話を戻しますと、M&Aでは必ず、買い手、売り手、買収ターゲットが登場するわけです。ですから買い手はこれからビジネスを展開するなかで、自分たちの経営リソースでは足りないところを補うとか、あるいは規模を大きくすることによって、競争相手に優勢を持つなど、いろいろな戦略のなかでM&Aをやっていくようになるのです。一方、売り手の方は、ビジネスですので、必ず投資というのは資金の回収という出口があるわけです。ですから、自分の持っているビジネスをより大きく育ててくれる買い手に手渡すことによって、次に自分がより注力したい分野に投資したり、個人だったらリタイアするとき、すなわち最近流行りの事業承継ということが売り手にとってM&Aの目的となります。事業会社であれば、例えば子会社や自分のビジネスを売却するということは、自分たちが得意ではない分野を売却して、それによって入ってきたお金で、より強いビジネスに投資をしていくといった選択と集中のための売り手というのが存在するわけです。このような形で、買い手、売り手、そして対象事業が、常に登場人物として存在するのがM&Aという世界です。

買い手と売り手の間には利害対立があります。買い手は、このビジネスを手に入れることによっていろいろなことができると思って買うわけです。私どもの会社は、アメリカのシリコンバレーでビジネスを展開するサヴィアン社を2008年に買収をしました。結構高い金額でしたが、買収前にはいろいろと夢が広がっていました。高額のプレミアを払っても、いろいろなシナジー（効果：相乗効果）が期待できるのであれば、その買収価格は買い手にとってはフェアバリューということになるのです。買い手がこのような夢を持つことによって、M&Aは行われます。一方、売り手は、ビジネスを売ってしまえば、あとはキャッシュが入ってくるだけです。事業に関する今後の夢を持つというよりは、今、いかに高く売るかという話になってくるわけです。そのため、売り手は少しでも高く売却したい、買い手は少しでも安く買収したいという立場の違いで利害対立がおきます。やはり買い手は夢を持ちながらビジネスをやっていくというなかでは、売り手と買い手の力関係については、売り手の方がある一定のレベルまでは強い立場にあります。

世界的にみてM&A市場はどんどん広がっているのですが、それはなぜかというと、売り手にとっては非常に有利であり、買い手が買収対価を高く払いがちになるからです。たとえ話をしますと、すみません女性もいるので、こういう発言をするのは不謹慎だと思われるかもしれませんが、もちろん男性も同じですが、結婚で考えるとよくわかるでしょう。結婚するまでは男性はいろいろと一生懸命にやるでしょう（笑）。やはり夢を抱きますよね。M&Aにおける買い手もこれと同じことではないでしょうか。買い手の経営者は、この会社を手に入れるとこんなことができるというふうに夢がどんどん広がっていくのです。自分の会社の売り上げはなかなか上がらないけれど、相手の会社はいろいろとビジネスを展開していて、売り上げがよく伸びている。ならば、この会社を買えば自社の売り上げも伸びてよいのではないかとなれば、多少高くても買おうと思うわけです。

そのためM&Aの世界はインフレ傾向にあるのです。買い手が多く、売り手が少ないという関係図があるので、売り手と買い手の間でバランスが崩れているところがあります。売り手にとっては当然ですが良い条件を、買い手は少しでも安い条件を求めます。ここに利害対立が生じてくるので、売り手は売り手側、買い手は買い手側としてそれぞれが代理人を立てて交渉していくというかたちになってくるのです。とりわけ上場企業というのは、株主のお金を預かっているわけですから、取締役会がM&Aをしようと意思決定するときには、十分な情報収集をした上で、意思決定をしなければ、株主から訴えられたときにビジネス・ジャッジメント・ルール（経営判断の原則）は適用されない、免責されないということになります。そのために買い手と売り手はそれぞれがそれぞれのアドバイザーを雇います。欧米におけるM&Aではこれが一般的です。

日本では今、事業承継が非常に流行っていますが、一般的なのは仲介モデルです。しかし、そもそも利益相反というものがあるわけで、その間に入るということは、世界的に見てとんでもないことです。

皆さんのいらっしゃる会計士の世界だと、買収価格は計算・算定するものだと思うかもしれませんが、買収価格は計算・算定するものではないのです。買収価格は交渉で決まる、交渉価格なんですね。私は藤沼先生に、国際会計基準の次はバリエーションのスタンダードをつくらなければならないということで声をかけていただきました。国際評価基準審議会（International Valuation Standards Council：IVSC）というものがありまして、そこで私に評議員（trustee）になれということでした。少しは日本の国のために頑張れというふうに言われました（笑）。4年ほど頑張って、そのあとは山田辰己先生にお願いしてしまったのですが、そのときに感じたことは、バリエーション・スタンダードは確かに大事だということです。

例えば減損会計など、さまざまな場面でバリエーションというのは、きちっとした何らかのスタンダードが、これはこれで必要なのです。しかし、M&Aの世界では買収価格は交渉価格なわけです。ですからネゴシエーション（交渉）のプロセスがちゃんとあったかどうか、競争状態がちゃんとあるのかどうかについて、買い手は買い手の観点から、これから買うビジネスでもきちんとシナジーが出て、十分お釣りがくるのかということを確認しなければいけません。一方、売り手は自分がビジネスを持ち続けた場合のフリーキャッシュフローを超える価格で売らなければ、株主価値を破壊することになります。こうしたことから、特に買収価格をめぐっての利害対立があるわけです。

3．買収価格はどう決まるのか

続いてレジュメの図表2についてお話しします。これはよく私が講義でする話しなのですが、買収価格がどのように決まるのかということについてです。

買い手、売り手に分かれたときに、アドバイザーが非常に重要な存在になるのだということです。アドバイザーがクライアントに対して、客観的な立場からアドバイスをします。経営者はM&Aをやりたくてやりたくて仕方がないわけですよね。しかしCFOの立場や、あるいは社外役員の立場からすれば、本当にフェアーな価格で買収がなされているのかをきちんと確認しなければいけません。しかも時間は限られている。そのようななかで、買収し

図表２

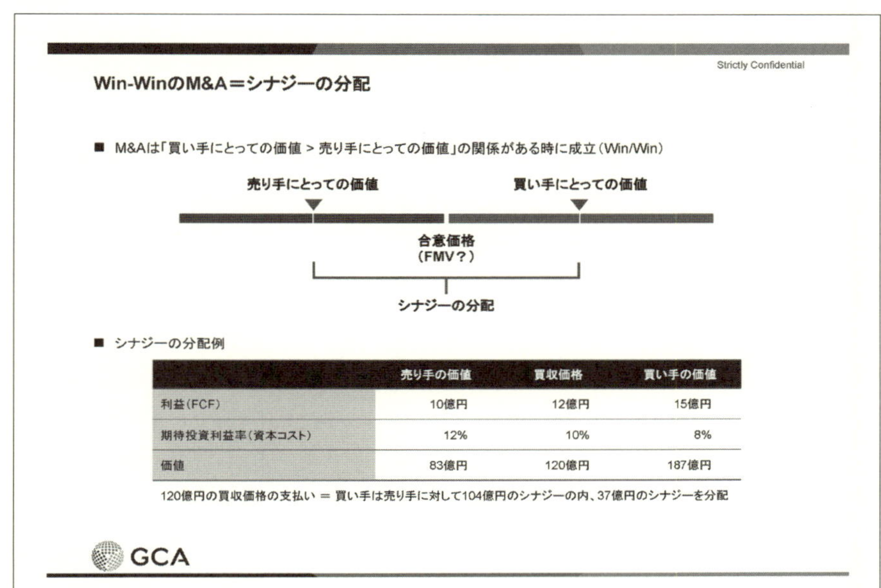

	売り手の価値	買収価格	買い手の価値
利益（FCF）	10億円	12億円	15億円
期待投資利益率（資本コスト）	12%	10%	8%
価値	83億円	120億円	187億円

なければいけないのです。買わなければ、自社の成長がないわけですが、買収価格がいくらならば買収できるのか、については非常に高度な技術を要します。M&Aの交渉の世界ではだいたいどれくらいで価格が決まるのか、こういったことを予測する必要があるのです。

そこが我々M&Aアドバイザーの腕の見せ所なわけですが、ここでもし金融機関が買い手側のアドバイザーをやるとしたらどういうことになるかということです。もし銀行がM&Aのアドバイザーだったらどうなるでしょうか。ここには金融機関の方はいらっしゃるんでしたっけ？　こういう話をすると、また渡辺が銀行の悪口を言っていたと言われるから困るのですが、誤解のないようにお願いします（笑）。

例えば、メガバンクが証券子会社をアドバイザーとして関与させ、大きな買収案件に融資するというケースがあるとします。融資は銀行にとってはものすごく儲かるわけですよね。しかも、例えばレバレッジドファイナンス（買収対象会社のフリーキャッシュフローを担保にした買収ファイナンス）をすると、そのアレンジメントフィーだけでも巨額ですし、入ってくる金利収入も、今のようなマイナス金利のなかで、レバレッジドファイナンスは結構ないいお金になるわけです。買い手としては、買収価格は低ければ低いほどいいわけですよね。ところがおかしなことに、金融機関にとっては買収価格が高ければ高いほど良いということになります。たくさんお金を使ってもらえるからです。これは一種の利益相反です。

一方で、売り手側のアドバイザーとして金融機関が立った場合はどうなるでしょうか。ある有名な会社が会社更生法で倒産したときに、私どもは独立系のアドバイザーでしたので声がかかりまして、管財人側のアドバイザーというか、倒産会社のスポンサーを探す、いわゆる売り手側の仕事をしました。そのとき感じたことについてお話しします。これについては裁判所の管轄に入っての、買収、売却案件であるので、これからお話しするような利益相反は生じませんが、もしこれが、会社更生法を適用する前の段階で、銀行が貸し込みをしていて、融資を早く回収しなければいけないというときに、例えばその会社のいろいろな部門を売却するといった話があったとしたら、どういうことになるでしょうか。会社にとって売却することは本当にいいことなのかどうかは、銀行側の観点で融資先に対するM&Aがからんでくると、ものすごい思惑が入ってきます。株主の立場からすると、融資の回収を優先して事業が売却されてしまったら、株式価値の破壊になりかねないからです。

今の東芝の状況がその典型例です。少し前のシャープもそうでした。あのような状態になると、必ず銀行が深く関与します。そして多少仕方のない面はあるのですが、経営者は、会社を潰したくないために銀行の言いなりになってしまうことがあります。しかし株主にとっては、「そういうやり方って公正なの？」といった疑問です。例えば東芝が擁する事業を売却するのは会社にとって、株主にとっては本当によいことなのかということです。融資を回収する、債務超過を回避する、そういう観点からはよいことかもしれませんが、株主にとっては本当のところどうなのかという観点からは、金融機関がアドバイスしてはいけないのです。東芝のような状況になると、欧米であれば、独立系のアドバイザーが雇われてどうしたらよいのかを取締役会にアドバイスします。私がGCAを立ち上げる際に、常に企業の、あるいはクライアントのベストインタレスト（顧客の最善の利益）で、M&Aについてアドバイスをしようという経営理念を掲げました。

先ほど申し上げたように、M&Aでは買収価格がすごく大事だということです。買い手にとっては、買うことによっていろいろなシナジーを出していき、売り手は、一番このシナジーを出してくれる、一番高く買ってくれるところに売りたいわけです。理論的に言うと、買い手にとっての価値が売り手側の価値を超えているときに、買収が成り立ちます。つまり買い手のシナジーを売り手に分配しているということです。買い手がこれからつくり出す、そのビジネスを買うことによって出てくるシナジーを、売り手に対して前払いするのがM&Aです。したがって、買い手は買収した瞬間から高いハードルを抱えることになります。買い手は買収プレミアムをいかに回収するかを常に真面目に考えていかなければ、M&A戦略というのはうまく回らなくなってしまうのです。

例えば、東芝が原子力発電の会社を買収したことについても、どのようなシナジーがあるかをきちんと検証して、本当に東芝にとって数千億円の価値ががあると判断して払われたのですかということを、アドバイザーもきちんと確認しなければいけなかったでしょうし、社外役員もやはりそこをしっかり確認しなければいけなかったでしょう。このようなところがきちんとされていなかったために、今回のようなことになってしまったのかもしれません。もちろん、東日本大震災があったことや様々な問題が発生したので簡単なことではありません。我々アドバイザーにとっては、M&Aをうまくまとめることによって会社がものすごく成長できると信じてこうした案件の後押しをします。しかし、一歩間違えると大変なことになってしまうこともあるのです。

うまくいった例としては、日本たばこ産業（JT）がよく例に出ます。JTさんは、海外での「たばこ事業」を、次々と買収しています。そこでちゃんとシナジーの検証をして、そのシナジーが確かに出るということを定量化して、それを回収するといったことを行っています。こういったことをきちんとやっている会社はM&Aで成長することができます。
今日皆さんにお伝えしたいことは、何度も申し上げたとおり、M&Aというのは買収価格が非常に大事だということです。払った買収価格というのは、これは投資ですから、経営者にとってはゼロからビジネスを立ち上げるよりもM&Aをやった方がはるかにビジネスがやりやすいのです。しかし銭勘定が合わなければ、まさに東芝のようになってしまう。一方で銭勘定がちゃんと合っていれば、JTのように成長することができるということです。そこでは買収価格の基礎となる会計情報というのが非常に重要になってくるわけです。

4．大学4年で第二次試験に現役合格

今日は力が入っていて、「M&A、起業経営、上場を通じて会計士経営者として学んだこと」という、すごい講演タイトルにしてしまいました（笑）。会計も経営もSubstance Over Form（形式よりも実質）であるということが、今日皆さんにお伝えしたいメッセージです。
私に関するお話を少しだけさせていただくことによって、私が何を言いたいかということを、ぜひ理解していただきたいと思います。私は大学在学中4年生のときに、会計士第二次試験に受かりました。今日出席の方にもいらっしゃいますが、専門学校のTACで一生懸命勉強して、おかげさまで4年生のときに合格させていただきました。合格後、とにかく早く仕事をしたくてしょうがなかったんですね。私が会計士になると決めていたのは、高校生のときからでした。弁護士か会計士かどちらかと思ったのですが、弁護士はおそらく日本でしか通用しないだろう、会計士であれば世界で活躍できるのではないかと思ったことがきっかけです。とにかく人の役に立ちたいという思いがありました。
私の父はサラリーマンだったので、組織のなかで組織のための仕事をしていました。しかし私は、お客様に直接接して価値をつくって、お客様に喜んでもらうような仕事をしたいと思い、プロフェッショナルになろうと決心したのです。力をつければ、その力をもってして世の中のために役に立てるだ

ろうと思い、私は会計士を目指しました。当時、中央大学が会計士の合格率が高かったので、中央大学以外は行かないと決めて、中央大学商学部会計学科に入学しました。入学した瞬間から大学生活を楽しむとかそういうことはいっさい忘れて、「白門会」という松戸にある薄汚い寮に入りました。そこでとにかく「24時間勉強しろ」と先輩に言われて、寮にこもって、ずっと勉強していたのです。試験には３年生のときには落ちてしまったのですが、４年生では絶対に１番で合格してやるぞ、と決意し、幸いにして合格しました。

受かった翌日に「平和共同事務所」という、先輩が勤めていた事務所の門を叩いたら、そこですぐに背広をつくられてしまいました。「明日から来ていいよ」と言われて、「じゃあ、行きます」と即決しました。そのときは大学生活が残っていることなんて考えていませんでした。そもそも大学は八王子で遠いし、もう大学には行かずに新宿の事務所で仕事をすることにしたのです。

５．会計士の在り方に疑問を抱いた平和共同会計事務所時代

大学４年生の10月にその事務所に入ったのですが、今でも忘れられないエピソードがあります。出勤初日の月曜日、朝一番の８時に会社に向かいました。仕事がしたくてしょうがなかったんですね。ところが朝の８時なのにドアが開かない。しょうがないから、８時半くらいになったら人が来るだろうと思って待っていても誰も来ない。９時、まだ誰も来ない。９時半くらいになってようやく先輩会計士が来て「ナベ、なんでこんな早く来てるんだよ」と言いました。私が「えっ、私８時から待ってたんですけど」と答えると、「いやいや、10時にお客さんのところに行くから、そんなに早く来なくていいんだ」と言われて「あ、そうなんですか」と。今日は特別な査察でもやるのかと思って、先輩に荷物を持たされて、クライアントのところに行き、初日は10時から仕事始めでした。

一番最初にクライアントと名刺交換したときに、私はすごい違和感を覚えました。皆さん、どういう違和感だと思いますか？　クライアントから「渡辺先生、よろしくお願いします」という挨拶をされたのです。これはおかし

いでしょう。まだ大学４年生で、会計士補ですよ。１回も監査なんてやったことないのに、「先生」と呼ばれたんです。私は「先生」って呼ばれる立場じゃないし、そういう力もないし、資格を取っただけです。しかも会計士補ですからね。その瞬間から何か違うと思いました。

２時間仕事らしきことをちょっとやって、12時になったら、クライアントがランチに連れて行ってくれる。今はおそらくそんな世界はないと思いますが、私たちの時代にはクライアントがランチに連れて行ってくれたのです。最初は「そうか、今日は特別な日なのかな、先輩会計士の誕生日なのかな」などと思っていたわけですが（笑）、それが毎日続きました。１時までご飯を食べて、そのあと仕事するのかなと思ったら、今度は喫茶店かなんかに連れて行かれて、１時半くらいになって、「おいナベ、仕事に戻るぞ」と言われて戻って、さあ、仕事やるぞと思ったら、今度は３時になったら会社の女の子がケーキかなんかを持ってきてくれて、また先輩会計士はクライアントさんと雑談してるんですね。そして３時半になって、さあ、これから仕事だと思っていたら、４時半になったらもう帰るっていうんです。仕事してないじゃないかと（笑）。これが毎日続いて、僕はおかしいと思いました。もちろん、今はそんな世界ではないと十分わかっています。しかし当時はそんな感じだったのです。

なぜこういう状況になっているのかということは、１ヵ月、２ヵ月勤めてみてわかりました。要するに、クライアントは僕たち会計士から何かサービスの提供、例えばプロフェッショナルサービスの提供などをまったく期待していないということです。つまり監査意見さえもらえばいい。しかもその当時は連結決算ではなく、単独決算中心主義でした。税務会計ですね。魔のトライアングルの時代ですから（笑）、商法会計、税務会計、企業会計がグルグルまわって、誰も責任を取らないという世界のなかで監査が行われていました。でも税法が一番のチャンピオンだったと思います。経理の人は税務会計に非常に詳しいですから、おそらく私のようなハナタレ小僧は、心のなかで大変軽蔑されていたと思うのですが、私は若かったので、こうしたことに敏感で「これはおかしい」と気づいたのです。

６．メジャーリーグで働けることへの期待

なんとかこの状況から抜け出さないといけないなと思っていたときに、たまたま中央大学の矢部浩祥教授という、私の指導教授から電話があり、「渡辺さん、あなたはそもそも、外資系の会計事務所に行かなきゃいけないのに、なんで国内の事務所で仕事しているのですか」と言われました。「ピート・マーウィック・ミッチェル（PMM）」という会計事務所、現在のKPMGですが、そこがニューヨークで日本人を探している。実は少し前に送り込んだ日本人が逃げ出して、人がいなくて困っているようだから、ちょっとパートナーと会ってみないかと声をかけていただいたのです。「会います」と即答して帝国ホテルでお会いしました。とにかく「トイレ掃除でもなんでもやりますから採用してください」と言って採用が決定して、１年半お世話になった平和共同事務所を辞めて、1982年の５月11日にニューヨークへ渡りました。

ニューヨークへ行く１ヵ月前に採用通知書をもらったのですが、そこに給与が書いてありました。当然ドルで、英語で書かれているんですが、皆さんいくらだと思いますか？　そこには18,500ドルと書いてありました。その当時はドル円換算で、１ドル240円くらいでした。換算すると、だいたい400万円くらいになりました。僕は非常にいいオファーをもらったと思いました。日本の会計士はアメリカで評価されている、と思って、ニューヨークのピート・マーウィック・ミッチェルへ行ったわけです。

ニューヨークへ行って、着いたその日のことをはっきり覚えています。決死の覚悟で行くわけですから、前日に友だちから「おまえはしばらく日本食も食べられないし、日本のビールも飲めないな」と言われて、赤坂のホテルでご馳走になったんです。そして飛行機に乗ってJFK空港に着くと、2016年まで中央大学でも教鞭をとられた間島進吾先生が当時ピートのマネージャーでして、迎えに来てくれていました。「ナベよく来たな」みたいな感じでね。そして「疲れただろう、おまえさっぱりしたもの食いたくないか」って、日本食の店に連れていかれてました（笑）。

それだけでもがっかりしたのですが、もっとがっかりしたことがありました。私はとにかくアメリカで仕事をやれるというのは、今の日本の野球選手

がアメリカで活躍したいと思うのと同じで、会計士にとってのメジャーリーグだと思っていて、シティバンクの監査ができるとか、GE（General Electric）の監査ができるとか、ゼロックスの監査ができるのかなとか期待していたんですね。ところが、連れて行かれた翌日から仕事が始まって、配属されたのは日本企業部というところだったんです。

7．下積みのピート・マーウィック・ミッチェル時代

その当時ピート・マーウィック・ミッチェルと、同じくトーマツが、米国では結構活躍していて、この２社が、いわゆる日本の会社の海外進出をサポートしていました。ピート・マーウィック・ミッチェルとは東京銀行がお客さんだったのがよかったのです。日本の会社が海外に進出するときは、だいたい東銀の窓を叩いていたわけです。東銀がニューヨークで弁護士事務所や会計事務所を紹介するのですが、会計士を紹介するときは「岡崎会計事務所」、弁護士を紹介するときは決まった弁護士事務所があって、この２社を必ず紹介してくれていました。その岡崎会計事務所をピート・マーウィック・ミッチェルが買収したんです。その当時、ピート・マーウィック・ミッチェルも、他のビッグ８もみんなそうだったのですが、訴訟費用がものすごくかさんでしまって、監査で儲けられないという状況でした。そのためミドルマーケッツ、あるいは海外のクライアントをターゲットにし、日本企業はこれから伸びるだろうと予測して、日本企業へのサービスをする人を探していました。だから英語が話せなくてもよかったんです。

日本企業がアメリカに来て、まずは何をするかというと、駐在員事務所をつくります。そこでマーケットリサーチをして、自分たちの会社の製品が売れそうだということが予測できたら販売拠点をつくり、製造拠点をつくります。これを「グリーン・フィールディング・インベストメント」と呼びます。1980年代の最初の頃は、日本企業の進出形態はほとんどがグリーン・フィールディング・インベストメントでした。日本の会社が駐在員事務所や販売会社をつくるような最初の頃は、管理の人たちを送り込むということは当然ながらコストがかかるわけですからしません。最初は営業の人や技術の人たち

が来るわけです。ニューヨークに行って、そういった仕事を始めた瞬間から、日本のように私のことを「渡辺先生」と呼ぶ人はもう誰もいません。

営業の人やエンジニアの人たちは、だいたい会計士ってなんなのといった感じで、こちらのことは知らないわけですよ。帳簿をつけてくれたりとか、税務申告書をつくってくれたりとか、セクハラ問題を起こしたら、いろいろと対応してくれるのかなとか、そういったイメージを持たれていたのではないかと思います。そういうよろず相談屋さんを私はやらされました。そもそも駐在員というのは、会社からネットギャランティ（実質保障）で、給料をもらいます会社がアパートの家賃も払う、自動車の購入費あるいはリース代も払うなど、そういったことにすべて税金がかかってきます。今のようにパソコンで計算できませんから、大きなアディング・マシーン（加算機）で一生懸命連立方程式をつくりながら、どこでグロース給料が連立するのかなどを考えながら、一晩かけて駐在事務所の給与計算をしたり、帳簿をつけたりしていました。そして帳簿をつけたあと財務諸表をつくって、その財務諸表を自分で監査して……。今では考えられない牧歌的な世界ですよね（笑）。税務申告書をつくって、駐在員の個人申告書も全部つくって、なんでも全部をやってあげるわけです。

こういう仕事はその当時のピート・マーウィック・ミッチェルでは「ゴミ仕事」と言われていました。私はその当時、アメリカ人の同期が200人いて、トレーニング・プログラムのなかに放り込まれたのですが、英語が話せなかったので、講師がいても何もわからないし、ロールプレイをしますと言って同期の人たちは隣の部屋に行くんですが、私は何をやったらいいのかわからないので、ずっと１人でいたりとか、そんなふうに非常にみじめな思いをして、しかも成績も多分、どん尻だったと思います。

日本企業部というのは、先ほどお話ししたようにゴミ仕事をするところだと言われていたんですが、私にとってはものすごくやりがいがありました。なぜかというと、お客さんが「ありがとう」と言ってくれるからです。私のことをものすごく頼りにしてくれるわけです。切り込み隊長で来ている営業の人やエンジニアの人にとっては、私がちゃんとサポートしてくれているというのはすごくありがたいわけですよね。せっかく製品を売ったのに相手先が倒産してしまった。「渡辺さんどうしましょう」と言われて、「じゃあ、すぐに商品を押さえに行きましょう」とか、そんなことまで私も一緒にやるわけです。そういうことをした戦友というのが、私にとって今はものすごい財産になっています。その当時はそんなことは考えなかったのですが、そうやって切り込み隊長で送り込まれた人たちは、今、偉くなっていて、会社のトップに立っているんですよ。ですから私がM&Aで、こうやっていろいろな仕事ができるのは、そういった当時の人脈がものすごく生きているというのがあります。本当に世の中、なにが幸いするかわからない。しかもそういう会社がどんどんどんどん米国に来てくれたので、私の顧客はどんどん増えました。

私はアシスタントからスタートしたので、アメリカの大学を卒業したばかりの人と一緒に仕事をしました。アメリカは皆さんご存じのように、大学生のときには公認会計士試験を受けられませんので、会計事務所で2年ぐらい経験を積んで、それから会計士の試験を受けて合格して資格をもらえるというシステムになっています。私も入社後は仕事をしながら勉強して、アメリカの公認会計士の資格も取りました。今だとアメリカの資格も日本で取れますが、その当時はそんなことはできなかったので、アメリカで一生懸命勉強して合格しました。

そういうアメリカ人は大手企業の監査をしていましたが、私はそれとは全然違う道を進んでいても、多くのお客さんが「ありがとう」と私を頼りにしてくれる。しかもどんどん評判が評判を呼んで、お客さんがまた次のお客さんを紹介してくれる。アメリカ人会計士はいつまでたっても自分のお客さんが自分では獲得できないのに、私はクライアントをどんどんとってくるということで、だんだんとチャンスの芽が出てきました。やはり仕事はものすごくやりましたよ。私はもうその当時結婚もしていたし、子どももいました。

少し話を戻しますが、アメリカでの当初の給与は18,500ドルで、1ドルを240円で換算すると高額に思えるけれど、やはりその当時から1ドルは100円ぐらいの感覚なんですよね。ということは、年収は約180万円。しかもニューヨークというのは税金がものすごく高く、日本と違って累進がほとんどないので、低所得者も平等に税金をかけられます。年金についても、日本のように別途請求するなどそんな悠長なことはしません。FICA（連邦保険拠出法税）というものがあって、IRS（アメリカ合衆国内国歳入庁）が７％をしっかり源泉徴収します。ですから、国（アメリカ）からはフェデラル・タックス（連邦税）、ニューヨーク州からはステイタックス（滞在日数によりかかる税金）、そしてニューヨーク市からはシティタックス（市税）、さらにFICA（雇用者と従業員を対象とする税）を取られるわけです。

そうなると月々1,000ドルしか手元に残りません。私には家族がいましたので変なところに住むわけにもいかず、600ドルの家賃を払っていました。ということは、最終的には手元に400ドルしか残らない。１週間１万円で、家族３人で生活しなければならなかったのです。そんな生活をしながらも、オーバータイム（超過勤務）をやらない限りは生活できないので、とにかく人の２倍、３倍働きました。会社に入ってから半年間は、土日は１日も休めませんでした。というよりも休めなかったですね。こうしてなんとか生活しているなかで、徐々にお客さんが増えてきて、私にとって最初のチャンスがきたのは、1986年のことです。

８．M&Aとの出合いと栄進

1986年と言えば、皆さんはお若いのでご存じでない人も多いと思いますが、何があった年でしょうか。正確にいうと1985年ですが、プラザ合意が発表されました。プラザ合意の話をロースクールやビジネススクールでしても、今は通じないですね。プラザホテルを買収したドナルド・トランプの話をして、ようやく理解してくれますが……。プラザ合意とは何かというと、世界の財務大臣が集まって、談合して為替をドル安、円高に誘導しようという、とんでもない為替操作に合意したという会議です。それから日本の凋落が始まったというふうに、今は後づけで言われています。しかし、その当時１ドル240円、250円だったものが、一気に１ドル150円ぐらいまでになりました。これは石油ショック以上のショックだったと思います。それまでの日本の高

図表3

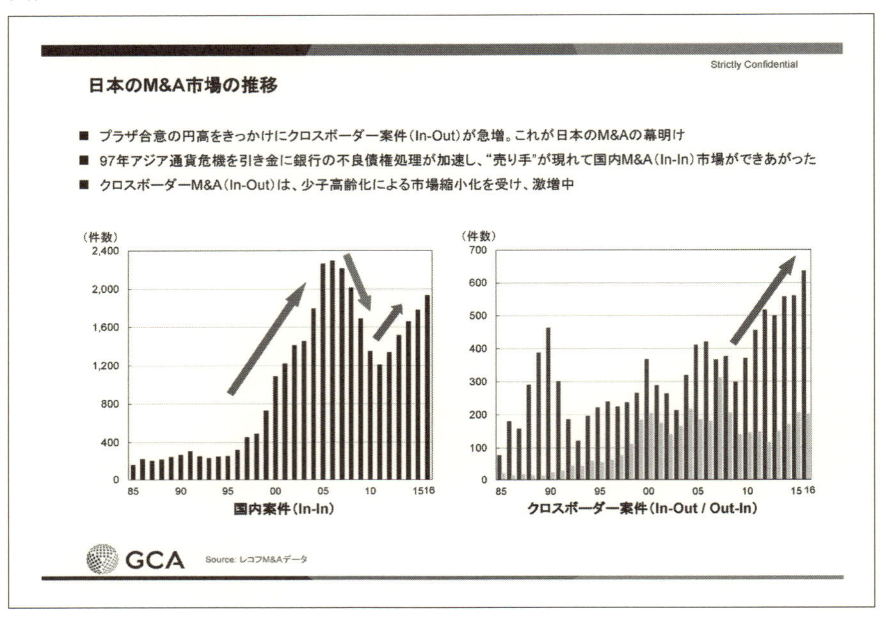

度成長時代のトラディショナルなビジネスモデル、つまり、日本でモノをつくってアメリカに輸出するというビジネスモデルはもう成り立たなくなった瞬間です。実は日本企業は、それをきっかけにM&Aを始めたのです。

図表3の右側にはクロスボーダー案件とあります。これは1年間に日本企業が海外企業をどれだけの件数、買収したかを表した棒グラフです。1986年から一気に伸びて、90年にはピークを迎えていますが、これがまさにプラザ合意の時期と重なるわけですね。

なぜ日本の企業がM&Aを始めたかというと、要するに創業と同じで、「グリーン・フィールディング・インベストメント」には時間がかかるからです。アメリカではソニーやホンダは知られているけれど、松下電器（現パナソニック）は知られていないなど、日本の会社はまだまだ海外では認知されていない時代でしたので、マーケットを開拓するにもすごく時間がかかるわけです。何年も何年もかけて、徐々にビジネスをつくっていくというように、ゼロからの創業とまったく同じくらいに時間がかかります。しかしその当時は、モノづくりというものがまだ受け入れられていて、モノづくりで儲けることができていた時代でした。そのため、日本製品はやはり品質がいいということで、だんだんとマーケットに浸透していったわけです。しかしそれでも時間はかかる。ましてプラザ合意により、これまでのように輸出モデルができないとなると、一気に市場を取ったり、生産拠点を手に入れたりしなければならず、企業は、より時間がかからずに済むM&Aを始めるようになります。つまり日本企業にとってのM&Aとの最初の出合いは、「時間を買う」ということが原点にありました。

私は当時、M&Aをやりたいと特に思っていたわけでもないですし、M&Aアドバイザーという存在もまだよくわかっていませんでした。しかし、円高という状況のなかで、たまたまお客さんのM&A案件のサポートをやったがために、気がついてみたら、現在もM&Aアドバイザーをやっているという、そういう経緯がありました。

1986年から私はこのようなチャンスをつかみ、1年特進でマネージャーに昇進し、1990年にはパートナーになりました。これは日本企業のおかげでした。日本のお客さんがM&A案件で、どんどん来てくれて、どんどん売り上げが上がり、一時期のニューヨーク事務所のM&A手数料の半分以上を私のM&A事業で稼いでいたので、非常に重宝がられました。

9. 会計士人生のピークを経て帰国

私にとって会計士人生が変わったのは1990年のことです。当時の松下電器（現パナソニック）がハリウッドの映画会社（ユニバーサルスタジオ）や様々な娯楽会社を有するMCA社を買収するという案件をサポートしたことは、私にとっては会計士人生のピークだったと思います。私はアメリカの会社を監査したいと思って渡米しました。日本の会社が買収するときにデューディリジェンスを行うということで、デューディリジェンスばかりやっていた時期がありましたが、これは私にとってはすごく楽しかったですね。まさにアメリカの会社を監査するわけですから。企業を徹底的に調べて、レポートをまとめてあげて、買収価格の交渉をして……。私がやりたかった世界がいつの間にか自分の手に入っていたんです。しかし日本の会社が買収する企業は中堅企業が多かったので、そこまで有名な会社はありませんでした。でもMCAと言えば、誰もが知っているアメリカを代表するような会社ですからね。実はハリウッドはPwC（プライスウォーターハウスクーパース）の牙城で、映画産業はほとんど9割をPwCが監査をしていました。

例えばアカデミー（オスカー）賞の授賞式で、主演男優賞が決まるときに封筒が司会者に渡されるでしょう。封筒を開けて「トム・ハンクス！」とかいうわけですが、必ずその前に「Audited by PricewaterhouseCoopers」と紹介されるのです。つまりPwCはオスカー賞の監査人というわけです。それくらいハリウッドを独占していました。ピート・マーウィック・ミッチェルは、ハリウッドには1社もいいアカウントを持っていませんでした。ところが松下電器がMCAを買収する際に、私がアドバイザーを担当したことでPwCから、MCAをオーディット（監査）のアカウントとして取ったわけです。

その当時のKPMGをはじめとする監査法人のビジネスモデルは、M&Aをして、デューディリジェンスをサポートして、アドバイザーもやって、オーディットで長く儲けるというものでした。そのため、アドバイザーのフィーは安くてもかまいませんでした。私がMCAをサポートしたことにより、ロサンゼルスにとっては数年ぶりのビッグアカウントが取れたわけです。私はスーパースターですよね。ロサンゼルスに来てくれと声をかけられて、ニューヨークの支店長が「いや、こんな金の卵のアキ（章博）は絶対に渡せない」といって、支店長同士でケンカしていましたからね。それが多分、私の会計士人生のピークだったと思います。でもピークというのは、すでに奈落が始まっているんですね（笑）。バブルが1990年にはじけたんです。そして湾岸戦争が起きた。もうそこから先は、M&Aが激減しました。

僕は90年にパートナーになったんですが、その年の前後はアドバイザリーという部門やコンサルティング部門が不振で、それらの部門でパートナー・ポジションの空きがなくて、監査部門のパートナーになれと言われて、監査部門のパートナーになったんです。といっても、90年から94年ぐらいの間だけですが、パートナーとしてなんとか生き延びていました。

そのあとはもう、このままKPMGのニューヨークにいても、多分、上には上がれないだろうな、と思ったので、1994年に帰国しました。そして、自分が勉強したM&Aの技術を使って日本の会社の仕事をとるということで、KPMGコーポレートファイナンスをつくりました。そこで国内のM&A案件を始めたという、そういう歴史です。

10. エンロン事件を受け独立

95年から2001年まで、KPMGコーポレートファイナンスは大変順調に成長しました。いろいろな案件をまとめることができましたし、FASというマーケットを作って、バリエーション業務をたくさん受注しました。現在では、そういったマーケットは大きなものになっていますが、その当時はまだ珍しかったのです。KPMGコーポレートファイナンスが、言ってみればアンカーの役割をしてそういう市場をつくってきたと私は自負しています。

しかし、やはりいいことは続かないもので、2001年に「エンロン事件」が起きたわけです。実は私は、その当時、松下電器から、上場子会社を完全子会社化する案件と、松下家の資産管理運用会社である松下興産の負債総額数千億円の再生案件という2つの大きな案件のご依頼があり、この2つの案件についてKPMGとしてアドバイザリーをしていました。

その当時は監査をしているお客さんに対しても、一定の条件が付いてはいましたが、M&Aに関するサービスも提供できたんですね。ところがエンロン事件後、これはアーサー・アンダーセンの問題で、KPMGは関係ないと思っていたら、とんでもないとばっちりがきてしまいました。2002年7月にサーベインズ・オックスリー法（SOX法、日本では企業改革法）が成立し、ルールが厳しくなって、監査法人は監査をしている企業には、M&Aに関するサービスは本当に限定したものしか関与してはいけないということに急遽なりました。そしてKPMG本社から、松下電器のすべてのM&A案件から降りろ、という指示が出たのです。

そこで、松下電器に「すみません、申し訳ないけど、もうお手伝いできないので、他のアドバイザリーを雇ってください」と挨拶しに行った際に、その当時の松下電器の経理責任者だった川口様という方が、「これは渡辺さんに頼んだんだから、最後まで責任を持ってやってくれ」と言われました。そこで急遽設立したのが、今のGCAの前身である「グローバル・コーポレート・アドバイザリー」という会社でした。松下電器にそう頼まれた翌日に、たった１人だけで会社をつくりました。松下電器の上場子会社５社のうちの３社の完全子会社案件において、私個人でフェアネスオピニオンを出したのです。今から考えればとても怖いことですね……（笑）。だけどもう、お客さんに迷惑はかけられないと思って。松下興産の案件についても、きちっとまとめました。その当時は、同じように監査法人にいきなり見放されてしまったお客さんがたくさんいました。そうした「難民」クライアントをグローバル・コーポレイト・アドバイザリー社はサポートしました。おかげで非常に仕事が増えました。

11．2004年、GCAとして再スタート

しかし、この「事件」は、実は私にとっては、ものすごくショックなことでした。私は、自分は会計士であるというベースを持ってアドバイザーとして働き、KPMGのなかでは、ずっとスーパースターだったわけです。帰国後はFASのマーケットをつくって、世界中のCPMGアドバイザリーグループのなかでは私のグループが一番儲かっていましたし、一番伸びていました。ところが、そんなスーパースターはエンロン事件のために、いきなり犯罪者扱いですよ。

会社を辞めましたのでKPMGのブランドはもう使えませんから、私にとってはものすごいショックでした。確かにビジネスはうまくいっていたし、お金も儲かったかもしれませんが、やはり私は会計士であるという誇りと、KPMGというベースを自分の人生の一部だと強烈に思っていたところがありますので、それがなくなったときの喪失感はものすごいものでした。もう大きな会計事務所で働くのは嫌だし、インベストメント・バンクに行くのも嫌だったので、１人でのんびり余生を過ごすかなといった感じでいたんです。

ところが、ある再生案件、九州のドラッグイレブンという会社が倒産しそうになったときに私がたまたまサポートをしたのですが、そのときに創業社長である山本様という方とその奥様からものすごく感謝されて、「ありがとう」と言ってもらったんです。私はその「ありがとう」と言ってもらったときに、ハッと気がついたんです。

それまでは、KPMGのなかで早く上に行きたい、偉くなりたい、成功したい、みんなから成功したねと言われたい、そういう思いがとても強かったのです。M&Aという派手な世界でやっていて、それなりに成功もしていて、うぬぼれもあったなかで、忘れていたのは、自分が会計士になったきっかけは、お客さんに「ありがとう」と言われること、人の役に立って「ありがとう」と言われたいということだったんです。会計士としてニューヨークで修業を始めたときに、クライアントから「ありがとう」と言われるのがとてもうれしくて、そしてM&Aの仕事でも「ありがとう」と言われて……、その一言のために一所懸命働いていたということを忘れていたんですね。これを九州のドラッグイレブンの再生案件が思い出させてくれた。これが、私がもう一度ちゃんとした会社をつくろうと思ったきっかけです。

そしてGCAは2004年に仲間を募り、再スタートしました。そのときのビジネスモデルは、お客さんに「ありがとう」と言われることを基本としていました。我々会計士は、お客さんから直接感謝の言葉を言ってもらえる非常にいい仕事なわけです。しかし時として、大きな監査法人にいたりすると組織のなかの一部として埋没をしてしまい、そういったことを忘れがちですよね。私は起業して、2006年に上場して、監査をお願いする立場になりました。逆に今度は私が、会計士の人たちのお客さんになったのです。

12. ビジネスがわからない人に監査はできない

監査をお願いしたときに感じたことは、やはり監査法人はもう少し、しっかりしなければダメだなということです。監査を担当する会計士がビジネスをわかっていないなということが、クライアントの立場からわかってしまうんです。

一方で、自分がクライアントの立場として、上場企業の経営者になって、株主総会に出て、IR（Investor Relations）をして、いろいろな人たちとビジネスをやっているなかで、今ほど監査が経営者にとってありがたいものだと感じたことはありません。監査を受けて「あなたの財務諸表はちゃんとしていますよ」と言ってもらえることはとてもありがたいのです。会社を大きく成長させればさせたほど、会社で今は何が起きているのかがすごく不安なんです。ちゃんとグリップしているつもりでも、ほんとに大丈夫なのだろうかと、いつも経営者は不安に思うのです。そのなかで、やはり監査法人がしっかり監査をしてくれて、財務諸表に適正意見を出してくれる。これは非常に心強い。

プロフェッショナルにとって一番大事なことは信用です。これはプラセボ効果と言ってもいいですね。偽薬を飲んでも、その効果を信じていれば効くじゃないですか。監査も、同じような世界なんです。M&Aのアドバイザリーもそうです。経営者に対して「このM&Aをやったら大丈夫ですよ」と、ポンと背中を押してあげる。監査ではそれが毎期毎期あるわけです。我々の会社も3月下旬に株主総会を迎えますが、その株主総会のときに、株主に「この財務諸表は正しい」「実態を表している」「サブスタンス（本質）を表している」ということを本当に自信を持って言えるためには、監査法人がしっかりと監査してくれることがすごく大事なんです。

私が見ているなかでは、はっきり言うと監査法人の会計士にはビジネスがわかっていない人が多いです。そしてビジネスがわからない人には、絶対に監査はできないと思います。私はM&Aに出合ってから、本当の意味での会計がわかったような気がします。

少し話がそれますが、アメリカに行って、まず目からうろこだったのは、US-CPAの試験です。皆さんのなかにもアメリカのCPA試験を受けた人がいると思いますが、あれはすごくいいですよね。電卓がいらないじゃないですか。日本の公認会計士二次試験はほとんどアスリートの世界ですよね。電卓をいかに速く叩くかみたいな。電卓はシャープがいいのか、カシオがいいのか、液晶はどれだけ速く反応するのかとか言っていましたよね（笑）。ところがアメリカに行ったら、電卓は使わなくていいんです。簡単な数字で会計の骨格を教えてくれるので、会計をやる人間として、１回目の皮がむけましたね。

そして、その次に目からうろこだったエピソードは、小さな小さな日本企業の現地法人を監査したときに、ある監査品質チェックのパートナーのアメリカ人が私に言ってくれた一言です。これは、２回目の皮がむけたときです。その当時の私は、監査は何のためにやっているのかがわかっていませんでした。こんな小さな、100パーセント子会社の監査をしていったいなんのためになるのだろうとさえ思っていました。これでフィーをもらって意味があるのかと。あるクライアントで赤字の子会社に、いわゆるミルク補給を親会社から受けている例がありました。親会社がサービス料だとか、業務委託料だとか、調査費だとか、いろいろなものを払ってくれて、その米国子会社は黒字経営ということになっているわけです。

この決算書を米国子会社のパートナーに品質チェックを受けた際、そのパートナーが私にこう言いました。「アキ、この財務諸表はほんとに正しいと思うか。ほんとにサブスタンスを表しているか」と。私はすかさず「いやいや、表していますよ。ちゃんと黒字じゃないですか」と答えましたが「だったら、このサービスフィー、これはなんだ」と聞くんです。「これはですね、子会社がこれから育つために、親会社がですね……」といった話をしたら、「バカか、おまえは」と。「これは収入じゃないだろう」と言うんです。「じゃあ、なんなんですか」と聞くと、「これは資本取引だ。資本注入だろう」「じゃあ、どうするんですか。この売り上げは？　仕訳はどうするんですか？」「ここはデビット（借り方）はキャッシュ（現金）。クレジット（貸し方）はペイド・イン・キャピタル（仮装資本）だ」と。私が「だったら赤字になっちゃうじゃないですか」と言うと、「だって赤字なんだろ。この子会社は自分の力で立っていくことはできないんだろ」と言われました。私は「それは親会社も事情がよくわかっているし、この決算書は親会社に出すだけです」と続けましたが、「おまえさ、監査したこの財務諸表を誰が使うのか、ほんとにわかっているのか」と強く指摘されてしまい返す言葉もありませんでした。

監査法人の会計士としては、この財務諸表に決算書で適正意見を出すためには、サブスタンスをちゃんと表しているということを確認しない限り、適正意見なんか出したらダメだというのです。私にとっては目からうろこでしたよ。

考えてみたら、日本でもサブスタンス・オーバー・フォーム（形式より実質）が会計の基本ですよね。日本で公認会計士二次試験を受けたときに、「真実性の原則」という意味が全然わからなかったんですが、サブスタンス・オーバー・フォームと言われたらよくわかりました。よくよく考えてみると、連結決算はサブスタンス・オーバーフォームの典型的な会計処理ですよね。それはリース会計もしかりです。親会社の事業部が分社化したり、リース契約では法的形式が書いてあるけど、そのとおりに仕訳して、それぞれの財務諸表をつくっても決算書としては、実態を表していない。これは会計上は間違っているということです。サブスタンス・オーバー・フォームというのはこういった「感性」がポイントです。

この感性が自分のなかでさらに研ぎ澄まされたのは、デューディリジェンスを始めたときです。デューディリジェンスは監査ではないですよね。売り手は情報を表に出しません。そんな状況のなかで、短時間のうちに買い手に報告書をまとめなければいけない。そこで何をするかというと、マネージメントインタビューをします。とにかく徹底してインタビューして、現場の人の話を、経営者の話を聞く。そうして入手した情報が決算書と合致しているか、感覚が合っているかをチェックします。これがデューディリジェンスのすべてです。

今の監査法人系のデューディリジェンス・リポートは率直に申し上げて非常にレベルが低いです。皆さんのなかでデューディリジェンスをやっている人がいたら、もっと経営者の話を聞いてほしいと思います。私はGCAで実施した過去のM&Aのなかでデューディリジェンス・リポートを会計事務所からもらいましたが、使い物になりませんでした。つまり実態を、ビジネスを見ていないんですね。

その当時のデューディリジェンスは３日間ぐらいかけてマネジメント・インタビューをして、その会社が本当に儲かっているのか、いないのか、この会社はいい会社なのか、それとも悪い会社なのか、私が判断しないと日本の会社はとんでもない会社をつかまされることになると思って真剣勝負でやっていました。そうして真剣勝負をやっていると、インタビューの後に出てきた決算書類をパッと見ただけで、おかしいところが全部浮いて出てくるんです。よく野球選手が、調子がいいときにはボールの縫い目が見えると言いますが、私が一番調子のいいときには、決算書を見た瞬間におかしいところがすぐにわかりました。この決算書は実態を表していないとすぐにわかりました。契約書もそうです。M&Aでは、膨大な契約書をレビューする必要があります。これをずっとやっていると、契約書をパッと読んだ瞬間に「おかしい。ここの契約は危ない」というところが二重線になって出てくるんです。これをやることによって、サブスタンス・オーバー・フォームがビジネスのすべてなのだなと思うようになりました。

13. 日本の非上場企業におけるひどい会計インフラ

帰国後、一番ショックだったのは、日本の会計インフラは上場企業も相当ひどいけれど、非上場はもっと問題がある、まるで話にならないなと気づいたことです。アメリカではどんな小さな会社に行っても、地方の会社へ行っても、必ず会計士がつくってくれたオーデット・レポート、レビュー・レポートやコンピレーション・レポートなどのような監査人の関与した報告書付きの決算書が必ずあって、１ページ目には会計事務所の名前が書いてあって、２ページ目には監査意見やレビュー意見など、３ページ目には貸借対照表、４ページ目には損益計算書、５ページ目にはキャッシュフロー計算書が必ずあります。そして6ページ目以降はフットノート・ディスクロージャー（注記）がずっと続いて、最後はリース・スケジュール（リース債務返済表）で終わる。どの会社に行っても決算書は同じフォーマットなので、決算書を見た瞬間に買収価格がわかりますし、実態がつかめます。

ところが、日本のある地方の大きな非上場会社の倒産案件を担当したときに、その会社には連結決算書がありませんでした。それから法定監査を受けていない。負債総額は1000億円を超えていました。銀行は何をしていたんでしょうか、どうしてそんな会社にお金を貸したのかと疑問ですよね。それだけではなくて、「単独決算書は？」と聞いたら、これはたくさんあるんですよ（笑）。銀行提出用、税務署提出用、それから社長に見せる用、それから管理用とかね。なんだこれは、という状況でした。ひどい会計インフラですよね。

14. サブスタンス・オーバー・フォームが会計のすべて

そんな状態で事業承継のM&Aはどうやるのだろうというのが、私の問題意識なのですが、これについてお話しすると延々に時間が過ぎるので割愛させていただきます。会計人として皆さんにひとこと言いたいのは、サブスタンス・オーバー・フォームが会計のすべてであり、企業会計原則のとおりにやっていても、実態を表していなかったら意味がないということです。

GCAをサヴィアンという米国の会社と合併させたときには、わが社が地球で最後の持分プーリング法（企業結合当事者のすべての資産、負債、資本をそれぞれの適正な帳簿価格で引き継ぐ方法）適用会社になりました。担当会計士の先生がそのときに、サブスタンスをちゃんと表しているからパーチェス法（Ｍ＆Ａなどの際に、被合併会社の資産や負債を時価評価する会計手法）を使わなくてもいいと判断してくれました。こういうご判断をいただけると経営者はビジネスに集中できます。きちんと実態を表している会計情報をもとに経営していれば、成長できるからです。会計情報や監査は本当に大事なことなのだということは、私自身がアメリカで働いて、M&Aをサポートして、実際に起業して、自分自身でもM&Aをして上場して、10年間監査を受け続けた現在、私が実感として考えていることです。ですので、皆さんは会計プロフェッショナルとして、社会の一員のなかで、極めて大事な仕事をしているという自覚を持って働いていただきたいというのが、私の今日のメッセージでございます。ご清聴ありがとうございました。

質疑応答

八田：これからは、塾生の皆さんとのディスカッションに入りたいと思います。今日の渡辺さんのお話を聞いて、皆さんいろんな意味で刺激を受けたのではないかなと思います。本来であれば事前にお手元に届けたかったのですが、渡辺さんのさらに詳細なご経歴等につきましては、『アカウンタンツ・マガジン』の第4号（vol.4、2011）に掲載されていますので、ご覧いただければと思います。

それを踏まえて、今日は監査人としての立場からではなく、いわゆる会計プロフェッションとしてこれまで歩んでこられた道のなかで考えられた問題、あるいは課題を解決されてきたときのプロセス、上場会社のオーナー経営者として、いわゆる外部監査がどういう位置づけにあるのかなどについて、会計士への強いメッセージをお話いただきました。本来であれば、日本の監査法人のパートナーレベルに聞いてもらいたいような内容ではなかったかと思っています（笑）。

ただ渡辺さんも再三おっしゃっていましたし、私自身も会計を教える立場にありますことから、まさにサブスタンス・オーバー・フォーム（実質優先主義）、すなわち「形式より実質」ということの重要性については、十分に認識すべきであろうと思っています。私自身、会計の役割として、事業体ないしは組織の経済的実態を忠実に描写することなのだと学生たちに教えていて、まさに今日ご指摘いただいたとおりだと思います。ただこれが、いろいろなところでお化粧されたり、あるいは割愛されたりして、事実と違った方向に行ってしまっているところに問題があるのではないかなという気がします。

ということで、今日のお話は会計監査の問題よりも、それを利用する立場、あるいはご自身がその道を歩んでこられた渡辺先生の体験のなかで抱かれた問題点がいろいろと指摘されていますので、その点を踏まえてこれから皆さんと議論していきたいと思います。ではご質問などがあれば挙手をしていただいて、問いかけをしていただきたいと思います。

質問者HS：HSと申します。今日は貴重なお話をありがとうございました。一監査人として魂が震えるお話でした。私が聞きたいのは、渡辺さんが働き始めてから1年半でニューヨークへ行かれたことについてです。先ほどのお話ですと、中央大学の教授の勧めで海外へ行かれたということで。私自身、監査法人で1年間働いていて、最短であと1年半で、海外で働く機会をいただけるのですが……。上司の方からは、ある程度上のポジションまで行ってからでないと海外へ行く価値がないという話をされています。そこで、渡辺さんは当初どのような思いを持って海外に行かれたのかなというところと、実際に海外へ行って打ちひしがれたというお話が先ほどありましたが、そんななかで、どのようなかたちで成長していけるのかについてお聞きしたいと思います。お願いします。

渡辺：なんか人生相談みたいになっていますね（笑）。私は、海外へ行くのであれば、若ければ若いほどいいと思います。若いときほど感性が豊かですので、そんなときに海外でいろいろなことを学べたというのは、私にとってはすごくよかったですね。英語はあんまりうまくならなかったですけどね（笑）。やはり若いときに行くといろいろなことにも耐えられるし、つらいことにも逃げずに向かっていくので、少し生意気な言い方ですが、そういったものが力になったかなというところがあります。むしろ、ある程度ポジションが上になってから海外へ行って学べることは少ないような気がします。それなりのポジションになるとそれなりの期待があり、それを満たさない限り、現地の組織では意味をなさないということになると、失敗がだんだんと許されなくなってきます。若いときに行けば、失敗はある程度許されますし、失敗したときほど大きく学ぶことができますよね。

質問者HS：ありがとうございます。

藤沼：事務所から海外へ派遣というとどこに行くかがわかりません。例えば、主要都市であるニューヨークやロンドンなどが派遣先として多いように思いますが、そこには日本人が多いのです。そうすると、事務所のなかにも日本人がいっぱいいるため、昼間は日本人と一緒に食事をして、クライアントとも日本語で話していて、ほとんど英語で接する機会がないという方が多いようです。そのため、海外から帰ってきて英語の語学力が高まったかなというとそうでもない。日本人ばかりが居るところに安住することのないように、渡辺先生がなさったみたいにいろいろな方と付き合って、自分の経験を生かすように頑張ってもらいたいと思います。

質問者YM：貴重なお話をありがとうございました。金融機関に勤めております（笑）、YMと申します。収益認識や細かい基準などについて、実はIASBの鶯地隆継さんとお話しさせていただく機会がありました。今、自分の会社でIFRSの導入準備をしておりまして、そのときにこの基準はよくわからないと話しました。すると、基準を読んではダメで、取引をちゃんと見ることが大事だというお言葉をいただきまして、これは今日お話しいただいた形式よりも実態と相通じることがあるのかなと思いました。現在IFRSは任意適用ですので、会社のなかではやはり導入の意義が問われます。渡辺さんの会社もなにか実態として、こうあるべきだという考えのもとで会計基準を選択したというエピソードなどを教えてください。

渡辺：わかりました。金融機関を敵にまわすつもりは全然ないので（笑）、先ほどは少し言葉が過ぎたかもしれませんが、金融機関は金融機関として、M&Aのなかでの大事な役割があるわけですので、決して金融機関の役割を過少評価しているわけではありません。本音で話すと、実は自分が会計士として偉そうに言ってきたことを、今は反省する日々です。クライアントが会計士である私の提言を受け入れなかった時には「これは全然わかってないな。ダメな経営者だな」と思ったことがありました。しかし自分が実際に経営をしたり、決算書に責任者としてサインをしたりしてみると、自分のこれまでの考えに対して反省の日々です。性悪説、性善説という言い方がありますが、性弱説という言い方が経営者を語る時にはもっとも適切な表現だと思います。私は会計士になり、本場米国でパートナーになり、起業して上場もしました。おかげさまでGCAも、監査法人様や東京証券取引所様からも大変にありがたいご指導とサポートをいただいてきました。例えば、今日は時間がなかったから詳しい話はしませんでしたが、わが社はアメリカの会社とヨーロッパで、二度の大きな買収をしました。そしてそれはいずれも、株式対価の買収でした。これは、日本企業はほとんどやっていません。海外の会社を買収するときはだいたい現金ですが、私たちは自分たちの株を対価として売り手に渡しています。日本企業として初めての試みでしたので、東証も監査法人にとっても厳しく難しい問題もあったと思いますが、それでも株式対価の買収をやらせてもらったのは、やはり私が会計士であり、信頼していただいたベースがあるのではないかと思っています。会計士としての社会的信用というのはそれなりにあると思います。会計のトレーニングを受けていない経営者は大変だと思います。経営者性弱説にたつと、会計リテラシーがない経営者は自分の通信簿である決算書をよく見せたいという気持ちになるのはよく理解できます。私にもこういう経験がありました。

実はアメリカのシリコンバレーの会社を買収した半年後に、リーマン・ショックが起こったのです。買収した企業は西海岸にありましたので「アキ大丈夫だよ、リーマンショックは、東海岸の大手の投資銀行の世界の話で、僕たち西海岸の投資銀行は全然関係ないから」と言われていました。売上が上がってきていたので私も安心して、「良い会社を買収したな。やはりシリコンバレーは関係ないんだな」とさえ思っていました。ところが、リーマン・ショック後の第３四半期が終わって第４四半期に、突然売上が上がらなくなりました。売上はゼロです。すでに第４四半期でしたので手を打てず、そのまま連結赤字となりました。自分が見てきた事業を赤字にしたのは人生で初めてのことでした。屈辱を感じた私は投資家の前で涙を流して謝りました。しかしそのときに、なんとかして黒字にできないかなと思ったんです。経営者はそういう誘惑にかられることが何度もあります。今期の予測ではもう少しでなんとか達成できるのに、株価は下がってしまったから、EPS（１株当たり純利益）をもう少し上げればなんとかなるかもしれないと、人間だからいつも思うのです。そこに自制をかけられるのは、やはり私が会計士であり、私が変なことをしたら、皆さんのような会計士の後輩にも監査法人や東証にも大きな迷惑がかかるし、絶対にそれはできないという思いがあるからです。

実は先ほどお話しした株式対価買収をしたとき、１回目の買収のときは持分プーリング法を適用しました。しかし私はその当時パーチェス（法）会計論者でしたので、企業会計審議会で斎藤静樹先生から呼ばれて、「M&Aの専門家として参考人意見を言ってほしい」と言われたときに、「プーリングなんてとんでもない会計処理だ」と答えました。「これは経営者を甘やかす最悪の会計であり、パーチェス会計でやるからこそ経営者は責任を持ってのれんを回収するんだ」と言ったんですよ。ところが、自分の会社でプーリングを適用しました。なぜでしょうか。買収当時の私は、プーリングは実態を表した正しい会計処理だと思いましたし、今でもそう思っています。

そのあとにプーリングが廃止されたので、私のようなパーチェス会計論者の経営する会社が、結果として、地球上で最後のプーリング法適用会社になりました。

日本企業は欧米と異なり、対等合併ができる数少ない特殊民族だと思います。GCAもシリコンバレーの会社と対等合併し、取締役数も日米同数にしました。実態と合っている持分プーリング法はGCAではサブスタンス・オーバー・フォームの会計だったのです。斎藤先生には生意気なことを申し上げたと心から反省しています。

質問の内容と少し話が逸れますが、東芝の社長が「ウェスチングハウスを買収したのは失敗だったでしょう」と記者に聞かれて「そうです」と答えたことに、私は少しがっかりしました。ほとんどのケースではM&Aについては常に成否を問われます。買収後の業績が悪化すると必ずそういう話になりますが、ほとんどのケースではM&Aが悪いわけではありません。経営が悪いのです。M&Aの成功と失敗といったことがよく話題になりますが、99パーセントは経営に問題があるのです。もちろん、買収対価がとんでもない高額で適正なM&Aではなかったというケースもあります。特に東芝の原子力発電工事会社の買収は買収対価が適正ではなかったという典型例だと思います。しかしそれ以外のことでしたら、基本的には経営のミス、ちゃんとした経営ができていないから失敗していると言えるでしょう。

八田：どうもありがとうございます。では他にご質問いかがですか。

質問者TY：TYと申します。今日はありがとうございました。先ほど渡辺さんが、いわゆる監査法人のM&Aのデューディリジェンス・リポートは使い物にならないとズバリとおっしゃっていたのですが……。私はまさに何年かデューディリジェンスの仕事をしていました。現場にいた身としては、確かに渡辺さんがおっしゃるところはよくわかります。私は現場でまさに手を動かす方だったのですが、徹夜に徹夜を重ねて、血のにじむような作業をしつつも、形式的にはEBITDA（利払い・税引き・償却前利益）の調整や、プロフォーマー（予測財務情報）の調整などをするのです。しかし、これはクライアントに対してはいったいどこまでの価値があるのか、と疑問に思ったわけです。渡辺さんが先ほどおっしゃっていたことはなんとなくわかるのですが、具体的にどこが使い物にならないのかというところについて、教えていただきたいなと思います。

渡辺：わかりました。現場で実際にそういったことをするのは大変つらいことだというのは私もよく理解できますので、ちょっと言葉が過ぎたかもしれませんね。それはTYさんのせいではなくて、M&Aをビジネスとしてとらえることに原因があると思います。レポートをつくるということに重きを置きすぎているということです。私、実はパソコンを監査の現場に持ち込んだ初めての人間だと自負していまして……。監査法人は、ワークペーパーをいつも手書きで作成していてバカバカしい、効率が悪い。それなのに毎期同じことを繰り返していました。その当時、夏は閑散期だったので、私が提案して夏場に全部のワークペーパーをまとめてつくることにして、現場に行ったときは少しでも長く人と話ができるようにしていました。しかし、このままではやはりダメだと思ったときに表計算のソフトが出てきました。そして1980年代の初期、KPMGがアップルから監査案件を取るときにMacを大量に購入して、監査の現場にパソコンを入れました。このパソコンの導入が、デューディリジェンスリポートなどのレポートをつくる形式化が始まったきっかけだと思っています。現在は、きれいな表に数字を入れる、コメントを入れるという、そういった埋めるという作業にものすごく血道を上げているのです。私たちの時代には決められた表などがなかったので、はっきり言って小説を書いているようなものでした。それほど自由にリポートを書けたのです。ビジネスマンズレビューとその当時は言ってましたが、とにかく会社へ行ってインタビューをすることを大事にしていました。お客さんにとって本当にこの会社を買っていいのか、それとも悪いのか、買収価格についてのネゴシエーションにはどういうポイントがあるのかなど、私たちの時代はものすごく自由に書くことができました。

今の時代には多分それができなくなっているのでしょうね。うちのような貧乏会社だと、なんでこんな使えないリポートに数千万円も払うんだと思ってしまうわけですよ。私の要求水準が高いのかもしれませんが、問題は、だんだんとデューディリジェンス・リポートを経営者が読まなくなってしまうというのが、一番の懸念なのです。

レポートをつくるのはいいけれど、TYさんも可能な限りインタビューをして、ビジネスの実態をつかんで、できれば顧客である経営者に直接レポートをするチャンスをもらうべきですよね。私はこの会社はいい会社だと思うとか、悪い会社だと思うとか、そういった意見を言える機会を設けるべきですよね。そうしないと、デューディリジェンスリポートなんて形式的なものだと日本の経営者は特に思っていますから、どんどん経営者がデューディリジェンスリポートを見なくなります。それは間違いですよね。デューディリジェンスリポートほど買い手企業や日本の経済にとって大事なものはないはずです。日本のクライアントの中には監査法人からもらうデューディリジェンスリポートはいわゆるお墨付きで、監査意見と同じものだと思っているところがあります。しかしそれは違います。買収するときだけのものではなく、その買収した後の経営につなげるようなデューディリジェンス・リポートを使ってもらうことが大事なのです。

大企業からのカーブアウト案件（子会社あるいは事業部門の分離）を行ったときに、私はスタンドアローン（会社や組織が独立している状態）に関する話を、自分の著書『M&Aのグローバル実務』（中央経済社、2013年）に初めて書きました。皆さん、よくスタンドアローンという言葉を使いますよね。この言葉は私の本で最初に紹介させてもらったのですが、要するに企業から切り離したときに、その部門決算書が本当にスタンドアローンの事業体としての実態を表しているかどうかということです。大企業の部門や子会社の決算書はえてしてスタンドアローンとしての実態を表わしていないことが多いと思います。実態を見てみると、この部門では実は事業をスタンドアローンで運営するのに必要となるコストが反映されていないではないか、といったことが多いです。大きな会社からある部門が抜け出るとなると、コストシナジーがなくなります。例えばインシュアランス（保険）コストがもう少し高くなるのではないかとか、ITコストがもっと増えるとか、といったケースです。ある意味では想像の世界になってくるのです。買収が終わったあとはどんなことが起きるのかを想像して、その想像した世界をデューディリジェンスリポートに書いて経営者に報告するという仕事は私にとってはすごくやりがいがありました。経営者の立場として、私はそういうデューディリジェンスリポートが欲しいのです。費用は非常に高いのかもしれないですけど…。

質問者TY：渡辺さんのおっしゃるとおりで、私も同じことをすごく感じています。今はデスクトップ・デューディリジェンスといったような、まさにエクセルで作成した質問状をもとにやりとりするだけで、対面で直接お会いしてお話するというのは、M&Aのデューディリジェンスではなかなかできないのが現状です。事業再生のデューディリジェンスではそれはできるのですが、M&Aだとそれが形式的になってしまっています。結局、これはM&Aの１つのプロセスに過ぎず、渡辺さんがさっきおっしゃっていたように、KPMGが作成したエグゼクティブ・サマリーですら、おそらく読んでいないのかもしれなと不安に思いながらつくっていました。私の不安はまさにそういうことだったのだとわかりました。ありがとうございました。

八田：どうもありがとうございました。

藤沼：渡辺さんとTYさんのお二人に質問ですが、M&Aではデータルームにいろいろな資料を置いておくことがよくありますよね。ですが、先ほどTYさんがお話ししていたように、その資料を使って経営者と具体的な議論をする時間というのはなくなってきているということでしょうか。

質問者TY：私の経験上はほぼないですね。特に経営者の方と直接インタビューすることではなく、経営者に準ずる人、もしくはそれ以下の人とお話しすることの方が多いです。経営企画の一番偉い人と、やっと１回だけお話しできるという感じです。それも事前に用意した、練りに練った質問状をエクセルで作成して渡して、一応は答えていただくのですが、なかなかそういう場面ではフラットな会話はしづらいですね。なんとなく質問状に基づいた答えになってしまい、デューディリジェンスリポートも渡辺さんがおっしゃるような要求水準に満たないものが、もしかしたらできてしまっているのかなと思います。

渡辺：確かにおっしゃるように、今はいわゆるバーチャルデータルームが主流になっていますが、それはやはりM&Aでオークション方式が増えたからでしょうね。M&Aには、相対取引とオークション・プロセスというものがあります。現在では相対取引はほとんどなくなり、オークションが主流になりました。株主の観点からすると、売り手側は少しでも高い対価で売らなければいけないというプレッシャーがありますので、そういうプロセスを選択することが多くなりました。他の買い手候補は検討したのか、とかもっと高く売れるのではと社外役員から指摘されると、オークションプロセスを経ていないというのは経営者にとってはつらいことなので、形式的だとしてもオークションを選んでしまいますよね。これが理由の１つではないでしょうか。その結果として、世の中の約９割がオークション・プロセスになり、データルームレビューで形式的なやりとりをするというプロセスが多くなってしまったのだと思います。

やはりそういったプロセスのなかで会計事務所ができることはなにかというと、基本合意あるのは買収契約後でもよいのでコンフォメトリー・デューディリジェンスをしっかりやりましょうということです。契約に調印したあとでは、買収価格はもう調整できないかもしれませんが、この段階においても徹底して見ていかないと買収後の経営がやりにくくなります、と経営者には言ってあげた方がいいのではないでしょうか。

八田：時間もなくなってまいりましたけれども、あとお一方。

質問者KN：渡辺先生ありがとうございました。KNと申します。私は静岡で実家の家業を継いで経営をしていまして、会計士ということは少し置いておいて、経営者としての質問をしたいと思います。私は家業をやっていて、組織を動かすとき、人の心をつかんで動かすというのはとても難しいことだと感じています。その点で渡辺先生がなにか気をつけていらっしゃること、もう１つは、経営者として最も意識されていること、この２点をお聞かせいただければと思います。

渡辺：私は経営者としていろいろな話を偉そうにできるほどの立場ではないですが……。ですが、会計士として働いてから企業の経営を始めて、一番最初にぶち当たってしまった壁は「人」とのことでしょうか。会計士のよくないところですが、どうしても数字ですべてを捉えがちになります。しかし会社は人で成り立っていて、「事業は人なり」なんですね。結局、12年間、今の会社を経営していて到達したところは、どんな企業でも人がすべてだということです。うちのようなM&Aのアドバイザリーという、人でビジネスが成り立っている企業は当然、人がすべてですが、メーカーさんであってもやはり企業の成長には優秀な人材を欠かすことはできません。経営のかなりの部分は、いかに人に生き生きと仕事をしてもらい、活躍してもらうかということに尽きるわけです。

しかし、やはり経営者として意識しているのは、少し言葉はきついですが信賞必罰ということです。きちんとやった人に対しては「よくやったね」と賞することは当然ですが、できなかった人に対してはそれなりのメッセージをフェアに伝えてあげる必要があります。そういう、いわゆるコミュニケーションのようなことはすごく大事だなと思います。KNさんは今、静岡で会社を経営されているということですが、海外進出はまだされていないのでしょうか。海外進出やM&Aなどを行うと、こういったことが特に必要になってきます。

買収をすると、ちゃんと利益が出て当たり前だと思われるかもしれません。数字が出ないと、海外の社員に対して「こいつら、なまけてる！」とみんなが思うわけですが、誰もなまけている人はいないんですよ。M&Aの一番の勘違いは、買収対価を払ったのは株主に対して払っているのであって、買収対象会社の従業員に払っているわけではないというところです。買収対象会社の社員たちは奴隷ではありません。その人たちが生き生きと仕事ができるかどうかがやはり一番大事なことであって、それには日本人だとか外国人だとかは関係ないと思うのです。人を人としてちゃんと扱うことが大切です。そしてそういう人たちが生き生きと仕事ができるために経営者としてどんなヘルプができるのか、この感覚は常に持っておかなければいけません。特に会計士出身の経営者にはそういうところが少し欠けている人が多いです。私自身、人との付き合い方で失敗の連続でした。12年間経営してようやく、なんとなくですが、少しは形になってきたかな、自分の技を使えるようになってきたかな、というところです。

KNさんは何年経営者をやられているかわかりませんが、私の場合はこのような学びにものすごく時間がかかりました。経営者は一人ひとりが違い、経営スタイルも全部違います。こういう話はあまり不謹慎だからしてはいけないかもしれませんが、ゴルフもそうですよね。プレイヤーによって体格が違うので、プロに教わったからといって、みんながみんなシングル（全アマチュアゴルファーの約５～７％）になれるわけではないですよね。やはりみんながそれぞれ違うので、それぞれのなかで自分にあったものを選択していくわけですが、ショットを打つゾーンさえ、きちんとしていればいいのだと私は思うのです。それまでにどういう振り上げ方をしようと関係ないのです。これは経営に似ているので、自分がどう経営したらうまくいくかというのは、自分で学ばない限りは絶対にわからないことなのです。ショットを打つビジネスゾーンの本質は何かというと、やはり売り上げを伸ばすことです。同時に無駄を省き、費用をなるべく下げ、利益を出す。そして次に投資利回り。投資したものに対するリターンを常に意識する。投資したらイグジットがあるのだという意識を必ず持つ。そういったビジネスゾーンはしっかりと押さえていなければいけません。

それ以外の点で、経営者としての自分のスタイルを学ぶのには何年間かかかりますので、あまり焦らないでやられた方がいいかなと思います。ご実家の経営ということなので十分時間をかけてできるでしょうし、失敗からいろいろなことを学ばれたらいいのではと思います。私の場合は、10年間ぐらいたってようやく、なんとなくですが自分はこういう経営者なのだなというのがわかりました。

今の日本の上場企業の一番の大きな問題点は、経営者の在任期間があまりにも短いということです。経営者として、いろいろと学ぶ前に会長になり、院政を敷くんですよね。そういったことがよくあります。

そして経営者として何を意識しているかというのは、図表１（108ページ）にも書かせていただきましたが、やっぱりリスクをとるということです。それに尽きます。リスクをとり、攻め続ける。これはリーダーとしてすごく大事なことですが、会計士出身の経営者のよくないところは、守りに入りがちなところですね。会計士は本質的に守るということをずっと訓練されますので保守的になりがちです。しかし、リスクを取らないことにはリターンはありません。ビジネスがうまくいっているときにはすでに悪いことが起き始めているのだということを意識して、どんどんと攻めていかなければいけません。

そしてもう１つは、先ほどの人の話と重なりますが、人の話をよく聞くということです。社長には、悪い情報は上がってきません。経営者が力をつければつけるほど、現場の人たちはいい情報しか伝えなくなるため、悪い情報を知る機会が減っていくのです。そこで、社員の話を徹底的に聞いて、自分の肌で感じて、「サブスタンスは本当は違うのではないか？」と疑問に思うことも必要です。各部門から上がってくる数字と実態は、本当は合っていないのではないかということを感じられるセンシティビティを持つと良いでしょう。人の話を聞かないと、結局は意思決定に誰もついてこず、どんどん悪い方向に行ってしまいます。私は今のところ、こういったことを意識して経営しています。

八田：今日渡辺先生のお話を聞いて、確かに今と当時では置かれている環境が違うわけですが、若いときに武者修行というのでしょうか、怖いもの知らずで海外に飛び立って、一から自分の力で自分の人生をつかみ取ってきたという、この気迫、このプライド、これを我々は強く感じたのではないかと思います。ただ、今の方々が同じような環境に置かれるかどうかというのは難しいですが……。

今日のお話を伺い、私自身、常々思っていることで共感を覚えたのは、日本の会計プロフェッションは、残念ながら押しなべてビジネス感覚が非常に脆弱であるという点です。ビジネス感覚を磨くといったトレーニングをまったく受けていない。そしてもう１つは、やはり聞く力、コミュニケーション能力がだいぶ弱っているのではないかなという気がしてなりません。これは金融当局の監査法人に対する検査等があるために、いわゆる証拠づくりのための監査調書づくりに専念しているということが問題だと思われるのですが、監査現場でのやりとりになかなか時間が与えられません。しかし、よく考えてみると、監査とはもともとはAuditという語源からもわかるように、聞き取り調査をすることを意味します。聞く力をいかに高めるかが極めて大事なのです。もう１つは、少なくともご自分たちが担当されている企業、あるいはその企業を取り巻く事業環境の状況、さらにはそうした企業におけるビジネスの在り方はどうなっているのか、そのあたりをちゃんと理解した上でなければ、トップインタビューをしても話が進まないと思いますので、ぜひその点を心がけて、頑張っていただきたいと思います。

藤沼：今日は非常に有意義な話をうかがったと思います。どうもありがとうございました。

塾長からのコメント

渡辺氏は公認会計士ですが、M&Aのアドバイザリー業務が専門の上場企業のCEOであり、企業人の立場からの考えをうかがいました。

日本企業のＭ＆Ａは、近年、件数および金額とも大きく伸びているが、失敗事例も多く、M&Aのアドバイザーとしてどのような点に注意して交渉に臨んでいるかについての話をうかがうことができました。

同氏は、会計士の２次試験合格後すぐアメリカに渡り、ニューヨークの監査事務所で採用されます。日本企業サービス部門でのさまざまな仕事により人脈ができ、さらにM&Aビジネスに出会い仕事を大きく伸ばすことができたそうです。帰国後、日本のKPMGのコーポレートファイナンス部門のトップとして活躍されますが、エンロン事件後のSOX法の影響などで主要顧客からの要請があり、独立します。その後会社を上場させ、アメリカやヨーロッパ、イスラエルの同業者を買収し、今日に至ります。こうした多様な経験談からは、勇気や行動力の必要性、人脈の大切さが強く伝わりました。同氏がアメリカ時代に学んだこととして、「会計は会社の実態を表すもの」、つまりsubstance over form（形式よりも実質）を強調されました。氏は常にこの点を座標軸としており、会計を職業とするものすべてにとって、肝に銘ずべき視点であると話されました。

討議では、海外赴任についての質問に対し、できるだけ若い時に海外に出て苦労をした方がよいと説明し、さらに、常にクライアントのベストインタレストになるように意識して仕事をするべき、といったアドバイスをされました。また、自社のM&A案件でデューディリジェンスを依頼した監査法人のレポートについて、例えば、買収先の会社の経営陣とのインタビュー内容など、役に立つ情報が記載されてないのが問題だと説明された。

一方で、経営者となったことで、常に利益目標に対するプレッシャーや隠されたリスクに曝され、会計監査は大変に重要な役割があると感じるようになったこと、一般に監査人は、ビジネスについての理解が不足していると感じているといった厳しい意見も披歴されていました。企業経営の経験から、「企業は人がすべてである」という点を学んだこと、会計士資格を有する経営者は数字だけでものを判断する傾向があり注意が必要だ、といった指摘もありました。

実務経験に裏打ちされたいろいろな話を聴くことができ、多くの塾生にとって新鮮な気づきを与える機会になったと思われます。

第4回

監査品質の向上と
監査組織の運営上の課題

池田唯一

講師プロフィール

いけだ・ゆういち／1982年、東京大学法学部卒業後、旧大蔵省入省。85年、英国ロンドン大学LSE校経済学修士。国際通貨基金（IMF）エコノミスト、金融庁総務企画局企業開示課長、市場課長、企画課長、総務企画局参事官、総務企画局審議官などを経て、2014年7月より金融庁総務企画局長。

藤沼塾第４回

私は、旧大蔵省時代から会計、監査にかかわる仕事に携わってきた。今回は、「そんな行政官には、今の監査の世界はこう見える」という視点を織り交ぜながら、「監査法人のガバナンス・コード」の概要、そこに込められた思いの一端について、述べてみたい。

今年３月に公表された「コード」は、“５つの原則”からなっていて、【原則１】で提示されたのは、会計士個々だけでなく、組織体としての監査法人も公益的な役割を担い、適正な監査を行う責務を有している、という認識である。監査の信頼性は、監査法人にとって“命”のはずである。特にトップはそうした自覚を強く持って、内外にその姿勢を示す必要がある、と強調されている。

ここでは、“構成員の士気”についても語られている。「現場の士気が低下している」という話は、我々もしばしば耳にしていて、非常に深刻に受け止めている。それを招かないように“適切な動機付け”を行うのは、やはり経営陣に課せられた重要な任務であろう。

また、構成員が課題や知見を共有し、積極的な議論を行うような「開放的な組織文化・風土を醸成すべきである」という指摘もされた。あえてそう言われるのは、外からは“閉鎖的”に見えていることを意味すると思うのだが、どうだろうか？

【原則２】で述べられているのは、それらを実行するためのマネジメント機能に関してである。監査法人は専門家の集まりであり、かつ人数も多く、大変マネジメントの難しい組織だと感じる。にもかかわらず、あえて言えば一般企業などに比べ幹部のマネジメントスキルが未発達な面があるのではないか。そうした認識もあって提起されているのが、「実効的なマネジメント機関による組織的運営」なのだ。

実は、「コード」を策定する有識者会議で最後まで議論になったのが、「監査の現場とマネジメントが、どう関与し合えば、最もいい監査ができるのか」という点だった。要するに「現場がマネジメントばかり気にしていたら、強い監査はできない」、さりとて「現場任せにしていたら、大企業などと渡り合えない」という兼ね合いの問題である。確かにこの部分を一律に定めることは困難だ。まさに各法人内で議論を尽くし、その考え方を反映させたマネジメント体制をつくり上げていく必要がある。

【原則３】では、監査法人も、経営から独立してそれを監督・評価する機能を確保すべき、と指摘されている。具体的には「独立性を有する第三者」が参加する監督・評価機関を設けて、その役割を明確化せよ、ということだ。「『独立性を有する第三者』の要件は？」といった質問も受けるのだが、それを型にはめて論じるのは適切ではないだろう。ゴールはあくまでも、監査法人の「組織的な運営の確保」「公益的な役割の遂行」である。それに向けた自分たちの課題は何なのかを、やはり法人レベルで考え、その克服に寄与する人物を選任してもらいたい。

加えて【原則４】では、組織的な運営をしっかりと行うための業務体制の整備、【原則５】では、これらの原則の適用状況などが外部から適切に評価できるよう、十分な透明性の確保を求めている。

やや厳しめのことも述べた。ただ、東芝の事案で再び失墜した“監査の信頼性”を回復するためには、監査法人自らも変わる必要があるのではないか。すでに、多数の監査法人が改革に乗り出してもいる。そうした動きを最大限サポートしつつ、我々もよりよい監査の実現のために、引き続き尽力したいと考えている。

『アカウンタンツマガジン』Vol.42より

■はじめに

ただ今ご紹介いただきました、金融庁総務企画局長の池田でございます。本日はよろしくお願いいたします。

最初にご紹介いただきましたように、私は金融庁の前身である大蔵省時代から、会計や監査の分野の仕事を比較的長く担当してきました。行政官としては会計監査に関する仕事の経歴は長いと思っていますが、私自身は監査をしたこともないですし、監査法人で勤務したこともありません。したがって、今日お話しすることは、多分に「外から見ると監査の世界、あるいは監査法人というのはこういうふうに見えるんだけれど」というお話になるだろうと思います。そのため、私が本日お話しする内容の実際については、おそらく皆さんの方が詳しい部分が少なくないと思います。行政当局のものの考え方や制度的なことについての説明はともかくとして、監査や監査法人の実際についてのお話は、もし真実と異なるということであれば、「ああ、そういうふうに見る人もいるんだな。でも違うんだよな」というように捉えていただければと思います。後ほど意見交換の時間もあると聞いておりますので、ぜひ、その際に忌憚のないご意見を賜りたいと思いますので、よろしくお願いいたします。

1．会計監査に関するこれまでの対応と今後の在り方

それでは、図表1をご覧ください。ここ十数年の会計監査に関するさまざまな出来事と、それを受けてさまざまな制度的な対応を行ってきた流れを年表のようにまとめてありますが、これについては皆さんよくご存じのことだと思います。平成15（2003）年と平成19（2007）年の二度にわたる公認会計士法の改正。平成14（2002）年、平成17（2005）年、平成25（2013）年の累次にわたる監査に関する基準の制定や改定。それから平成18（2006）年の内部統制報告制度の導入。いろいろな出来事を契機に、会計監査の充実に向けて各般の取り組みが行われてきたということがわかります。

本日のようなテーマが選ばれていることの遠因でもあるかもしれませんが、

図表1

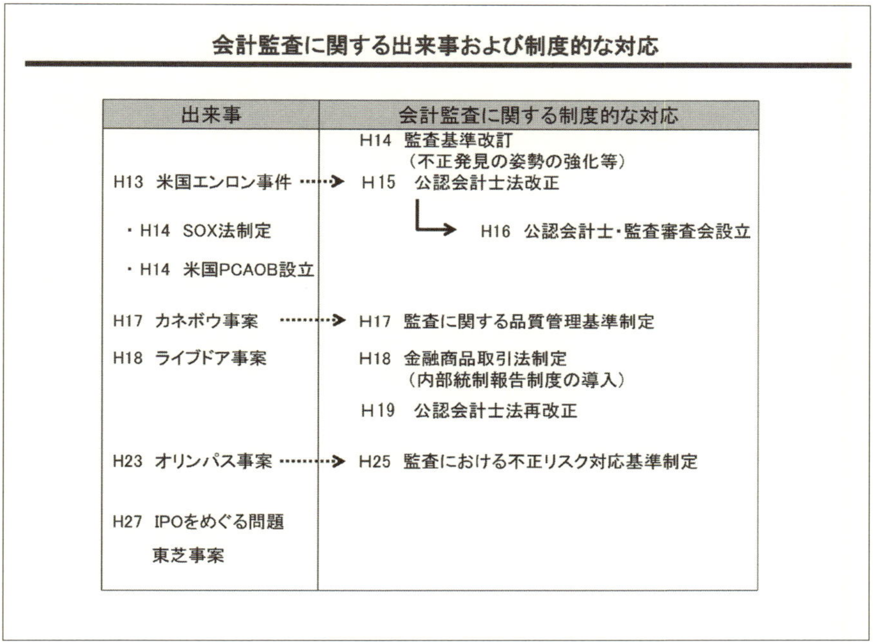

会計監査に関する出来事および制度的な対応

出来事	会計監査に関する制度的な対応
	H14 監査基準改訂（不正発見の姿勢の強化等）
H13 米国エンロン事件 ⋯⋯→	H15 公認会計士法改正
・H14 SOX法制定	└→ H16 公認会計士・監査審査会設立
・H14 米国PCAOB設立	
H17 カネボウ事案 ⋯⋯→	H17 監査に関する品質管理基準制定
H18 ライブドア事案	H18 金融商品取引法制定（内部統制報告制度の導入）
	H19 公認会計士法再改正
H23 オリンパス事案 ⋯⋯→	H25 監査における不正リスク対応基準制定
H27 IPOをめぐる問題 東芝事案	

最近、東芝事案というものが生じました。会計不正とは、いつの時代にも起こりうるものだという指摘もあり、そうした指摘は決して間違いではないと思うのですが、図表1を見ていただくと、東芝事案は平成27（2015）年に顕在化しているのです。問題になった監査の時期はさらにその前の時期ですから、この図表1の年表でいうと、不正リスク対応基準が議論をされていた、まさにそのときの出来事であると思います。

ご案内のとおり、不正リスク対応基準においては、その基準の1つの眼目として、典型的な不正リスクを例示しているということがあります。そこでは、企業の財務的な安定性や収益力が脅かされていて、業績達成への強いプレッシャーがあるというようなことや、あるいは期末に通例でない重要な取引が行われているなど、そうしたことが典型的な不正リスクを招きやすいケースとして例示されています。まさにこの東芝の事案は、その基準でも書かれているような、不正リスクが高いとされている典型的な事例であると言えるでしょう。そうした典型的な不正が、この時期に、東芝というまさに日本を代表する企業において、また、日本を代表する監査法人が監査していた事案で発生したということで、私どもにとっても、また多くの市場関係者にとってもたいへん衝撃的な出来事であったということが言えます。そうしたことから、会計監査の信頼確保が改めて課題になっているのだと思います。

ただここで、私たちが留意しなければいけないと考えた点が２つあります。１つ目は、図表１を見てもわかるように、いわゆる基準の類はすでに相当に飽和状態になっている点に留意しなければいけません。つまり、屋上屋を重ねるということではなく、既存の基準をしっかりと定着させていくことがより重要であるのではないかということです。また、そのためには、何か１つのことに取り組めば解決するということではなく、かなり包括的な取り組みを行っていく必要があるのではないかというのが、２つ目の留意点です。

このような問題意識に立って、図表２に沿ってお話しします。平成27(2015）年の10月から「会計監査の在り方に関する懇談会」という会議体を組織しまして、八田先生にもメンバーになっていただいています。そちらで今後の会計監査の在り方について幅広くご議論をいただき、資料にあるように平成28年の３月８日に包括的な提言をいただいたという経緯です（―会計監査の信頼性確保のために―「会計監査の在り方に関する懇談会」提言。以下、「懇談会」とする)。

この提言は、５つの大きな柱からなっています。第１の柱は「監査法人のマネジメントの強化」で、主に監査法人のガバナンス・コードの策定について触れられています。そうしたことを通じて、監査法人の組織的な運営のためのプリンシプルを確立することが第一ではないかということで、第１の柱になっています。第２の柱は、「会計監査に関する情報を株主などにより充実した形で提供していこう」ということ。第３の柱は、「企業不正を見抜く力の向上」を図っていこうということ。第４の柱は、「『第三者の目』による会計監査の品質のチェック」。この関連では、監査法人のローテーション制度について調査を行っていこうということが提言されています。そして第５の柱は、その他の「高品質な会計監査を実施していくための環境整備」とし

図表２

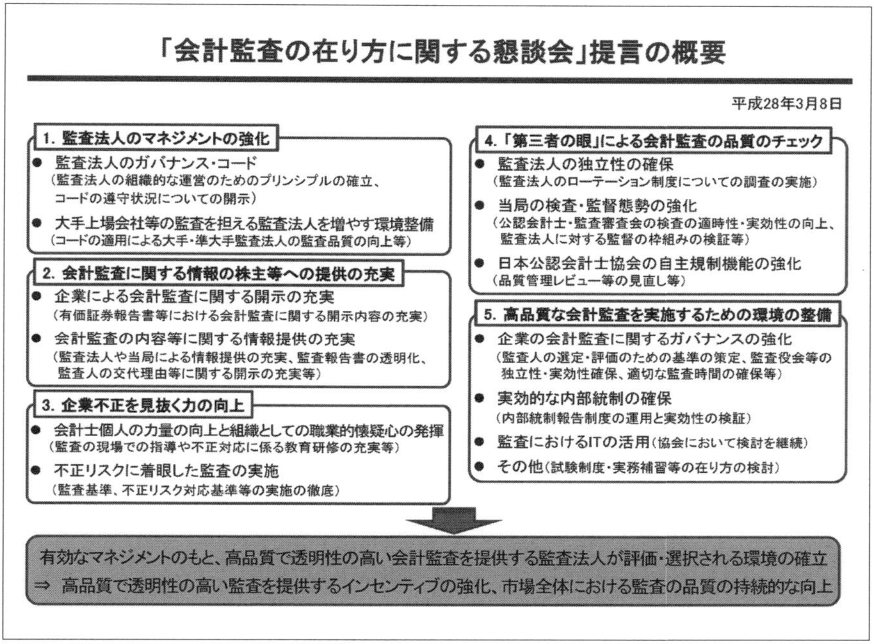

「会計監査の在り方に関する懇談会」提言の概要

平成28年3月8日

1. 監査法人のマネジメントの強化

- 監査法人のガバナンス・コード
  （監査法人の組織的な運営のためのプリンシプルの確立、コードの遵守状況についての開示）
- 大手上場会社等の監査を担える監査法人を増やす環境整備
  （コードの適用による大手・準大手監査法人の監査品質の向上等）

2. 会計監査に関する情報の株主等への提供の充実

- 企業による会計監査に関する開示の充実
  （有価証券報告書等における会計監査に関する開示内容の充実）
- 会計監査の内容等に関する情報提供の充実
  （監査法人や当局による情報提供の充実、監査報告書の透明化、監査人の交代理由等に関する開示の充実等）

3. 企業不正を見抜く力の向上

- 会計士個人の力量の向上と組織としての職業的懐疑心の発揮
  （監査の現場での指導や不正対応に係る教育研修の充実等）
- 不正リスクに着眼した監査の実施
  （監査基準、不正リスク対応基準等の実施の徹底）

4.「第三者の眼」による会計監査の品質のチェック

- 監査法人の独立性の確保
  （監査法人のローテーション制度についての調査の実施）
- 当局の検査・監督態勢の強化
  （公認会計士・監査審査会の検査の適時性・実効性の向上、監査法人に対する監督の枠組みの検証等）
- 日本公認会計士協会の自主規制機能の強化
  （品質管理レビュー等の見直し等）

5. 高品質な会計監査を実施するための環境の整備

- 企業の会計監査に関するガバナンスの強化
  （監査人の選定・評価のための基準の策定、監査役会等の独立性・実効性確保、適切な監査時間の確保等）
- 実効的な内部統制の確保
  （内部統制報告制度の運用と実効性の検証）
- 監査におけるITの活用（協会において検討を継続）
- その他（試験制度・実務補習等の在り方の検討）

有効なマネジメントのもと、高品質で透明性の高い会計監査を提供する監査法人が評価・選択される環境の確立
⇒ 高品質で透明性の高い監査を提供するインセンティブの強化、市場全体における監査の品質の持続的な向上

て、企業の会計監査に関するガバナンスの強化や、監査におけるITの活用などが掲げられています。

以上に挙げた柱を通じて、有効なマネジメントのもと、監査法人が高品質で透明性の高い会計監査を提供し、株主等から評価、選択される、そうした環境を確立することを目標にしています。そうすることで、監査法人にとっても高品質で透明性の高い監査を提供するインセンティブが強化され、その結果、市場全体における監査の品質の持続的な向上につながっていくことが期待されています。

本日は、５つの柱のなかでも特にガバナンス・コードを中心にお話しし、残された時間で、簡単になるかと思いますが、ローテーション、そして監査に関する情報の充実について触れたいと思います。その他の重要な論点については、最後に項目だけリストアップしてありますので、適宜、質疑応答等のなかで取り扱っていきたいと思います。

２．監査法人のガバナンス・コード

監査法人のガバナンス・コードについて、なぜ、監査法人のマネジメント強化が第１の施策として取り上げられたのでしょうか。

まず、最近の不正会計事案、これは東芝の事案のことを指していますが、このケースでは、大手監査法人における監査の品質管理体制が形式的には整備されていたものの、組織として監査の品質を確保するための、より高い視点からのマネジメントが有効に機能していなかったのではないかという点が指摘されています。

公認会計士法では、監査法人は５人以上の公認会計士が出資して設立されるパートナーシップであって、その出資者である各パートナーがそれぞれ経営に直接関与して、相互に監視することによって組織の規律を確保していくことが基本とされています。ところが現実を見ると、大手上場企業を監査する監査法人の大規模化が進展しています。すなわち、大手監査法人は数千人を超える規模になっていますし、準大手でも100人を超える規模となるものが存在するようになっています。

そして、監査法人におけるマネジメントが、監査法人の規模の拡大と組織運営の複雑化に対応しきれていないことが、監査の品質確保に問題を生じさせている原因の１つではないかという考え方があります。このため、監査法人における実効的なガバナンスを確立して、組織全体にわたってマネジメントを有効に機能させるようにする、かつ組織的な運営の状況を外部からチェックできるようにして、組織的な運営が有効に機能している監査法人が評価されるようにする。そのためには、監査法人の運営の透明性の向上も大事であるというわけです。

その具体策の１つとして、監査法人のガバナンス・コードの策定が挙げられ、大規模な監査法人組織の運営において確保されるべき原則（プリンシプル）がまずもって確認されていることが必要ではないかということが提言されたのです。

一方で、実際のマネジメントの形態には、各監査法人の規模、特性に応じて違いが出てくることが予想されるため、一定の形態や一律のルールを定めて対応することは適当ではなく、原則を定めたあとは各監査法人がその原則の実現に向けて創意工夫を行いながら対応していくことが望ましいのではないかとも考えられます。提言では他国の例としてイギリス、オランダを挙げ、わが国でも同様な取り組みを行っていくことが重要なのではないかということが書かれています。

先ほどお話ししたように、実効的なガバナンスのもとで行われるマネジメントと、その結果として得られる高品質の監査、そうしたものが企業やその株主によって適切に評価されて、監査法人等が選択されていく。そして、それがまた高品質の監査を提供するインセンティブになっていく。提言には、このような好循環をつくっていくことが望まれると書かれています。

ここで、各法人（新日本有限責任監査法人、有限責任監査法人トーマツ、有限責任あずさ監査法人、PwCあらた有限責任監査法人など）のガバナンス面での取り組みについて見てみますと、それぞれの法人において、すでに改革に向けたさまざまな取り組みに着手されているということがわかります。中身について言えば、経営執行機関、いわゆる経営会議のようなものや、それに対しての監督機関の整備などです。そして株式会社でいうと社外の人、つまり監査法人の外の人の招聘も行われています。また、これらの取り組みや監査品質に関する開示の充実を図るという点もポイントになっています。もちろん、その取り組みは形だけではダメで、実質的に充実させることが重要なポイントになります。

我々としては、このガバナンス・コードについて、先ほどからお話ししているように、法律と実態とが乖離している中、その隙間を埋めるような役割を果たすことを期待しています。それからもう1つは、各法人においてガバナンス面の取り組みがスタートしている中、心あるマネジメントの方々のそうした取り組みを支援、サポートするものにしたいという思いを持ってコード策定の作業が進められてきたということであります。

マネジメントの方々のイニシアチブに対しては、法人のなかでもいろいろな意見があるでしょう。それはどこの組織でも、我々の組織でも同じことで、改革しようとするといろいろな意見が出てくるものです。そういう状況のなかで、心ある改革をしようとするマネジメントの方々の取り組みをサポートするようなものになればなぁという思いをもって、この提言に取り組んだつもりです。

3．イギリスとオランダの監査法人のガバナンス・コード

監査法人のガバナンス・コードについて、イギリスとオランダに先例があるというお話をしました（図表3）。この2国は似ているところも多々ありますが、1点差異があります。イギリスは、「コンプライ・オア・エクスプレインアプローチ（comply or explain approach）」を採用しています。これは、そのコードに書かれた事項は必ず実施しなければいけないということではなく、コンプライ（遵守）するのか、あるいはコンプライ（遵守）しないのであればその理由を説明するというアプローチです。それに対してオラ

図表3

監査法人のガバナンス・コード（英・蘭）の概要

	イギリス	オランダ
コード名称	監査法人ガバナンス・コード The Audit Firm Governance Code	PIEライセンスを有する監査法人(注)のガバナンス・コード A Code for Audit Firms Holding a PIE Licence
公表主体	英国財務報告評議会（FRC）・イングランド・ウェールズ勅許会計士協会（ICAEW）	オランダ勅許会計士協会（NBA）
導入時期	2010年6月	2012年6月
適用対象	20超の上場企業を監査する監査法人（7法人） ※他に1法人が自主適用　（2015年5月時点）	PIEライセンスを有する監査法人（9法人）（2015年10月時点）
適用の枠組み	○ 適用対象がコードへのコミットを公表。 ○ コンプライ・オア・エクスプレインアプローチを採用。 ○ 透明性報告書の中でコードの遵守状況を報告。 ○ 遵守状況をFRCがモニタリング。	○ 適用対象が誓約書にサインをして遵守を表明。 ○ コンプライ・オア・エクスプレインアプローチは採用せず、全体として遵守する必要。 ○ 透明性報告書の中でコードの遵守状況を報告。 ○ 遵守状況をNBAがモニタリング。

（注）PIE（Public Interest Entity．上場企業、銀行、保険会社等の社会的影響度の大きい事業体）に対して監査業務を実施するためのライセンスを規制当局から付与されている監査法人をいう。

ンダは、全体としてコードを遵守することを求めており、コンプライ・オア・エクスプレインアプローチは採用されていません。

4．監査法人の組織的な運営に関する原則

わが国では、イギリスと同じアプローチをとって、監査法人のガバナンス・コードをつくろうということになりました。策定にあたって、監査法人のガバナンス・コードに関する有識者検討会を平成28（2016）年の７月に設置し、検討をいただいた次第です。八田先生にはこちらでもメンバーになっていただいています。検討した結果、12月の半ばにコードの案を公表して、パブリックコメント手続きをした上で、平成29（2017）年の３月31日に最終確定し、公表させていただきました。

ポイントは図表４にまとめてありますが、原文の「監査法人の組織的な運営に関する原則《監査法人のガバナンス・コード》」をもとにご説明いたします。最初に「「監査法人の組織的な運営に関する原則」（監査法人のガバナンス・コード）の策定について」という前文が付いていますが、そこには、この原則は５つの原則と、それを適切に履行するための指針から成っていること、そしてこの原則の適用対象、適用方法について書かれています。すなわち、本原則は大手上場企業等の監査を担い、多くの構成員から成る大手監査法人における組織的な運営の姿を念頭に策定されているとされています。これは四大監査法人を意味していますが、それ以外の監査法人において、自発的に適用されることを妨げるものではないとも記述されています。

コードの適用は、先ほどお話ししたコンプライ・オア・エクスプレインの手法によることが想定されています。先ほどご説明したように、あるべきガバナンスの姿はやはり組織ごとに違うので、一律の適用ではなく、コンプライ・オア・エクスプレインの手法によることが適当だと判断されていると言えます。

図表4

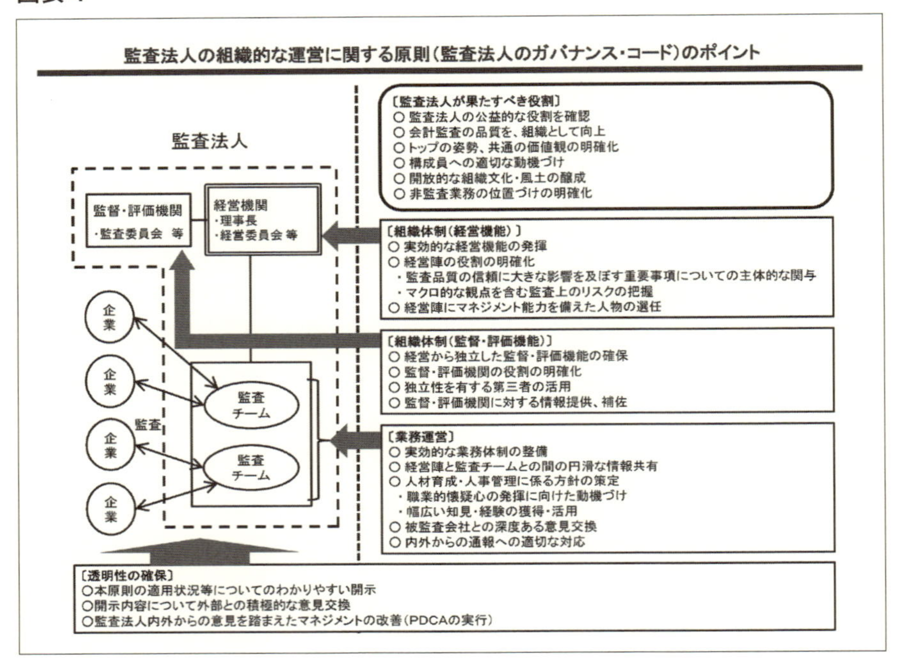

【監査法人が果たすべき役割】

原則1　監査法人は、会計監査を通じて企業の財務情報の信頼性を確保し、資本市場の参加者等の保護を図り、もって国民経済の健全な発展に寄与する公益的な役割を有している。これを果たすため、監査法人は、法人の構成員による自由闊達な議論と相互啓発を促し、その能力を十分に発揮させ、会計監査の品質を組織として継続的に向上させるべきである。

原則1のポイントは、公認会計士の方だけではなく、組織体としての監査法人も公益的な役割を担い、適正な会計監査を行う責務を有しているということを確認している点にあります。この原則のもと、指針が1-1から1-5まで並んでいます。

1-1は、公益的な役割、会計監査の品質の向上について、トップの姿勢を明らかにすべきだと指摘しています。これは私見ですが、やはり監査の信頼は、監査法人にとっての命だと思っています。その監査法人の監査に対しての信頼が失われると、いくらその監査法人の証明を付けても投資家にとっては何の保証にもならないということがあります。そうした大事なものについては、通常の組織体であれば、当然にトップの姿勢が強く表われてくるのではないかという思いを込めて、この1-1が掲げられているのだと受け止めています。

1-2は、1-1を受けて、法人の構成員が共通に保持すべき価値観、あるいは行動の指針のようなものを明らかにすべきだと指摘しています。

1-3は、法人の構成員の士気を高めるには、職業的懐疑心や職業的専門家としての能力を十分に保持・発揮させるような適切な動機づけが必要だと指摘しています。我々も、最近の監査法人では現場の士気が低下しているということをしばしば耳にし、大変深刻なことであると受け止めています。このような状況下において、法人のメンバーの士気を高めていくことが求められており、そのためには、強いリーダーシップの発揮が期待されているというわけです。

1-4は、監査法人は開放的な組織文化・風土を醸成すべきであると指摘しています。これは皆さん、いろいろなご意見があるかもしれませんが、こう書かれているということの背景には、外から見た監査法人は、とかく中にも外にも閉鎖的なように見えるということがあります。法人のなかにおいても、あるいは外との関係においても、もっと対話があってもいいのではないでしょうか。

1-5は、監査法人は法人の業務における非監査業務の位置づけについて考え方を明らかにすべきであるとしています。法人、あるいはその法人の属するグループで非監査業務が提供されているわけですが、そのことについては2つの考え方があると思われます。1つ目の考え方は、1つ間違うと独立性のような観点から問題が生じる、あるいは利益相反の問題が生じるという意見です。2つ目は、そうした業務をグループ内であわせて行っていくことで、全体としてノウハウを高め、知識経験の幅を広げる効果をもつため、幅広い識見を蓄えるのに役立っているという意見です。両方の意見がある状況において、各法人が非監査業務の位置づけをどう考えているのか、明らかにしてほしいという趣旨です。

【組織体制（経営機能）】

原則２　監査法人は、会計監査の品質の持続的な向上に向けた法人全体の組織的な運営を実現するため、実効的に経営（マネジメント）機能を発揮すべきである。

原則２では、原則１を受けて、トップのもとに存在する経営（マネジメント）機関において実効的にマネジメント機能を発揮すべきであると掲げられています。

具体的には指針2-1に、実効的な経営（マネジメント）機関を設けて、組織的な運営が行われるようにすべきだと書かれています。これも私見になりますが、監査法人は、人数が大変多いということもありますし、一人ひとりのメンバーが公認会計士という専門家でいらっしゃるということもあって、マネジメントの難しい組織なのではないかと推察しています。にもかかわらず、間違っているかもしれませんが……ただでさえ難しい組織であるにもかかわらず、専門的なマネジメントスキルが一般企業などに比べ未発達な面があるのではないかと感じています。そういう意味で、このようなマネジメント機関の役割というのが、少なからずあるのではないかと思っています。

2-2には「経営機関の役割を明らかにすべきである」と書かれてあり、具体的に４つ挙げられています。

１つ目には、これが実は有識者検討会で最後まで議論になったポイントなんですが、「監査品質に対する資本市場の信頼に大きな影響を及ぼし得るような重要な事項について、監査法人としての適正な判断が確保されるための組織体制の整備及び当該体制を活用した主体的な関与」という言葉が入っています。これは監査法人として適切な判断が行われるような組織体制を整備して活用し、監査品質に関する重要な事項については、法人が法人としてしっかり主体的に関与していくという考え方です。これについては、さまざまな議論が公認会計士の方々から出されました。論点としては、現場の監査チームとマネジメントとが、どういう兼ね合いで関与をし合えば最もしっかりとした監査につながるのかというものでした。現場がマネジメントばかり気にしていては強い監査はできないという考えもありますし、すべて現場任せにしていて、あとで法人が気づいてびっくりするような監査が行われていたということもあります。現場とマネジメントとの兼ね合いには、いろいろな考え方があると思います。まさにこういった点について法人として議論をしていただいて、それを踏まえた経営機関の役割や考え方を明らかにしていただくのがいいのではないかと思っています。

金融庁にも、検査局という組織があります。特に不良債権の処理が中心的な課題であった頃は、相当厳正な——といっても今も厳正なんですが——検査が行われていました。そういった局面で、検査官が検査に行くわけですが、金融機関からいろいろと反論されて、心が折れそうになります。そういうとき、検査局にバックオフィスがあるのですが、「こういうふうに反論されているんだけれど、どうしたらいいだろう」といったことが照会されてきます。そこで、バックオフィスからアドバイスしてもらったり、支えてもらったりしながら検査を行っていく。我々も、実際にそういう経験をしているわけです。

我々は会計監査について、問題が起きたケースしか詳細を見ませんので通常のケースは必ずしもわかりませんし、すべてがそうではないかもしれませんが、検査局を持つ組織の人間が会計監査のケースを見ると、監査法人って結構冷たい組織なんだなと思うことがあります。もちろん、監査チームで担当している人たちは大変な責任も感じておられて、いろいろな困難にもさらされていると思うのですが、そういったときに回りの人たちのサポートは十分に行われているのかと感じることもあるんです。私は、現場だけに任せて強い監査はできないのではないかとも思うんですが、そういうのがダメなんだ、やはり一匹狼でしっかりやるのが強い監査につながるんだという、鬼軍曹的な公認会計士の先生がいらっしゃるのもよく存じ上げています。何が真実なのか、答えは皆さんがそれぞれもっているだろうと思います。ぜひ皆さんのなかでよく議論していただきたいと思っています。

２つ目は、監査上のリスク分析についてです。ミクロの分析については当然監査チームが行うと思いますが、それに加えてマクロの分析というものがあるのではないかという指摘です。例えば東芝の場合でも、原子力がその局面でどうだとか、電機業界がどういう状況に置かれているかだとか、我々が所管する金融業界においても、金融の局面がどうだといったことがマクロで分析されることによって問題が明るみに出るということがあるのではないかと思います。ミクロの分析はともかくとして、マクロの分析が、時として欠落していることがないでしょうか。こういった部分に、マネジメントとしての役割があるのではないかというのが2つ目です。

3つ目と4つ目は、人事やITの有効活用においても、執行部にしっかりとマネジメントしていただきたいという指摘です。東芝問題を例に挙げると、監査チームのなかで、問題の端緒と思われるものは担当の人がつかんでいました。その場合、当然、監査調書などに記述されるわけですが、それが監査チームのなかであまり議論されていなかったことが問題とされています。我々からすると、先ほどお話ししたように、監査チームのなかでの対話がすごく欠落しているのではないかという印象をもっているわけです。

人材育成でいうと、もちろん研修も大事だと思いますが、やはりオン・ザ・ジョブ・トレーニング（On the Job Training：OJT）がすごく大事だと思うんです。これだけチーム内の会話が欠落していると、オン・ザ・ジョブ・トレーニングは一体存在するのだろうか？　と疑問に感じるところもあります。そうしたことも含めて、人材の育成・評価が重要なのではないかと思います。我々からすると、やはり職業的懐疑心をきちっと発揮していただくことを期待しているわけですが、それは人事評価でどれだけ評価されているのでしょうか。与えられた時間のなかで的確にチェックシートを埋め、特段もめることもなく、波風立てずに「適正」との意見表明をして帰ってくる。そういうことが評価される人事評価は、ゆめゆめあってはならないと思っています。懐疑心の発揮については、人事評価だけの問題ではなくて、監査時間なども含めた監査をめぐる環境の問題ということもあるでしょう。私どものところでも、CPA（公認会計士）の方に期限付きのようなかたちで働いていただいています。私の課長時代に、そういう人たちと飲んで話をすると、

「いや、課長、現実はそういうものじゃないです。変に懐疑心なんか発揮したら時間内にチェックシートが埋まらないですよ」と言われたことがありました。現場で実際に監査を行っている人はなかなか大変だと思いますし、環境を変えていかなければいけないとは思うところですが、やはりこういう人事の問題も改善していかなければならないと思います。

2-3は、マネジメントのメンバーは、監査実務に精通していることはもちろん、法人の組織的運営のためのマネジメント能力もしっかりと考え、選任されていくべきであるという内容です。

【組織体制（監督・評価機能）】

原則３　監査法人は、監査法人の経営から独立した立場で経営機能の実効性を監督・評価し、それを通じて、経営の実効性の発揮を支援する機能を確保すべきである。

原則３では、監査法人の経営から独立して、その機能を監督・評価する機能を確保すべきだと指摘しています。そのために指針3-1にありますように、監督・評価機関を設けて、その役割を明らかにすべきだとしています。そして、3-2にはその監督・評価機関のなかには、構成員として独立性を有する第三者を選任し、その知見を活用すべきだとも書かれています。

こういうことを書くと、「独立とはどういう要件なのか？」「独立性を有する第三者とはどういう位置づけにすべきなのか？」といった質問を受けることが多いのですが、我々としては、特定の型にはめることは適切ではないと考えています。目指すゴールは組織的な運営と公益的な役割の遂行であり、その２つのゴールに向けて、各法人において解決すべき課題を考えていただくことがまず必要だと思います。そして、まさにそういった課題に対応するために、役立つ知見を有する人を選任していただきたいという思いです。

独立性を有する第三者については、お話ししたように、企業において組織的な運営の経験がある方や、あるいは資本市場の参加者としての視点を有するような方など、各法人の抱える課題に則していろいろな選任の仕方があるかと思います。原則のなかで独立性を有する第三者が強調されている理由は

――これは私どもの誤解かもしれませんが――CPAの先生方の視点と会計の外にいる人の視点が、時として大きくずれていることがあるのではないかと感じることが少なからずあるからです。そういった意味で、外からの視点を入れるということは、それなりに効果があるのではと期待されます。しかし、知見を具体的にどのように活用していくかについては、最終的には各法人において判断されていくことだと思います。

【業務運営】

原則4　監査法人は、組織的な運営を実効的に行うための業務体制を整備すべきである。また、人材の育成・確保を強化し、法人内及び被監査会社等との間において会計監査の品質の向上に向けた意見交換や議論を積極的に行うべきである。

原則4は、さらに現場に近い業務運営体制の整備についての指摘です。指針4-1にあるように、経営機関から現場に、また、現場から経営機関へ、情報がスムーズに共有されることが大事だということが書かれています。

4-2は、先ほどお話しした職業的懐疑心を適正に発揮したかが十分に評価されるべきだという内容、4-3は、幅広い知見・経験が評価されるべきだという内容、4-4は、外との関係でも、被監査会社と深度ある意見交換をもっと多く行ってもいいのではないかという内容、そして4-5は、内部、外部からの通報の取り扱いについての内容となっています。

【透明性の確保】

原則5　監査法人は、本原則の適用状況などについて、資本市場の参加者等が適切に評価できるよう、十分な透明性を確保すべきである。また、組織的な運営の改善に向け、法人の取組みに対する内外の評価を活用すべきである。

原則5は、これまでお話ししたような取り組みの透明性を高めて、監査先企業あるいはその株主に提供することによって、監査法人の選択に反映していくといった内容です。また、監査法人においても、内外からの評価を受け

て、一層の改善を図っていくというPDCAサイクルをしっかり回していくべきであるというようなことが書かれています。

考えてみると当たり前のことしか書かれていないじゃないかとも思えますが、こういったことを通じて、各法人で組織運営の在り方について真剣に議論していただくことが一番大事なことなのかなと思う次第です。

5．監査法人のローテーション制度と情報提供

時間が押しているのですが、最後にローテーションについてと、情報提供について、簡単に触れたいと思います。

監査法人のローテーションについては、監査法人の独立性を確保する観点から、EUで導入が決定・適用され、わが国においても有効な選択肢の1つであるとの意見が出されています。

一方で、この監査法人のローテーション制度については、2つの指摘がされています。

1つ目は、監査人の知識・経験の蓄積が中断されることで、監査品質の低下の可能性が指摘されています。2つ目は、大手監査法人の数が限られている現状を踏まえると、現実問題として円滑な実施は困難なのではないかという指摘です。

そういう環境のなかで、EUでは監査法人のローテーション制度が導入されています。わが国で仮に導入した場合のメリット、デメリットは何か、仮に導入する際には、何を確保していく必要があるのかなどについて、まずは金融庁において、深度ある調査・分析がなされるべきであるという意見が、「懇談会」の提言では書かれています。

監査法人のローテーションの問題は、10年前の公認会計士法改正のときにも大変大きな論点になりました。当時は、先ほど申し上げた2つの指摘が主な理由で見送りになり、パートナーのローテーション制度が強化されました。しかし、その後EUでは導入が決まり、実施に移されています。また、監査法人のローテーション制度が論点になってから10年経つものの、その間に監査法人の異動はあまり見られていません。東芝は問題が起きたとき、現在の

新日本監査法人が、違う名前の監査法人だったときもありますが、通算45年担当していて、ローテーション制度が論点になった10年前はおそらく35年目だったと思います。ところが、その後10年経っても、交代する動きはありませんでした。放っておくと、これがいつまでも続いてしまい、同じ監査法人による監査が100年続くケースも出てくるかもしれませんが、それでもいいのでしょうか？

さらに、東芝のケースでは、パートナーのローテーションはなされていたわけですが、あまり効果があったとは言えません。パートナーのローテーションの効果は、少なくとも東芝のケースにおいては、かなり限定的であったと言えるのではないかと思います。

したがって、それから10年経った今、もう一度よく調査分析を行って、冷静に議論を行っていく必要があると思っています。昨年（2016年）夏に、欧州に金融庁の担当官が出張し、調査を行いました。一度では終わることではないと思いますが、累次に調査レポートなどをとりまとめて公表し、調査結果をベースに、開かれた形で議論を深めていきたいと考えているところです。

情報提供については、これについては皆さんの方が詳しいと思いますが、監査報告書の透明化（長文化）についての議論があります。

ご案内のとおり、今の監査報告書は、監査意見以外の記述がされることは限定的です。しかし海外では、監査人が、Key Audit Matters（監査上の主要な事項：KAM）と言われる、どういうリスクに着目して監査を行ったのか、あるいはなぜその事項をKAMだと判断したのか、KAMについてどういう監査を行ったのか、そういったことをあわせて監査報告書に記述をするということで、監査報告書の透明化、長文化を図っています。この制度についてはイギリスでは2012年から、EUでは2016年から導入され、アメリカでも導入に向けて具体的な検討が行われています。この制度を日本ではどうするのかが、現在の１つのテーマになっているところです。

導入については、公認会計士協会の方は熱心であると理解しています。しかし、本格的に導入するとなると、導入のねらいや問題意識が関係者でよく共有されていることが重要です。共有されていないと余計な手間がかかり、決まり文句を増やすだけといったことになりかねないので、まずは問題意識が関係者の間で共有されていることが大事だと思っています。

このため、実は金融庁において、公認会計士の先生、経済界、監査役の皆さん、そしてアナリストの方々に集まっていただいて、昨年（2016年）の夏以降から、非公式の意見交換の場を設けて議論していただいています。いろいろな立場からのいろいろな意見がありますが、それぞれの立場における問題意識について共有が進んできているのではないかと思います。この論点をよりフォーマルなかたちで検討の俎上にのせていくかどうか、そろそろ判断していかなければいけない時期に至っているかなと思っています。ですので、皆さん方にも、こういう制度を導入することについてどう考えるのか、よく議論していただくことが必要ではないかと思っています。

公認会計士協会の方は、先ほどもお話ししたように熱心であるとは理解していますが、一方で、３月期末からでは監査する時間がないといったお話も耳にしています。「時間がないのにこれもやるんですか？」という問題もあるかと思いますので、皆さんの間でも、行う意義についてよく議論していただけたらいいなと思っています。

冒頭でもお伝えしましたが、懇談会の提言で掲げられたその他の主な論点を挙げます。１つひとつが重要な問題であると思います。ここではすべてについて触れることはできませんが、ぜひディスカッション（質疑応答）の方で、何かあればご指摘いただきたいと思います。

≪その他の論点≫
○会計監査の担い手の拡大
○個人の力量と組織的監査
○不正リスクへの対応
○自主規制、審査会の役割
○企業のガバナンス
○ITの活用
○活動領域の拡大

質疑応答

八田：それでは第２部のディスカッションに入りたいと思います。今日は「監査品質の向上と監査組織の運営上の課題」ということで、この１、２年の間に金融庁主導で行われてきた改革の具体的内容について解説していただきました。また、そのすべてとは思いませんが、懇談会等での成果物である提言書の公表、監査法人のガバナンス・コードの策定といった流れを詳細にご説明いただきました。せっかくの機会ですので、フロアの皆さんからのご意見も踏まえながらご質問いただいて、池田さんにお伺いしたいと思います。また、関連する問題については塾長である藤沼先生にもお答えいただこうと思っています。

質問者OK：OKと申します。監査品質を上げていくに当たって、やはり一番重要なのは人だと私は思っています。しかし、入ってきた人を教育するだけではなくて、いかに会計士の人材に引き寄せていくかということが一番重要だと思っているのですが。会計士の業界では今、私が言える立場ではないんですが、いろいろと要求も増えてきていて、おそらく学生の人たちからは、ちょっと厳しい業界というふうに見られていると思うんです。そのあたりの印象を変えるというか、会計士業界が魅力的な業界だなと思ってもらえるような方策はあるかどうか、お考えになられているかどうかを教えていただきたいなと思います。

　もう１つ質問があります。不正があったときに、発見しろ、発見しろ、とよく言われるわけですが、一方で、当然ですが防止する方も重要だと思うんです。もしかしたら管轄外かもしれませんが、例えば経営者不正があったときの厳罰化や、不正をした経営者・役員に対する厳罰化などに関して、どういうお考えをお持ちかお聞かせ願えないでしょうか。

八田：最初の質問は、人材の問題として、業界を魅力的にするためのお考えはどのようなものかということです。これは金融庁だけの問題ではないのかもしれませんが、制度にもかかわっておられますので、よろしくお願いします。

池田：OKさんが指摘された問題は、すごく大事なことだと私も思います。問題が生じると、厳正に対応せよという声があがります。我々も法令に照らして、問題があれば厳正に対応をするのが役割だということはあるわけですが……。同時に、問題事例には厳正に対応しなければならないけれども、それで公認会計士の方々、あるいは監査法人の方々、そういう人たちの矜持を下げるようなことになっても、企業との関係で強い監査につながることにはならないわけですよね。我々もそうしたジレンマを抱えているところはあります。

それでは、このような状況においてどういうことが言えるでしょうか。我々もやれることはやっていきたいと思いますが、やはり大事なのは、皆さんの組織しておられる自主規制機関というのかな、つまり公認会計士協会が、リーダーシップをもって問題事例も規律しながら取り組んでいくことだと思います。問題があった事例を公認会計士協会自らがリーダーシップをもって規律することで、自分たちの監査に対する信頼を守る。それがすごく大事なことだと思います。例えば東芝のケース（不正会計問題）を受けた懇談会による対応でも、金融庁が何でも処方箋を書いて、おもしろくないと思われる方も正直少なくないんじゃないかと推察しています。公認会計士協会がリーダーシップを発揮して自己規律をしていくことはきわめて大事なことだと考えています。

八田：ついでに、不正の問題についてもお願いします。

池田：不正問題については、東芝の問題も同じだと思いますが、一番悪いのは虚偽記載を行った会社なんですね。しかし、世の中はなんとなく監査法人ばかりを責める。あるいは「監査役が何をしても誰も怒らないのに、なんで監査法人ばかり怒られるんですか」と、以前、藤沼公認会計士協会会長から言われたことがあります（笑）。そのとき、私は「いや、それは公認会計士が期待されているからですよ」ということを申し上げました。企業サイドの問題にもしっかり取り組んでいかなければいけないのはそのとおりだと思っています。

厳罰化という具体的な話がありましたが、これは我々としてもがんばって取り組んでいるところです。現在、虚偽記載は懲役10年以下だと思いますが、これは日本における経済犯のなかでは重い刑になっています。罰則というのは、各役所が勝手に決められるものではありません。いろいろな刑事罰の横並びがあるので、それを担当している役所と協議して、罰則のレベルを決めています。そのなかでも、経済犯で懲役10年は重い刑と言えます。一方で、アメリカでは懲役100年という判決が出ることもありますから、なんだ……と思うかもしれませんが。それについては、我々も努力を重ねていく必要があるとは思っていますが、制度の違いなどからいろいろな限界もあります。

八田：ありがとうございます。この人材の問題に関しては、塾長である藤沼先生にもコメントいただければと思います。

藤沼：人材の問題については、確かに現状は厳しいと思っています。会計専門職大学院も、やめるところがけっこう続いているとか、大学の学部では、会計だとか監査という科目を専攻する学生が少なくなっているという、そういう問題があります。資格試験の受験生については、今年はちょっと上向きになりました。ただ、まだまだ喜んでいられない状況です。

そういうことで、学生は、会計や監査、つまり会計職業に対するリスクを見て将来の職業の選択をするので、受験生がなかなか増えないのです。また、安定した雇用が維持されるのかという懸念が、本人も含め特に両親などにあります。現状は、人不足で求人競争が過熱している状況です。会計事務所の人員削減がメディアに何度も取り上げられた頃の、イメージが非常に強く残ってしまい、受験者が増えない。大学も会計や監査科目にそれほど力を入れなくなってしまったところがあって、これはなんとかしなくちゃいけないと、真剣に思っています。

私の名前はともかくとして、藤沼塾を始めたのもこの思いの表れです。「公認会計士の仕事ってけっこう大事な仕事なんだ」という認識を、社会に広めたいと思っています。実際に、会社に行くと我々の存在というのはその役割が意外と大きい。会社とは、基本的には対等な立場で意見が言える関係にある。このへんのところが本当に理解されてないと、独立した監査人という職業の良いところが見えてこない。また、業種や規模に関係なく、さまざまな企業や公的組織に関与ができて、いろいろと学べることが多い、しかも報酬をもらって。私もビジネススクールで教えていた経験から思うのですけど、会計っていうのは大事な科目で、会計情報を経営に生かす、また経営者の報告責任を明らかにするのも会計ですから、ビジネススクールでも、これは必須科目にしたいぐらいだということに言っていました。そういう面で、まだまだ我々のPRが足りない点が多いので、これは辛抱強くやっていかなくてはいけないと思っています。公認会計士協会も、小中学校に会計教育に出向いたり、いろいろと施策を実施していますが、広報活動の充実も含め、会計士職業の魅力をもっと高めていかないといけないと思っています。

経営者に対する刑事罰の問題は、私がIFACの会長のときに、2001年にエンロン事件が起こって、すぐにIFACとしては特別委員会を組織して、どうしたら財務情報の信頼性を回復できるのかということで、カナダの中央銀行の前総裁にチェアマンをお願いして、外部の有識者が中心のチームで、提言書（レポート）を出してもらいました。

そのレポートの提言のなかで、「経営者の倫理観の強化」というのが第一番目に記載されていて、特別委員会への依頼者としては、やや意外感がありました。合計10の提言をいただきましたが半数近くは財務諸表作成者である企業経営者向けで、その他の提言のなかには、会計・監査基準の国際的統一化の促進とか、監査実務の充実の問題とか、会計や監査に関係する提言がありましたけど、基本的には、やはり主犯は誰かということを問題にしていました。

そういう面で、日本の会計不正にかかわる経営者の刑事罰は、10年が最長だと池田さんはおっしゃっていますけれども、ただ10年間の刑期とはいっても、日本の場合には裁判で10年間が適用された人はほとんどいないんですね。アメリカでは、エンロンのCEO、ジェフ・スキリングはまだ収監されていますが、24年ぐらいだったかな。企業改革法（2002年S&O法）での刑事罰の最長刑期が20年、罰金が５百万ドルですから、彼の場合には４年間が別の罪状で追加されている。それから2002年に不正会計が発覚したワールドコムのCEOもいまだに収監されている。エンロン社CFOのアンドリュー・ファストウ氏は、八田先生の企画の下に開催された、2015年の日本不正検査士協会の年次総会でアメリカからビデオで参加しましたが、この方はいわゆる、司法取引で刑期が短縮され、確か10年以内の刑期で釈放されていました。

私も、現在は社外取締役とか社外監査役をやっていてよくわかるのですが、日本では判例で、「経営者判断の原則」というものがあって、よほど異常なことがない限りは経営者判断の原則でもって、経営者が裁判で最長10年間の懲役刑の判決が下されることがほとんどないんですね。だから司法制度の運用において大きな違いがある。ここのところは、日本は経済犯罪については甘いのではないのかと思っています。

八田：どうもありがとうございます。おそらく質問の根底には、監査人とか監査法人の行う監査業務に対して、ポジティブな評価が社会から得られないことで魅力も高まってこないのではないか、という思いがあるのではないでしょうか。

私自身、１つ思い起こすのは、藤沼先生もご指摘のように、2001年にエンロン事件、2002年にはワールドコム事件が起きて、アメリカでも会計士バッシングの時代があったことです。このとき、確かにアメリカでも会計士試験の受験生が一時減少しました。ところが、それもそんなに長くは続かずに、勇気ある、気概のある若い人たちが「だったら我々が立て直す」という意気込みで、一気にまた会計士人気が回復するんです。日本でもそういう人たちに出てきてもらいたいと思います。そのためには、監査や会計の重要性や必要性、あるいはおもしろさや魅力を知ってもらいたい。そういう普及活動に対して、公認会計士協会がもっとリーダーシップを取るなり、イニシアチブをとることが大切だし、それこそがまさに自主規制機関の本来の役割だと思います。今日、何度も池田さんからご指摘があったように、こうした課題については公認会計士協会の方に伝えたいくらいですが、ここには協会関係者はいないと思いますので、このくらいにします（笑）。それでは次の方、お願いします。

質問者TY：TYと申します。私は、会計士補時代を含めて13年ぐらい経ちますが、監査をしていた期間は６年ぐらいですので、もう６年ほど監査からは離れています。しかし、そうはいっても、今回の東芝事件について思うところがあり、ご質問させていただきたいと思います。

おそらく私の考えでは、現場の方たちは、決して怠けていたとか、不勉強だったとか、そういうことではなかったんだと思うのです。そもそもの根底にある問題が、監査制度であり、もっというとお客さまでもあるわけで……。一番大事なのは、おそらく質問力ではないかと私は思っています。「忖度」という言葉が最近流行っていますが、もしかしたら質問のせいでクライアントを怒らせてしまったらいけないと考えてしまう。もし怒らせてしまったら、人事評価で絶対に罰を食らうだろうという意識が、東芝の会計監査に携わる人たちの間に少なからずあったのではないかと思います。東芝くらいの大きなクライアントになりますと、新日本監査法人にとっては、失ってしまうと相当な損失になってしまいますよね。先ほどお話がありましたように、売上を確保しなければいけない反面、信頼も確保しなければいけない、というジレンマがあります。そういったことも踏まえて、マネジメントの方の役割として、監査法人の何が一番重要かということをお伺いしたいと思います。

池田：マネジメントの人には、いろいろな業務を同時にやってもらわなければいけませんので、何が一番重要かを選ぶことは難しいです。ですが、今日ご説明したことと重なりますが、やはりリーダーシップが重要だと思います。利益を失うかもしれないといった懸念もあるかもしれませんが、監査法人にとっては、監査証明の信頼が最も大事なものであると表明し、徹底していくために、リーダーシップを発揮してもらいたいと思っています。

藤沼先生といろいろと苦しい経験をしたのは、カネボウの不正問題のときでしょうか。当時は国会で、カネボウの問題の他にもさまざまな事案が取り上げられていました。たまたまだったと思うのですが、そのなかには当時の中央青山監査法人（業務停止処分を受け，のち解散）が担当しているものが多く、国会で「こういう問題が起きているけれども、この監査法人はどこか？」といった質問をされることが多くありました。「中央青山監査法人です」という答弁をすると、国会の場内に失笑が漏れるという、そういう状況だったんですね。私は、そういう状況を目にして、やはり監査証明の信頼が崩れてしまっている監査法人は、かなり深刻な状態にあるのではないかと思いました。

同時に、しっかりとした監査をするための後ろ楯という役割は、公認会計士協会などにも期待したいことだと思います。

八田：他にいかがですか。

質問者SS：SSと申します。現時点で、日本の会社法と金融商品取引法（金商法）、それぞれに基づいた監査報告書を２つ出すという制度についてお伺いしたいと思います。会社法に関する意見が出るのは５月の上旬か中旬だと思うのですが、このように現場として監査時間が限られているなかで、職業的懐疑心がなかなか発揮できないような環境にあるのではないかなと、個人的には思っています。そもそも、会社法による監査報告書を５月上旬から中旬に出してしまうことに対しての弊害を感じられているのかどうかについて、教えていただければと思います。

池田：その点についてはいろいろな考え方があると思います。会社法等の問題ですので、私の答えが有権的な考えではないと思いますが……。この議論については、私個人としては、２つのことを峻別して考える必要があると思っています。

金商法と会社法の２つの開示書類に対して、それぞれ監査があるということと、３月末からの作業では時間がないのではないかということとは、厳密に言えば違うことだと思います。要するに、金商法と会社法の２つの監査があったとしても、株主総会が６月末ではなく７月にあって、全体の時期がずれていれば、時間がないという問題は解決されます。２つの監査報告書があるということについて、海外ではそうではないといった指摘もよくありますが、ディスクロージャーにはいくつかの要請があって、そのうちの１つとして、金商法の有価証券報告書が挙げられます。これは投資家にとって充実した情報開示という役割を果たしています。それから、証券取引所の決算短信のような、非常に速報性が求められるものもあります。また、会社法の計算書類は、株主総会のための書類です。それが金商法の監査報告書の開示と別の時期にあるのは、やはり株主総会を開いて、個人株主、少数株主も含めてみんなで参加し、議決に直接加わる機会を与えようとしているからです。一種の株式会社としてのデュープロセス（法の適正な手続き）を果たすという目的があるわけです。

日本ではその３つの要請はいずれも大事だと考えられており、しかも、この３つの要請を満たす構造を、単に頭のなかでつくるだけではなくて、企業の経理事務にも、監査事務にも反映させて、定着させてきました。そのために監査は２つあるのですが、だからと言って同じことを２回やっているわけではないですよね。会社法の監査をやって、そのあと１ヵ月で、追加で後発事象について、金商法の監査をしているわけですから、まったく同じことをしているわけではありません。ただし、もちろん５月の半ばまでに終えなければならない作業について、時間が少なすぎるという問題はあり得ることで、そうだとすれば、先ほどもお話ししたように、株主総会の日を６月30日までと限定せずに、少し遅く設定するという解決策もありうるのです。

株主総会のタイミングを動かすことは、これは企業が選択することですから、今の会社法のもとでもできないことではありません。基準日が３月31日で、それから３ヵ月以内に開かなければいけないために６月末になるわけですが、会社が基準日を４月に設定すれば７月に開けばいいわけですよね。会社法には、基準日はいつに設定しなければいけないという規定はありませんから、企業がその気になればできることです。

ただ、企業の人からすると、基準日を動かして株主総会の開催が７月ということになると、決算期末から時間が空き過ぎて、経営上の不都合が生じるといった皆さんとは異なる考え方もあるように思います。

八田：SSさんの質問の趣旨と合うかどうかわかりませんし、比較の問題ですが、昔に比べて監査現場に対する要請事項が多すぎるということがあります。あるいは詳細なマニュアルの下での監査が求められる。さらにはそれの品質管理、モニタリングあるいは監査調書の整理など……。そのなかで、同じような日程で監査報告書の作成業務もこなさなければならないという辛さがあるようですが、それについてはいかがですか。

池田：無駄な要請はやめたらいいと思うんですが、その要請が必要な要請で、結果として時間が足りないということでしたら、やはり時間をかけられる環境にしないといけないとは思います。

いずれにしても、情報開示には即時性と正確性のバランスが求められますので、時間が足りないことによって正確性が担保しきれないと皆さんが考えるのであれば、改善しなければいけない問題であると思います。

藤沼：今回の決算短信の見直しがあったんですけれど、基本的に期限を延ばすということではなくて、速報としての役割に特化するため、決算短信の開示の自由度を高めて、情報の簡素化が認められました。サマリー情報のみの開示も認められましたが、どうも、以前と同じで、注記も含め正規の財務諸表と同じ様式のものを記載している会社が多い。簡略化は掛け声だけで、あまり実態は変わっていない。今後、監査法人がガバナンスコードに従って、事務所の経営が変わってくれば、これは希望的観測かもわからないけど、もうちょっと会社ときちっと議論できるんじゃないかと期待してます。今は、押し切られるという感じのところがあって、なんとかしなくてはいけないのではないかなと、思っているんですよ。

八田：では、次の方、お願いします。

質問者KK：KKと申します、よろしくお願いします。先ほどから、不正をなくすという議論が多く出ていると思います。監査法人側の問題点、公認会計士協会側の問題など、それは池田さんがおっしゃられるとおりで、リーダーシップに欠けているという部分は間違いないと私も思うんです。私がお聞きしたいことは、本当に監査法人や公認会計士協会が変われば、不正はなくなるのだろうかということです。それについて、私は疑いをもっています。先ほど罰則の話が出ましたが、罰則はやはり第一義的な1つのやり方に過ぎず、経営者自身の「不正は絶対にやらない」という価値観が、日本にはまだ広がっていないのではないかと思うのです。そのような環境のなかに、欧米から導入してきた現行の監査制度を取り入れても、本当に不正をなくすことはできるのでしょうか。

今、現場で若者が疲弊しているのは、忙しいことも理由の1つですが、この業務をすれば本当に不正はなくなるのだろうか？　という疑問を抱きながら働いていることも背景にあるのではないかと思っています。本当にこれで不正がなくなるんだと思えればやりがいも出ると思いますが……。私は会計士の指導にあたっていますが、正直に言うと、受験者の人数については必ず回復していくものだと考えていますので、そこまで危惧はしていません。今一番怖いのは、合格したあと、イキのいい若者ほど監査法人からいなくなっていってしまうという事態です。この傾向は現在、加速している気がします。このような背景のもと、本当に不正をなくしていくときに、監査法人側や公認会計士協会側だけが対策をとればいいのか、それとも経営者の倫理観や現行の監査制度自体を変えていかなければならないのか、ご意見をいただければなと思います。

池田：経営者の問題が大きいことは間違いないと思います。東芝のケースにおいても、麻生（太郎）金融担当大臣は国会で何度も「これは要するに経営者のモラルの問題だ」という趣旨を繰り返し答弁されています。その点について、我々としては、コーポレートガバナンス・コードの策定などでがんばっているつもりではありますが、やらなければいけないことがまだまだそちらサイドにもあるということは、ご指摘のとおりだと思います。

監査制度についてのお話もありましたが、例えば法令などの制度的なもので、我々でなにかやれることがあるかどうかを検討することはやぶさかではないんですが……。たぶんKKさんがおっしゃった制度というのは、我々の側でどうこうできる制度のことではないのだと思います。企業経営も複雑化し、IT技術も進歩し、リスクがますます複雑に、そして国際化していく、そういう状況のなかで、どうしたら本当に最善のことができるのか、まさに専門家である皆さん同士で議論をして、業界全体としてのスキルアップを、あるいは監査技法の向上をしていってもらわないといけないと考えています。

「会計監査の在り方に関する懇談会」では提言が5項目並んでいました（講演部分の図表2参照）が、我々はガバナンス・コードとローテーションの調査と、監査報告書の透明化についての取組みを行っています。しかし大事なことはもっと他のところにあって、つまり会計不正をみる目ですとか、そういうことはまさに専門家である皆さんにおまかせしているつもりなんですね。だから、我々は、ある意味、外縁のところをやらせていただいているというわけです。そのなかにどういうコアをつくっていくかについては、皆さんのなかでの議論に期待しているところです。

昔、八田先生と、循環取引（特定の企業間で売買し、架空の売上げを計上する取引）は監査に対する挑戦ではないか、その循環取引にどうやって対抗・監査するか、ということを議論して、私は、監査先（被監査会社）がみんなでつるんで隠すなら、監査人もつるんで見つけたらどうだと提案をしました。そういうのは監査理論にあわないということで、採用されるには至ってないんですけれど（笑）。でも、そういうことは、一行政官が考えることではなくて、皆さんが考えることだと思うんですよね。皆さんが考えないから、非プロフェッションである我々が考えることになる。これはあまりいい姿ではないと思います。

八田：藤沼先生、どうぞ。

藤沼：先ほどのTYさんの質問に、いわゆる監査チームが大きなクライアントを大事にして、そこを失うことがないように……というお話があったのと同じです。事務所のトップが「事務所の信頼」が大事だと思えば、あるいは事務所としての立場の前に「公益が大事」だと思えば、クライアントは失ってもいいのではないかと判断することが大切です。過去の事例を見ても、監査法人は大きな不祥事に遭遇すると社会の批判を受け、クライアントが徐々になくなり、結果的には、事務所を解体せざるを得なくなるかもしれません。これは結局、池田さんの話にありましたが、監査法人は「組織としての信用が第一」だからと思います。つまり、監査法人は非常にボナラブル（脆弱性が高い）な組織なのです。何千もあるクライアントのなかには、大きな問題を抱えている会社があるかもしれないので、「何かおかしいことがあったら、すぐに報告しなさい」あるいは「監査人としてきっちりと意見を言いなさい」「あとは事務所が面倒みるから」というような組織的文化が事務所全体に浸透すれば、かなりリスクは軽減することができるのではないかと思います。監査チームの人たちも「それならがんばるぞ」とモチベーションが上がるでしょう。

八田：先ほどの池田さんのご指摘にもありましたが、監査法人のなかで、担当する会社の監査上の問題が起きたチームの責任が問われると、同じ監査法人のなかにいても、他のチームの人達は何か他人ごとのように捉えて自分の問題とは思わない傾向が見られると思います。これは、外部にいる者から見ても感じられるところです。ただ、プロフェッションというのは――唯我独尊ではないですが――独立不羈という視点もありますから、致し方ない部分もあるかもしれません。

しかし、日本の監査法人制度の場合、組織的な対応が至上命題ですから、所属する会計士すべてに魂が入っていなければならず、それがなされていないところに一番の問題があるのかなという気もします。したがって、上の立場の人が難しい問題や困難な問題に対して真摯に対応するとともに、監査現場においては――楽しいといったらおかしいですが――生きがいや、やりがいのある、そういう環境を提供すべきではないかと思います。今回、策定した監査法人のガバナンス・コードが本当に機能してくるようになれば、1つの解決の道が見えるかなという気がしています。

最後にどなたか。ではお二人。手短にお願いします。

質問者YK：財務諸表作成者のYKと申します。金融機関で財務諸表を作成しております。監査の品質管理レビュー制度面についてなのですが、ピュアレビュー（公認会計士協会が実施している品質管理レビュー）である公認会計士協会と、公認会計士・監査審査会（以下、審査会）のレビュー、そしてSEC（アメリカの証券取引委員会）に関してはPCAOB（アメリカの公開会社会計監視委員会）レビューも入っている、三重のかたちになっています。しかし、作成者側の立場から見ると、誤解を恐れずに言いますと、ピアレビューでアリバイづくり的な重複する作業をされているのを見ていると、その三重になっているレビュー制度を見直し、統一する制度をつくることが望ましいのではないかなと思っています。例えば、上場企業は審査会のレビュー、非上場は公認会計士協会のピアレビューをというふうにすみ分けをするなど、そういう制度設計もありなのではないかと思っています。

運用面については、PCAOBが公表している検査結果は非常に細かく、だいたいどのクライアントのどの処理が問題にされていると、見る人が見ればわかるぐらいの詳細なものになっています。これは作成者に対してもかなりプレッシャーになりますし、監査人に対してもプレッシャーになっています。このように、審査会がレビューをした結果を細かく出すことによって、運営面で、双方でいい意味での緊張感を生んでいくというのも、この業界で信頼を勝ち得ていくための処方箋になるのではないかなと個人的に思っています。この2つについて、ご意見をいただければと思います。

池田：三者の連携の話について、国の主権をまたいでしまうPCAOBについては、少し難しい問題がありまして、日本では、海外の監査法人のチェックは海外の当局に任せてもよいと考えがちですが、アメリカでは、監査法人監督だけではなくてあらゆることについて、自らチェックできるものは自らチェックすると考えがちであるように思われ、統一は、現実としては、あまり容易ではないでしょう。

そういうなかでは、日本の当局（公認会計士・監査審査会）として必要なレビューはしっかりと行い、「それは日本でしっかり見ていますから」と言えるような状態になっている方がいいとも思っています。

ただ、PCAOBについては横に置くとして、公認会計士協会と審査会が役割分担し、もっと連携していくべきだということは、提言にも書いてありますし、審査会もやぶさかではないというふうに考えているのではないでしょうか。

検査結果については、審査会のマター（問題）ですので正確ではないかもしれませんが、今、被監査企業の監査役や監査委員会には開示するようにはなっているのではないかと思うんです。しかし、それを超えて世の中にまで公表するということには、まだ少しためらいをもっているのではないでしょうか。しかし、先ほどあったように、会計監査についての情報を充実させていこうと提言にも書いていますので、全体的な傾向としては、審査会の方で、例えば1年の間に彼らが審査したいろいろなことを分析してレポート化するというようなことは、今後やっていこうという考えになっているのではないかと思います。

藤沼：今ご指摘の件は、懇談会の提言書でも、「審査会と公認会計士協会との適切な役割分担を図って、監査の品質チェックの実効性を向上させる」といった内容が書かれていまして、YKさんの考え方は、実は懇談会でも出た意見なんです。しかし側聞するところ、公認会計士協会はこれに対しては非常に抵抗しているということでした。我々がなんで中小監査法人とか未上場会社とか、いうならば残り部分だけをやって、一番の重要な本体のところを審査会に委ねるのかという点です。自主規制機関としての協会の主体性が乏しいのではないかとか、そういう議論もありますので、これからの議論になると思います。

八田：では最後の人。

質問者YF：YFと申します。本日はありがとうございました。本日お話しいただいた監査法人のガバナンス・コードについては、池田局長の私見も入れてお話しいただき、たいへん理解が深まりました。私は、大手監査法人で10年ほど監査を経験して、現在は企業に出向しています。監査法人の厳しい環境もあって、人手不足から、中小監査法人で経験を積んだ人が大手監査法人に移ってくるような、流動化されたような状況があります。私自身、監査をするなかで、元中小監査法人の方といっしょに仕事をする機会がありましたが、やはり中小監査法人の方は、小さな会社やリスクが高い会社など、すべて自分で調べて監査しなければならないような状況があるため、職業的懐疑心の発揮に関しては、同じ経験年数にもかかわらず長けているなと感じたことがありました。大手監査法人にも、もちろん利点はあると思います。しかし今、大手監査法人ばかりに監査が集中しています。中小監査法人が監査する状況がなくなってくることが、将来の監査業界の問題になってくるのではないかと考えています。

今回のガバナンス・コードの対象は主に大監査法人ですが、次には、やはり中小監査法人が強化され、新たに監査法人を設立するとか、互いに協力してやっていくとか、ということも大切なのではないかと思いました。こちらについてご意見をいただけたらと思います。

池田：先般来言っている懇談会で出された平成28（2016）年３月８日の提言のなかで、大手上場会社等の監査を担うことができる監査法人のすそ野を拡げていくということがテーマの１つに掲げられています。今回のガバナンス・コードは、大手監査法人にはこれに沿ってやっていただきたいという強い気持ちがあるわけですが、同時に、準大手の監査法人、あるいは中小の監査法人の方も、このとおりに従うかどうかはともかくとして、こうした趣旨を踏まえて取り組んでいただくことで、監査法人の信頼が高まり、さらに監査の品質に対する信頼が高まって、結果としてすそ野の拡大にもつながっていくということはあると思います。

我々がこういった作業をやるなかで、これまで４つの法人との意思疎通の場がしばしばありましたが、今、例えば上位10法人ぐらいの方々との意見交換の場なども定期的につくっていますし、中小の法人の方も、なかなか組織立ってというのはありませんが、私のところに頻繁にお見えになる方も少なからずおられて、そういった方々の熱い気持ちを私自身は感じているつもりです。

もちろん、例えば東芝みたいなグローバルな企業になると、これはグローバルなネットワークに関する問題などが出てきますので、選択肢に一定の制約はかかるとは思いますが、国内の企業などであれば、監査法人を選ぶ際にいろいろな選択肢があるのではないかと思うのです。

藤沼：YFさんのおっしゃる中小事務所がどの程度のレベルを指しているのかはわかりませんが、監査法人のガバナンス・コードを適用することを明示的にメッセージとして出しているのは、平成29（2017）年4月7日の時点では10法人あります。この輪がもう少し拡がっていくのではないのかと期待をしています。

八田：まだまだ尽きない話があると思いますし、伺いたいことは私も山ほどありますが、残念ながら時間が参りました。

池田さんは今週、ずっと国会の対応をされていたということで、法案の作

図表5

監査法人の規模

所属公認会計士数

No.	監査法人名	公認会計士である社員（パートナー）の数	使用公認会計士数	公認会計士資格を有する者（計）
1	新日本有限責任監査法人	618	2,768	3,386
2	有限責任監査法人トーマツ	544	2,635	3,179
3	有限責任あずさ監査法人	567	2,437	3,004
4	PwCあらた有限責任監査法人	91	763	854
5	太陽有限責任監査法人	58	183	241
6	東陽監査法人	91	71	162
7	京都監査法人	23	95	118
8	三優監査法人	26	61	87
9	仰星監査法人	43	61	104
10	優成監査法人	20	55	75

（出典）H27.4.1からH28.3.31の間に各法人が作成した業務及び財産状況に関する説明書類

成、そして答弁等々、ほとんど寝ておられない状態で今日は来ていただきました。そのようななかで講師をお願いしたことを心苦しく思っています。ただ、今日も何回か固有名詞が出ましたが、不正会計で名を馳せた電機会社の事案についての問題点、あるいは対応策についてもなにかヒントが得られたような気がします。次に続く皆さん方は、これを肝に銘じて、また職場に帰って議論していただきたいと思います。

本日はどうもありがとうございました。

塾長からのコメント

池田氏には、金融庁総務企画局長という立場から、会計監査の信頼回復のために何が必要なのかを語っていただきました。

まずは、2003年および2007年の公認会計士法の改正、また2013年の「不正リスク対応基準」を含む３度にわたる監査基準の制定や改訂の経緯など、会計不祥事がある度に金融庁がとってきた制度的対応について説明されました。こうした経緯を踏まえて、包括的な取り組みが必要と考え、会計監査の在り方に関する懇談会で議論をし、その結果示されたのが今般の提言となっていると述べられました。「監査法人のガバナンス・コード」については、原則２の監査法人の組織体制（経営機能）と原則３の組織体制（監督・評価）から、特に、第三者の知見の活用による組織体制の見直しが重要であるとの印象を受けました。監査法人のローテーションについては、ＥＵで制度の適用が開始された点なども踏まえて、やはり長期間にわたる監査契約は、何らかの対応が必要ではないかと述べられました。

質疑応答では、監査業界は、リスク過多、過重労働、不安定な雇用など、社会からネガティブな印象を持たれ、将来の担い手が集まらないとの質問に対し、金融庁としてもできるだけのことをしていきたいが、何よりも会計士協会がリーダーシップをとって対応していくことが重要ではないかと述べられました。さらに、カネボウの例などを挙げ、一番大切なものは監査証明に対する信頼で、これがなくなると法人の存続自体が難しくなると監査法人の脆弱性についての警鐘を鳴らされました。経営者の刑事罰を強化すべきという意見には、刑期は他の犯罪と横並びで決まるので、金融庁が独自で決められるわけではないが、現行の虚偽記載に対する10年というのは、経済犯罪としては重い刑ではないかと述べられました。ただ、個人的には、米国では2002年の企業改革法による罰則強化でその後大型の不正会計事件が発生していないと言われており、日本も検討が必要なのではないかと思っています。

会社法と金商法の二重開示は一本化できないのかという質問に対し、そもそも法律上の開示の目的が違うので単純に一本化することはできないが、会社法では基準日を１か月ずらして株主総会を７月に開催することも可能であるとのこと、また、監査時間が足りないので監査が完了しないということであれば問題であるとの考えも示されていました。

塾生にとって大変有意義な講義と活発な議論をすることができました。

第5回

地域社会に貢献する
公認会計士の使命

梶川　融

講師プロフィール

かじかわ・とおる／1974年、慶應義塾大学経済学部卒。75年、公認会計士第二次試験合格。76年、監査法人中央会計事務所入所。79年、公認会計士登録。2000年、太陽監査法人（現太陽有限責任監査法人）総括代表社員。14年、同法人代表社員会長。日本公認会計士協会常務理事、副会長、公会計協議会会長などを歴任。現在、太陽有限責任監査法人代表社員会長。

藤沼塾第５回

通常、公認会計士が相手にしているのは上場企業だが、今日は、地方自治体や地域の中小企業、さらには社会福祉法人、医療法人などの非営利組織に対する監査の意味、可能性について話してみたい。とはいえ、単に「監査の対象が増えますよ」と言いたいのではない。これらの組織は、地域社会、経済の担い手であり、地域社会の雇用では８割以上を占める彼らを“サポート”するという、従来にない社会貢献のチャンスが広がっていることを、特に若き会計人にわかってもらうのが目的である。

会計士が非営利組織などに関与することが、なぜ社会貢献になるのか？例えば、社会保障の分野で論議になるのは、判で押したように“受益と負担、再配分”だ。「保険財政厳しき折、高齢者にも、もう少し負担してもらおう」といった類の話である。それが不要だとはもちろん言わないが、同時に俎上に上げるべき“給付の効率化”のための組織運営の在り方は、ほとんど論じられない。

そして実際には、医療法人などの運営主体がもっとガバナンスを向上させ、経営の効率化に真正面から取り組むのなら、同じアウトカムをもっと低コストで提供できる可能性が大いにある。にもかかわらず、その部分は完全にスルーされているのだ。こうした点を、数字の裏付けを持って社会に提言できるとしたら、会計士をおいてほかにないのではなかろうか。

もう一つ例を挙げれば、社会保障の現場を含めて、地域では人手不足も深刻だ。人が集まらないのは、労働生産性が低いままのために、給料が上がらないのも大きな理由だ。裏を返せば、生産性を上げることイコール地域での“仕事づくり”ということになる。難問であるだけに、解決にはやはり我々の専門知が求められるだろう。

ところで、そうした役割を果たすためには、“非営利組織の監査は、営利企業のそれとは違う”ことを理解しなければならない。ひとことで言えば、財務諸表などの信頼性はもちろん、より“ガバナンスがしっかり機能しているかどうか”を見ていく必要が生じる。営利企業は、儲けていれば投資家が文句を言うことはない。だが、非営利の場合、支出は効率的であると同時に、“何に使ったのか”すなわち合目的かどうかが問われるのだ。

非営利組織の会計には、成果指標の表現が非常に難しいという特徴もある。“効率的”といっても、何をもってそう評価したらいいのか？　いきおい組織の動き方とか資金の出し入れだとかのプロセス、要するにマネジメント、ガバナンスの精査が、監査において大きなウエートを占めることになるわけだ。

非営利組織の監査は、財務諸表を読み解くだけではまったく足りない。業務プロセスの確認、さらには、一歩進んで経営管理組織に対しての指導性の発揮が不可欠の世界なのである。見方を変えれば、会計士の適切なアドバイスによって、地域を支える組織の経営効率化を実現し、労働生産性を高めることもできる。そのことは働く人の待遇の改善にもつながり“豊かな仕事づくり”といった、地域ひいては国全体の抱える課題にダイレクトでコミットメントし、打開する役割を担うことになるのだ。

日常の監査では、ともすれば“何のために”が忘れ去られがちだ。述べたような新領域へのチャレンジは、その原点を取り戻す機会にもなると私は思う。ただし、この新領域は“用意”されているものではない。これから自分たちで創造していくフィールドであることも、付け加えておきたい。

『アカウンタンツマガジン』Vol.43より

■はじめに

ただいまご紹介いただきました梶川でございます。藤沼先生との最初の出会いは、藤沼先生が日本公認会計士協会の会長（2004～2007年）をされていたときです。当時、新興企業による一連の会計不正の影響で、監査事務所が監査契約の更新や新規契約を断るケースが多発し、監査の引き受けてのない会社が「監査難民」と言われ、国会議員などからも、由々しき問題と批判を受けるなど、社会問題化していました。そんな折、経営再建中の某大手メーカーの副社長が、すでに何社かの監査法人に断られ、途方に暮れながら会計士協会に窮状を訴えにこられたということがあり、最終的に私がその監査をお引き受けしたのです。もちろん、藤沼先生はご高名で、あこがれの大先輩というかたちで以前から存じ上げてはいたんですが、その事案のときに初めて2人でお話をさせていただきました。それ以来、少しでも多くのことを学ばせていただきたいと思い、今までお付き合いをさせていただいております。大先輩の藤沼塾で、このようにご紹介いただけるというのは、光栄の至極でございます。ご一緒されている八田先生は、私が二次試験の勉強をしているときにご指導いただいたような関係です。今日お配りしている『アカウンタンツマガジン』にも書いてありますが、当時私はひどい学生でして……。勉強し始めの頃は、いい加減な生活をしていて、なんとなく予備校らしきものにもぐり込んだところに、八田先生がいらっしゃいました。試験発表があったことすら知らずに遊んでいたら、八田先生から電話がありました。当時のことは忘れもしないんですが、巨人軍が9連覇を逃した年でしょうか。「おまえ、落ちてるんだから」と電話で聞かされて、「あ、そうなんだ」と（笑）。そこで、「おまえ真剣にやれよ、やればできるんだから」というお言葉をいただいて、翌年なんとか合格したわけです。このようなご縁から現在まで、ご指導いただいている次第です。

実務をやっている時代には、教える立場からしばらく離れていたんですが、青山学院大学のアカウンティングスクールで、何年か特任の先生をさせていただきました。それも八田先生からのご紹介がきっかけでした。外にいて六本木でタクシーに乗ったときに電話がきて、「おまえがやるんだから」と言われました。もう決まっている前提で、いきなり話が始まりまして（笑）。最初は土曜日の１時間でいいからということだったんですが、打ち合わせに行くたびに少しずつ話が変わっていきまして、最後は研究室まで用意してあるからとまで言われました。当初は「申し訳ないですけれど、私は事務所を運営していますので」とお断りしたのですが、「暇なやつはおまえぐらいしかいないんだ」と言われまして（笑）。そういうきっかけがあり、青山学院大学のアカウンティングスクールの創立時から、お手伝いさせていただきました。

しかし、これは本当にいい経験でした。それから５、６年の間、ゼミも含めて青山学院のキャンパスに通いましたが、大学というのは「おじさんの世界」とは全然空気感が違うんですね。また、直に若い方と職場ではないところでお話しできたという経験は、今でもありがたく感謝しているところです。そういう、お２人の大先生の前で話をするということで、非常に緊張しております。これからまだまだ発展していく塾生の皆さんに、少しでも参考になるお話ができればと思いまして、今回の件をお引き受けさせていただきました。

1．専門職業として、社会のニーズにどれだけ応えるか

今日は、地域に貢献できる公認会計士というテーマでお話をさせていただきます。

皆さんはあまりご関心ないかもしれませんが、今、公会計分野は非常に進展しています。公会計と言ってもいろいろな分野があるわけですが、自治体の分野や、実際に皆さんが今、仕事をされている分野というのは、独立行政法人のようにエンティティとして限られた、いわゆる保証型の監査という意味で一番馴染みがあるかもしれません。近年ではこれを公会計と呼ぶのかどうかという議論もあるのですが、私はパブリックサービスの提供をしている組織体のアカウンティングを大きく括って、公会計という言葉を使っています。

非営利の組織体に対して、特に社会福祉法人や医療法人においては、公認会計士が監査を行うという話が昨年頃から現実的になっています。それは、私ども会計士がメインで行う法定監査で、いわゆる保証型監査を行うとして始まったばかりです。始まったばかりですが、これからまだまだ期待できる分野ですね。

私どもの業務領域が１つずつ広がるということもさることながら、まず学校法人の監査をやりました、今度は社会福祉法人でやりました、次に医療法人でもやりましたとか。自治体については、これは包括外部監査と言われていますが、保証型監査じゃないんですが、特定のテーマに絞って調査をして改善提案をするという仕事です。これも公認会計士の仕事の１つとして捉えていただくことも大切ですが、できればもう少し広い範囲に視野を広げて、ビジネスというよりも、私どもの職業の新しい領域といいますか、職業上で培われた自分たちの見識が活用できる新しい領域に向かっていく、原点に返って社会から会計士が認知されていくためにはどうすればよいのか、ぜひ皆さんに考えていただきたいなと思っています。

もちろん私どもの監査制度というのは、資本市場を守るという意味で、財務諸表の信頼性を担保することですから、特に公開している上場会社が対象ですよね。財務諸表の信頼性の維持の理論に基づいて、財務諸表監査の99%は組み立てられています。そういった意味で、資本市場の番人としての役割はとても重要と言えます。この日本における制度は、私が生まれた頃に始まったものなので、もう60数年は経っていると思います。もちろん問題はいろいろと起こっていますが、それはそれとして、私どもの社会に対する貢献が、非常に求められている時代になっているのではないかという気がしますね。

時間切れになる可能性もあるのではないかと不安ではありますが、今日はそういった抽象論について、お話ししたいと思います。我々のような専門職業は、独占業務なんですよね。この独占業務が、社会のニーズにどれだけ応えていけるかというのが課題であります。もちろん、今は資本市場の番人としての役割を果たしているかもしれませんが、私ども自身が社会に対してどんな貢献ができるかということを常に考え、より広いかたちで、自分たちの力で創造していかなければいけません。それが行われてはじめて、この仕事の喜びや楽しみが増えてくるのだと思います。

一般的な企業の監査で言えば、プロセスが非常に重要になり、ともすれば目的よりも定められた手続と言いますか、何のためにやるのかではなく、何をやらなければいけないのかを重視するようになってきています。しかし、自分たちが社会制度のなかで、どのような貢献をしていくか再定義をし続けていかないと、若いスタッフの皆さんに疲弊が起こっている状態が今後も続いてしまうのではないかという危惧があります。こういった現状を踏まえて、広々とした視野をもっていただきたいという思いがあります。

2．点ではなく、面で捉える・支える

今日お配りしている資料は、内閣府主催のシンポジウムで使ったものですので、ここでは図々しくも「安心で活力ある地域社会づくりへの貢献」というタイトルに「地方でのしごとづくりに貢献するガバナンス」というような副題がついています。これは言葉どおりに捉えると、監査がなぜ仕事づくりに関係するのかと疑問に思われるかもしれません。そうではなくて、地域活性化のインフラにもつながるのだと、意味を大きく捉えていただきたいと思います。

何度も申し上げているように、例えば社会福祉法人の監査をやることだけにとどまってほしくないと思います。要するに点でとどまらず、監査を面で捉えていただきたいということです。そうすることで、私どもが日々暮らしている地域社会において職業専門家としての認知を高め貢献できることにより、資本市場の上場企業に対して、グローバル市場のなかで、それなりの信頼性を確保していくことができるのではないでしょうか。これはものすごく重要なことなんです。

面で捉えるという例を挙げますと、今、グローバルとローカルを合わせた「グローカル」という言葉がありますが、ローカルとはなにも地方だけを指しているのではありません。私どものように東京にいたとしても、その地域の住民として、職業専門家として、どのような貢献ができるかを追求する必

要があるのです。地域社会が元気で、コミュニティがあって、安心できる世界をつくっていかなければ、資本市場でグローバルに戦うという精神も養えないわけですね。実際問題としては、一般的な営利企業も含めローカルなサービス産業等の、就業者数に占める雇用割合は、８割近くなんですね。グローバルに戦っている企業の就業者数は１割くらいしかいません。就業者数の８割以上を占めている地域産業は非常に重要な世界で、こういったローカルな地域が経済的に安定していかなければ、発展は望めないと言えるでしょう。

図表１を見ると、地方自治体の上にプレイヤーが立っています。ローカルまたは地域というキーワードで見れば、このプレイヤーというのは、非営利法人や中堅企業や中小企業ということになります。日本ではこういった構図が非常に多いんです。また、現在、介護、医療に50兆円の社会保障給付が計上されています。これは、皆さんの世代が高齢化に向かうにつれて増え、負

図表１

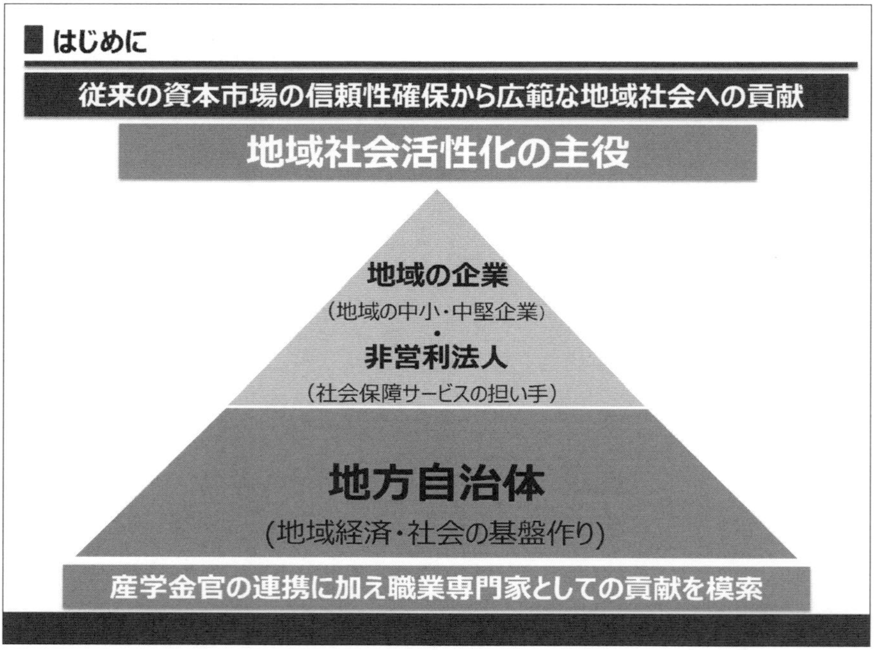

はじめに
従来の資本市場の信頼性確保から広範な地域社会への貢献
地域社会活性化の主役
地域の企業
（地域の中小・中堅企業）
・
非営利法人
（社会保障サービスの担い手）
地方自治体
（地域経済・社会の基盤作り）
産学金官の連携に加え職業専門家としての貢献を模索

担も大きくなるでしょう。2025年には80兆円になるとも言われています。GDP比でこの分野の関連サービスを見ると、２〜３割に達するというすごい額です。

全体の経済から考えていただきたいのですが、その担い手となるプレイヤーというのは、ほとんどが非営利組織なんです。介護、医療と言えばまさに今お話しした社会福祉法人や、医療法人がそうですね。基本的に、日本は国民皆保険でありますし、社会保障分野においては、営利性のある企業よりは、むしろNPO（民間非営利団体）も含めた非営利な組織が非常に活躍しています。そういった組織自身が、しっかりした運営をされるかどうかが、これからの日本にとってすごく重要なテーマであります。こういったテーマを点ではなく、広く面として支え、持続可能な経営的視点を提供し、組織運営のガバナンス向上の役割を果たしていくことが、地域社会に貢献する公認会計士の在り方と言えるでしょう。

３．今後の地域社会の基盤となる公会計

日本では、地域企業のなかでは中小企業を含めると、サービス業が圧倒的に多いのですが、市場競争にさらされるなかで、生産性の問題が話題になっています。このような企業は外部資金を調達していませんので、いわゆる外部資金から見るガバナンスというのが、なかなか効かないという問題があるんです。これは特に家業などの家族経営に多く、これらの経営に対するさらなるサポートが必要になるだろうと予想されます。こういったものに対し私どもがどれだけサポートしていけるかが、会計士という職業の、地域への貢献の上で大きな課題になってくると考えています。このような地域社会の経済活動の基盤となるのが地方公共団体です。そこでの会計の整備が現在進んでいます。

具体的にお話をしますと、地方公共団体に関しては、平成27年から29年の間で、統一的な会計基準を使って会計を整理しましょうという動きが、総務省を中心としてあります。今年（平成29年）ぐらいには完了していることになりますね。地方公共団体のような、いわゆる公的な団体というのは、これ

まではほぼ現金主義に近い形で会計が運用されていましたが、これに複式簿記を導入して、発生主義の情報も整備されてきています。同じように、地方の公営企業に対しても、会計基準がつくられ、整備され始めています。

ただ、後で詳しくお話ししますが、公的なサービスを供給する自治体の会計を発生主義で行うことには難しいところがあります。これは厄介な話になってしまうかもしれませんが、いわゆる成果の指標と言いますか、パフォーマンス・インディケーター（業績指標）を一義的に金銭として測定することができないからなんですね。営利企業で複式簿記、発生主義を原点にしているのは、パフォーマンス・インディケーターが市場競争のなかにある売上や利益などとして出てくるからなんです。そして今では資産は、将来のキャッシュフローとして、経済的利得で整理されています。

それに対して、公共サービスの提供となると、基本的に将来資金を獲得する目的で、お金は支出されていません。何をもって資産・費用と考えるのか、非常に厄介な問題があるんですね。そういう意味では、財務上で資産はどのような意味があるのかを、本来は考えていく必要があるのです。現在の会計基準ですと、いくら工場、建物があっても、稼げない工場は減損だと大騒ぎになるわけです。しかし公共サービスでは、コンクリートの橋がありますねと言っても——10年ぐらい前に一時話題になったような、北海道のキツネしか通らないような道が資産なのかという話で——どのような基準で会計的に認識・測定していくのか、そういった背景があります。また、財政民主主義と支出の事前承認の厳格性を求められることからも、従来現金主義が原点になっていました。

ここで考えなければならないことは、複式簿記を導入したとして、公会計においては、財務情報をどう読み込んで活用するのかという点です。むしろ私どもはビジネス的に、こういうものを監査することをまず頭をよぎりますが、その前に、自分たちが住民に代わって情報を読み込み、地域にどう役立っているのかを説明していくことが重要です。現状においては、公認会計士はこういった非常に重要なステージにいるのだと思います。これがきちんと利活用できるようになれば、当然、住民も財務情報を見たい、読みたいと思ってくれるのではないでしょうか。

情報というのは、有効に利活用する段階になって、初めて信頼性へのニーズが出るもので、やはり監査は受けなければいけないという話になるわけです。監査ありきのような話を我々はすぐしますが、監査には社会的コストがかかります。そのコストに対してどれくらいのベネフィットがあるのか、それをどう説明していくのかが、監査という社会的な公共財を提供している、独占職業人として非常に重要な課題となります。

いわゆる財務諸表監査についても、まったく同じことが言えます。独占的な職業をしているということは、そもそも非常に公共性のある仕事をしているということです。社会の役に立たない業務を制度として独占していては、本当に世の中のためになることにお金を払っているのかと疑念が生じますよね。そうかと言って、社会の役に立つ通常のビジネスを独占させることは、あってはならないことです。ビジネスは競争して、誰が行ってもよいものですよね。このような状況のなかで監査業務を独占させていただいているということは、監査という業務が極めて公共性が高く、まさに公共財とも言えるからです。日本の場合には、監査はもともと法律によって制度独占させています。

日本の会計士は、自らの努力で信用のなかで勝ち得てきたことが少し弱いように思います。しかし、この公会計といった新しい分野に関しては、まさに公共財ということで我々会計士の存在が認識され始めています。これは小さな分野かもしれませんが、我々の職業の原点でもあります。公の分野できちっと社会貢献し、社会からの認知を得られるようになれば、異なる分野、またはマーケット性のある民間企業に対するコンサルティング等も含めて、職業としてのリスペクト（尊敬）を得られるようになると思うのです。こういった意味で公会計というのは、我々公認会計士の非常に重要な未来を背負っている領域だと考えています。

4．会計士として、より広く職業を捉える

インフラとしての地方公共団体に関する公会計がベースにあり、その上に

プレイヤーとして非営利組織があります。先ほどお話ししたような、安心して生きていくための日本の社会制度はとてもよいものだと思いますが、こういった社会保障を担うプレイヤーが地域社会には必ずいるわけです。社会福祉法人だったり、医療法人だったり、あるいは農業協同組合を非営利というのかどうかはわかりませんが、地域において重要なプレイヤーであることは間違いありません。いろいろな経緯があり、社会福祉法人も医療法人も農協も、すべてを公認会計士に監査してもらおうという話になっています。社会は会計士に対して、それなりの期待を持っていると言えるでしょう。社会福祉法人に関しては、監査が義務となる基準が収益30億円からということで、まだ非常に小さな範囲で始まったところです。実際、200くらいの組織しかないのではないかとも言われています。

厚生労働省がいろいろなところとかけ合って、ここまできたわけですが、仮に私どもの監査が社会の役に立つことが証明されるようになり、監査に義務が生じる売上高の基準を10億くらいまで下げることができれば、2,000近い組織が監査対象となります。実際にそれをやったからといって、監査業界の売上が大幅に増えるというわけではありません。メガバンク１つ分の案件に相当する売上になるかならないかという話ですが……。ただし、それが社会に与える影響はものすごく大きいと思います。医療法人についてもまったく同じことが言えます。

このあとお話ししますが、医療法人や社会福祉法人など、社会保障給付が将来的に80兆円になると言われているサービス産業のプレイヤーが、どれだけ効率的にパブリックなサービスを提供できるかというテーマに、我々がどれだけかかわり合うことができるかが課題です。80兆の５パーセントの削減ができれば、４兆円なんですよね。消費税の２パーセント分にちょっと欠けますけれども。そんなような規模となる話なんです。

今、こういった社会保障の分野で議論になるのは、受益と負担、再配分についてです。しかし実際は、社会保障の給付の効率化というのは、ものすごく大きな問題で、サービスを提供している主体の運営方法を効率化することは、現時点ではそこまで議論されていません。働く人の待遇の改善にも効率的運営は不可欠なものです。患者さんの自己負担を増やそうねとか、保険料を上げようねとか、下げようねとか……医療自体の価格設定は、極めて政治的かつ公的なものですから、少しでも医療法人の保険収入を落とそうとするわけです。運営主体が、自身でもっとガバナンスを強化し、効率的なパフォーマンスをあげ、それと同じアウトカム（結果）を出せば、もっとコストを安くできるのですが、現状としては、この課題に対し真正面から取り組まれているというわけではありません。公的な医療保険についても、保険の点数など、経済合理性があまり明確でないプライシングがされているところもあります。

本来は、我々がもっと前から、そういったことに対して社会的にいろいろな提案をしていくべきでした。医療とは言っても、一種のサービス業ですよね。そのサービスがどういうかたちのコスト構造になっていて、どのくらいの値段が適正なのか、こういったことはまさに我々の専門領域の話ですね。中央社会保険医療協議会という組織はありますが、最終のプライシングは、政治的な影響も含め決めてるんですね。もちろん厚労省もコスト計算していますが、基礎となる実績のコストデータは少ないと思います。

そういったこともあって、外科医が今ものすごく少なくなってきていると聞きました。しかし、これは当然のことです。経済合理性をもとに資源配分しなければ、どこかに偏りが出るに決まっています。例えば、医師の専門科によってもすごくバラつきがありますし、地域の人材の配分にもバラつきがあります。保育園もそうかもしれません。モノの値段を公的に決めると、労働需給など、どこかにひずみが出ます。資源全体がきちっと合理的に配分されなければいけません。こういった問題を、きちんとしたリサーチをして社会提言としてものを言っていくのか。こういうことについて、我々の方からちゃんとした発信ができれば、「会計士さんって結構いいよね」と思ってもらえるような、そういうポジショニングを取ることになると思うんです。しかし、現在の社会保障制度や国の政策運営の在り方について、このような意識を持っている会計士はどれだけいるでしょうか。まさに塾生の皆さんにとってみれば、今後の国の財政負担の問題のみならず、同時に公的サービスの受益者としても、このテーマは死活問題にもなるわけです。ぜひ、今日をきっかけとして、より広く会計士としての職業を捉えていただきたいなと思います。

自治体をすべての基盤になるものだと捉えると、例えば先ほどからお話ししている公会計や自治体自身の財務報告の話、そして我々にとってわかりやすいところですと公営企業体である水道、病院などの事業があります。こういったものが、きちんとした会計のもとで、どのように運営されているのか。結局これが公共料金の適正な算定につながります。

公共料金の適正な算定ができれば、その算定のもとに、これから行っていこうとする、PPP（パブリック・プライベート・パートナーシップ：公民連携）やPFI（プライベイト・ファイナンス・イニシアティブ）などを使って民間の資金を入れて、地域のパブリックサービスをどう運営していくか、といったことにつながります。実際に、このような民間資金や人材の参入は産業基盤として社会資本の維持や運営に重要な役割を果たしています。

公共投資はだいぶ減ってきましたが、今後維持するコストだけで精一杯で、もう新規で引き受けることができないといったことが話題となっています。こういった意味でも、公会計が充実して資源をどう配分すれば、アウトカムに比較して最もいい資源配分ができるのかを考えていく必要があります。こういったことに私どもは十分に貢献できますし、公共料金の算定がより合理的になることは非常に重要なことです。

偶然ではありますが、私は今、電力料金やガス料金の料金審査を経済産業省でやらせていただいています。役に立つ情報を提供するなど、私どもでも多少なりとも貢献ができますし、実際にこういったことを、地域でも有識者として、会計士が料金審査などに関与していければ、地域貢献になりますし、もちろん、職業的にも十分に成立すると思います。自治体は、本当はそういう人材がほしいんです。ですが、それぞれの市町村なり、府なり県なり、そういった人材というのが少ない現状にあります。会計士がそういうところで活躍しながらも、いろいろな領域でも働くことができるという仕組みが進めばいいと思いますが、なにせ今は人が少ない時代ですからね……。

私は経済界でこういったことのための公的な委員会みたいなものに入らせていただいていることもあって、いろいろな市の職員や市長とお話しする機会がありました。「よい人がいたら」と皆さんお話しされるんですが、いざ探し出すとなると、１人探すのでも大変で……。もし１人でも探し出せるぐらいだったら、事務所は自分のところに来てもらいたいというのが本音でしょう。今の会計事務所の運営者としては、よほど公共心でも出して、地域に貢献するという強い気持ちがないと難しいでしょうね。私がそんな公共心を出したところで、私の事務所も人手不足状態ですのであっという間にこの案は潰されてしまう。

ただ、大学院で教えていてつくづく実感したことは、我々のジェネレーションよりもあなたがた若者のほうが、社会性があるということです。我々世代はある程度豊かになっていく時代で育ち、高度経済成長でとにもかくにも稼ぐという環境に身を置いていました。例えば、大きくていい車に乗ることが人生のステータスだったんですね。それなりに給料が増えたりするので、満足感はありました。あんないい車に乗れるとは思っていなかったのに、乗れるようになったと。

しかし、君らの世代ではそんなことを考えている人はあまりいないですよね。車はあるのが当たり前で、極端な話ですが、四角い格好をしていて走ればいいやというような（笑）。しかし、お話ししていると、我々の世代では感じなかったような社会性をあなたがたは持っていると思います。そして自分のやることには社会的な意味があるのだということを、すごく大事に思っていますよね。これはすばらしいことです。

価値があるというか、自分の思いがある仕事をぜひやっていただきたいと思います。その可能性のある１つの分野として、公会計は本当に今後有益な分野になるのではないかと考えています。

5．非営利組織の監査をするに当たって

先ほどからお話ししているように、社会保障サービスのほとんどは非営利組織が取り組んでいます。この非営利組織のガバナンスや全体のサービス提

供体制についても、会計士はいかようにでもアプローチできる分野です。地域の中小中堅企業などは、これまでは税務を通してご指導してきたというところかもしれません。しかし、この場に大法人に勤務している塾生がいるとすれば、資本市場で活躍している会社で得た知見などで、こういった中小企業に対してもいかようにでも指導をしていけます。特に今は地域の中堅企業であっても、海外進出というのは切り離せないものになっています。また、人口減少と言われていますので、国内のマーケットが縮むことは間違いありません。そのため、中小・中堅企業が海外へ進出し活躍していくことは、この国の経済にとってものすごく重要なことです。しかし、大企業でさえ海外進出で失敗していることも多いわけですから、中堅企業が海外に出て、ちゃんとした運営をしていけるのかどうかは、非常に難しいテーマなんです。しかしそうしたときに、我々が行うアカウンティングや、リーガル・サービス（法律的なサービス）など、そういった社会インフラの道筋を示し、橋を架けて、その上を中堅企業に渡っていってもらうことが課題となるでしょう。このようなかたちでサポートしていくことも、私どもの職業としては非常に欠かせないことです。今日は「地域社会へ」というキーワードを掲げ、公会計や非営利についてお話ししていますが、このような分野も我々が考えていくべき分野ですし、役に立っていける分野ではないかと思うわけです。

先ほどのお話と重複しますが、地域社会の経済主体にはサービス業がとても多いのです。ある程度グローバルな製造業となると、基本的に地域の社会に息づくというよりは、皆さんすでにおわかりのように、一番、コスト競争力のある国・地域に行ってしまいます。俗に大企業と言われる企業はなかなか地域に根付きにくいので、生活者の役に立つサービス産業であったり、高齢化社会に欠かせない医療であったり介護であったり、またそれを取り巻くソーシャルビジネスなどが地方に多くなるのです。

このようなローカルな分野にきちんと向き合っていくことで、地域でリスペクトしてもらえる会計士になることができるのだと思います。自分の職業に誇りが持てる、地域で少しでもリスペクトしてもらえる、コミュニティで役に立てるということは、本当に大事なことです。しかし、大きな組織のなかではこのような意識をまだ持ちきれないところもあると思いますので、ぜひ理解していただきたいです。

地域社会における資金調達はなかなか難しいところもありますが、地域の仕事は実は結構あるんです。よく人手不足という話題が上がりますが、社会保障分野については本当に人手不足状態になっています。というのも、さっきお話しした公正なプライシングがきちんとされていないのと、労働生産性が上がらないから給料もあまり上げられないということが背景にあります。ということは、ガバナンス構造やマネジメント能力を改善し、生産性を上げることによって我々会計士が貢献できれば待遇の改善にも繋がり、それ自体が地域の仕事づくりにも十分役に立って、この国の地方が抱えている問題にもすごく貢献できるのではないでしょうか。

パブリックサービスの提供主体として自治体、公営企業、公立病院、医療法人なども含めて考えると、非営利組織の生産性向上の役に立てるということは、とても大事なことだと思います。人手不足の問題は、組織自体の生産性が向上できない限りは、例えば、国の予算などどこかからお金を持ってくるしかないわけです。今、保育士さんの給料が問題になっていますが、基本的にはその組織全体の生産性が向上しない限りは、その給料は、差額補助をするより他ありません。しかし、このような対応策ではサステナビリティ（持続可能性）が期待できません。だからこそ、組織全体の生産性を向上させるために、地域社会で会計士の仕事の基盤をつくることが大事なのです。そのために我々は、非営利組織のガバナンスに対して、どのようにコミットメントしていけるかを考える必要があります。

基本的に、今、我々が行っている社会福祉法人や医療法人での財務諸表の監査は、保証型監査です。しかし、こういった非営利企業の監査が、果たして営利企業の監査と同じでよいのでしょうか。営利企業においても、もちろんガバナンスやマネジメントは財務諸表の信頼性の前提となっています。しかし、非営利組織では、財務諸表の信頼性の監査も大切ですが、ガバナンス・マネジメントそのものを見ていくことが重要です。それによって組織の運営そのものが、より生産性の上がる、本当の意味での社会にとって有用なものとなると思うのです。会計士は広く地域に貢献できるということをまず念頭に置いて、そして視野を広げて、公会計や非営利などの分野についても考えていっていただければなと思います。

6．組織特性と公認会計士監査

組織特性と公認会計士監査についてお話ししたいと思います。これについては、2年ぐらい前の秋の日本監査研究学会でお話しする機会がありました。今はなんとなく感覚的に、非営利組織というとガバナンスが重要だと、公認会計士は財務諸表監査をするんですが、たいていの方は、非営利組織の監査と聞いても、一般的な営利企業の監査と同じようなものを発想することでしょう。原点には財務諸表の信頼性の確保がありますが、組織によって監査の内容はそれぞれやり方が異なるんです。

私どもの育ち方は、金融商品取引法監査士のようなところがありましてね。もう少し見方を変え、財務諸表監査を広く捉えて、経済の基盤となるものにフォーカスして、我々の職業で金融商品取引法を見るときには、こういう見方があるよねと気づけるわけです。一方、社会福祉法人を見るときにはこういう見方があるよねと、職業の横軸を自分たちの力でつくれば、そういう整理がもう少し進んだのかもしれません。惜しむらくは我々の仕事は昔の証券取引法の制度のなかで作られてきました。ですから、それに見合うかたちで、公認会計士制度をつくり、監査基準もそちらのほうに寄せたということはあると思います。

大先生お2人の前で、私が勝手な解釈でお話しするのも非常に緊張しますが（笑)。しかし、新しい分野で新しく職業をつくっていこうという場合に、原点からきちんと理論的に整理をして考えていくということはすごく大事なのではないかと思うのです。勝手にマネジメントだ、やれガバナンスが大事だといっても、それはそれで営利企業でもガバナンスという体制ができています。私どもは会計の専門家であり、監査の専門家でもありますが、ガバナンスの専門家とも言えるわけです。私は営利企業でも、新しい領域についてきちんとした理解をしていかなければいけないと思っています。ガバナンスという意味でいうと、今日お話ししている非営利組織の場合には、よりガバナンスの優先順位が高いと言えるでしょう。

２年前の日本監査研究学会でお配りした、「組織特性と公認会計士監査」についてのレジュメはあまり反響がなく、ディスカッションするには至りませんでした。この場で再びお話ししたいと思うのですが、営利企業と非営利組織では、そもそも性格が異なっているんですね。それにともなって、提供するサービスももちろん違います。そして、ガバナンス・コードというのも非常に違っています。

非営利組織は公益に資するサービスを提供することを目的としています。活動財源については、営利企業は利潤動機で資金が入ってくるのが基本です。しかし非営利の場合は、必ずしも利潤動機で資金を調達しているわけではなく、入ってきた資金が何にどう使われているかを重視します。その資金は、組織の目的に共感して集められた寄付金、あるいは税金などの公的な負担などによるものです。いずれにしろ非営利組織には、組織としてお金を稼ぎたいと思っている人はいないのです。これは非常に大きなテーマですね。

提供された資金は効率的に、かつ、ここが重要なポイントですが、合目的に使われていないといけないんです。しかし、営利企業は基本的には儲けてくれさえすればよいわけです。セグメント情報を開示する義務はありますが、これは収益性の将来予測に使うためのセグメントです。しかし非営利組織は、まさに何にお金を使ったかという、セグメント自体が１つの非常に重要な財務規範になるんです。目的とは違うものにお金を使っても、うまくいったから問題ないだろうと言われても、それでは困るわけです。ここが、非営利組織への資源提供者の思いと、組織が持っている目的の意味を正しく理解することが重要なところです。

営利企業では、利潤動機で資金を提供している人、つまり株主は、当然その後の増殖システムが継続的に回っているかをモニタリング（監視）します。しかし、非営利組織においては、資金の提供者である寄付者は１回寄付をしたからといって永遠にモニタリングするわけではありません。提供した資源に対して持ち分権はないので、基本的には継続的なモニタリングが行われることはあまりありません。逆に言えば、そういったモニタリング機能を社会の仕組みとしてきちんとつくっておかないと、株主が見張っている営利企業よりも、忘れられがちになります。寄付だけ集めて何をやっているのかわからなくなるという危惧は十分にあります。寄付をした最初の頃は興味があるでしょう。しかし、一時的に自分のお金が使われてしまえば、そのあとの活動に対しては興味を持たない可能性があります。拡大再生産を前提としないために、モニタリングサイクルが非常に短く終わってしまうなど、あまり良くない面もあるのです。

会計面では、営利企業では今、見積予測が重要になっています。一方、非営利組織では、会計に関して非常に難しい面があります。まず一番の特徴としては、非営利の場合は成果指標の表現が非常に難しいのです。商品が市場で交換されて、売上として計上され収入として入ってくるのが営利企業ですよね。ですから売上が多くなり、利益が上がるということは、営利企業の場合では、その組織が効率的に動いており、成果を上げているということになります。売上がすべてを癒すとマネジメント上では言いますが、実際に株主にしても、売上があって利益が上がれば、何をやっていてもいい会社と言えるんですね。たまに法律等に反することをすれば、もちろん批判を受けるわけですが……。

ところが非営利組織では、アウトプットを営利企業のように一時的な金銭換算で表すことができないことが多いのです。もちろん、社会福祉法人や医療法人では、一定のお金が入ってくることもあります。しかし、これも先ほどお話ししたように、売値が正しい市場価格ではないのです。ですので、非営利組織で効率的にというのは非常に難しい。市場で値段がプライシングされていれば、経済学でいう「見えざる神の手が働く」（アダム・スミスより）ではないですが、きちんとした効率性の指標になります。しかし非営利の場合にはそれがないんです。極端な話ですが、パブリックサービスを提供しているだけでお金を取っていないところは、アウトカムとしていい公共財を出していたとしても、お金が入ってくることは一切ありません。こういったことが、非営利や公的な組織の特徴ですよね。そのため、コスト情報があるにもかかわらず、成果情報が非常に少ないという状況になってしまいます。そういう意味で、コスト情報と成果情報との対比によって組織のパフォーマンスがどれだけいいかというのが、短期間に見えにくいのです。

資金を何のために使ったのか、組織がどれだけ効率的に動いているのかを知るためには、お金の出し方や動き方のプロセスが非常に重要になります。そのため、これらについての正しい承認プロセスが組織にあり、正しい目的のために使途通りに使われることが求められます。こういったマネジメントと言いますか、その基盤となるガバナンスを見ていくことが、単純に財務報告を見て問題点を発見するといった業務に加えて、とても意味があることなのです。

同じお金で何かを買ったといっても、それは正しい承認プロセスを経た合目的なお金なのか、まったく承認されていないお金なのかでは全然意味が違うんですね。営利企業の場合には、承認関係がなくても、基本的にそれによって売上を獲得していれば問題ないかもしれません。しかし非営利の場合には、きちんとした合目的な承認がないお金というのは、財務情報上、正当な支出として認めることはできません。例えば、きちんとした承認を得ていない給与支払いは、決算諸表上給与支払いとただ書くだけで承認されるというものではなくて、これは公的資金を費消する話ですので、財務情報上では正しいプロセスを示すことが前提になるのです。

こういったことを考えますと、監査を行うときでも、非営利組織と営利企業では重点の置き方が違ってきたり、付加したりする必要があることがあります。財務諸表監査のなかでも、ガバナンス機能というものがたぶんあるんですね。非営利組織では、ガバナンスの仕組みの一環を監査が担っているという度合いがとても強いと言えます。もちろん、今は営利企業の財務諸表監査も当然大きなガバナンスを担いますが、非営利組織では直截的に私どもはそういう役目をしている。まさに内部統制報告書のダイレクトレポーティングではありませんが、そのようなかたちで財務諸表監査も行われなければならないと思います。非営利組織では、合法性や合規性が財務諸表監査の前提どころか、そのものでもあるわけです。そしてさらに、どのように効率的に運営がされているのかに関しても、我々は財務諸表監査という領域のなかで考えていかなければいけません。

これまでお話ししたことすべてを踏まえて考えると、非営利組織には経営管理組織に対しての指導性が必要であり、我々会計士、監査人はまさに必要な人材なのではないでしょうか。さらに行政監督の補完的な意味もありますし、そういう意味では、会計士の保証業務は補完的なニーズだけど、社会的なニーズとして非常に高いんですね。行政の監督コストよりも、我々会計士のほうが、監督行為ができるのであれば、行政監督の代替もできる監査人として非常に専門性の高い役割を担っていけると思うのです。さらにこういった指導性も高く持っていれば、市町村の担当者よりもはるかに有益なアドバイスをすることも可能になります。今後は、こういった専門性のより高い会計士が重要になっていくのではないかと思っています。

若い皆さんがこれから仕事としてやっていかれる上で、これまでお話しした非営利組織はとても興味深い分野だと思うんです。例えば、皆さんにとってはトヨタ自動車のような大企業で監査することも興味深い仕事かもしれません。しかしある意味では、非営利組織のような組織のなかで監査を担うことも非常におもしろいのではないでしょうか。

ガバナンスや指導というのは、比較的小規模の組織のなかでも、あなたがたの一言一言でとても直接的に、そして有効にその組織をサポートすることができるのです。そしてそれが監査として制度化され、いろいろな分野で必要とされていきます。ですから監査を学ぶということは、非営利組織から企業の監査に戻ったときでも、ガバナンスやマネジメントスタイルの違いを実感して学べますし、監査という狭い領域で考えても、あなたがたのキャリアのなかでとても重要な位置付けになり、とても良い経験になる分野だとは私は思います。

6．公会計こそやりがいのある仕事

パブリックサービスについてどのように評価をするのかなど、まだ財政厳しき折りに、我々の職業で貢献できることはまだまだ多くあります。私が会計士として公会計分野に関与し始めた17〜18年前は、公会計はほとんど話題にもなっていませんでした。当時は特殊法人というのがありまして、特殊法人を総務省が財務分析することになり、日本公認会計士協会から暇そうな人はいないかということで、偶然、私がお手伝いをすることになりました。公会計での保証型監査導入のはじめの段階である独立行政法人もお手伝いしました。また、独立行政法人をつくるということで、会計基準に携わったりもしました。そうこうしているうちに、独立行政法人の会計や監査など、行政改革が話題になったんですね。内閣で行政改革を行うということで、私は行政改革にもずっと携わっていました。

このようないろいろな経験をしまして……。複式簿記など、会計士だったら知っていて当たり前という話も、すごく優秀な方が多い行政機関のなかでは、十分に有益なアドバイスとして皆さんから聞いていただけたという場面がすごく多くありました。

厚生労働省との非営利組織のガバナンスのつくり込みであったり、独立行政法人であったり、経済産業省による電力料金であったり、これは全部つながっていることなんですよね。一番民間企業と離れているのは行政ですが、その次に独立行政法人があって、さらにその次に非営利の民間があって、そして営利ですが独占的業務を行っている電力料金……というふうにずっとつながっていて、なかには公営企業もあります。ですから、パブリックサービスの提供というのは、完全市場競争をしていない民間企業まで、全部流れがつながっているのです。そして、一番こっち側に一般的な完全市場競争をしている民間企業があります。

一気通貫ですが、それぞれの分野ごとにおもしろ味があります。先ほどの医療保険の点数の話は電力料金などのケースが参考になります。電力料金は総括原価主義で、原価を正しく把握しようとしていますが、原価プラスアルファで値段を乗っけているのが問題なのではないかと指摘されていますね。今はほとんどが競争原理になっているので、原価を基準として売値を決めている分野は限られてきていますが……。

なぜ、私の経験話をしたかというと、このような公的分野の経験があったから私は世の中を広く見る機会を得ることができて、それがさらに次の興味を呼んだんですね。こういったことをあなたがたにもぜひ経験していただければ、自分のキャリアパスのなかで非常に有益な、バラエティに富んだ会計士になれるのではないかと思うのです。こういった想いをもとに、今日はお話しさせていただきました。

公会計はあまり銭にはならない。しかし、だからこそ学べることも多くあるんです。銭になる仕事だと、「ありがとう」と言ってくれる人はあまりいないかもしれない。しかし、銭にならない仕事だと、なにも人に感謝されるためにとかそういう話ではないですが、それなりに自己満足もできますし、少しは世の中の役に立っているんだなという気持ちにもなれます。これはやはり楽しいですね。ですが、営利企業と非営利組織を両方やっていただいて、稼ぎながらも、たまには公会計をやるというように両立してもよいと思います。

質疑応答

八田：それでは第２部のディスカッションに入りたいと思います。今日はこれまでの藤沼塾とは少し視点が変わりまして、もっと広い視野での話といいますか、まさに国全体を支えているインフラにかかわる会計と監査のお話であったと思います。塾生の皆さんは、おそらく将来へのメッセージを伺うことができたのではないかと思いますので、ぜひいろいろな質問、あるいはご意見を伺いたいと思います。どなたからでもどうぞ。

質問者YF：YFと申します。本日は貴重なお話をありがとうございました。私は監査法人にいたときに、営利企業の建設業の監査や、公益法人の監査を経験しました。また、２年前にマンションを購入したときに、仕事にも役立つかと思いまして、現在も管理組合の理事長をさせていただいております。そのときに、公認会計士として今までの経験が役立っているといいますか、貢献できているなという認識がすごくありまして、やりがいを感じています。また、仕事にも役立っているのかなと思うところもあります。しかし、仕事の合間の少しの時間しかありませんので、仕事との両立に苦しんでいるところはありますが……。

質問ですが、非営利組織では、コストを削減するというところで、先ほど梶川先生がおっしゃったように成果が見える測定をしづらいという問題があると思います。やはり、皆さんの意識はコストをいかに削減するかに向いていると思います。もちろんそれは重要なことですし、運営側は適切にお金が使われているかどうかをよく見ていますが、組織のまわりの方々、住民の皆さんの間には、財務情報のギャップがすごくあると思うのです。そこの成果をどう測定するのか、そしてコスト削減以外のところではどのように適切にお金を使うのかについて、参考になるようなことがあればご教示いただきたいと思います。

梶川：おっしゃるとおり、ここが非営利組織の一番難しいところなんですよね。国は今、行政の事業レビューをしていますが、独立行政法人においても事業成果をどうレビューするかというのは、おそらく永遠の課題に近いものだと思います。組織自体が金額では評価できない事業のプランニングとして、何を目標に、どのようなかたちで運営していくかという、そういったアクションプランの具体性を、まず事前に正確に表現する必要があるかと思います。そしてそのプランニングに対してどのようにコミットメントしていくのかなど、社会にきちんと発信していくべきではないでしょうか。金額はわからないけれども、コミットメントがどの程度できたかということは、行政的にも把握できますので、それをどうディスクローズするのかが課題ですね。それぞれの過程で、ガバナンス・コードというか、理事会で説明できるのか、あるいはもっと多くの住民の方々にどうご説明できるのかなどです。そしてさっきお話ししたような支出行為に関して、これも成果がはっきりとわかっているような営利であれば、支出行為に少しブレがあったとしても、裁量権はあるわけです。結果がうまくいけばいいわけですから。しかし、非営利の場合は削減も大切ですが、費用をきちんと使っているかどうかが大事なのではないかと思います。アウトカムを最初に表明して、それに対する実態把握を説明していくということですね。

私は、役所がいい加減な仕事をしていると思うことはありませんが、公的機関では、公的サービス受益者などに納得してもらうための努力が従来少し足りていなかったと感じるところがあります。

何年か前、蓮舫さんの事業仕分けが有名になりましたが、民間人が公的な予算をみるという仕組みは、民主党が話題にする以前から、自民党でも官邸でも行われていました。基本的にはお金をどう使って、どのような結果になったかという説明を行いますが、それが非常に重要なんですね。従来は、役所は予算を取るところまでは意識していましたが、それをどう使ったかということについてはあまり意識もなく、説明もろくにしていませんでした。日本の官僚は優秀ですので、任せてくれれば俺たちでうまくやっておく、という気持ちがあったんでしょう。結果としてアウトカムに満足感さえあればよいのですが、これは効率でわかることではありません。満足感を理解してもらうためにどう努力するかが大事なんです。

YFさんはマンションの管理組合の理事長をされているとのことですが、

ボランティアに近い理事長がそこまで考えるのは大変かもしれませんね。しかし、当たり前のことですが、事前事後の説明を欠かしてはいけません。

八田：実は私もマンションの管理組合の理事長をやっています（笑)。やりたくてやっているわけではないのですが、やるからにはということで、１つの信念を持って取り組んでいます。それは理事長としてのアカウンタビリティ（説明責任）をどう履行し、解除してもらうのかということです。マンションの管理組合ですので小集団ではありますが、住民は管理費や修繕積立金を拠出しています。当然、その資金が適切に管理され、納得いくかたちで使われてきているのかを気にするわけです。したがって梶川先生からもご説明があったように、非営利全般に通じることなのでしょうが、この１年間どういう活動をするのか、そして実際に何をしてきたのか、どういうコストを負担し、どのように計算されてきたのか、そして結果はどうなったのかということを、理事長としては説明責任を果たさなければなりませんし、その結果を住民全員に納得してもらわなくてはなりません。まさに会計の世界の１丁目１番地の手続きを行っているわけです。したがって、その際に私は会計の重要性、そして監査の重要性を住民全員の方に申し上げています。なかにはたまに、さらなる要求をしてくるような変な人もいますが、「それでは、あなたが理事長になってやってください」というと、全員が嫌だと言います。これは変な話ですよね。自分の要求事項だけを主張して、責任は取りたがらないのです。つまり、責任を取ることの重要性がいかに大事かということを、私はその場で言っています。しかしそのためか、私のところの組合ではあまり意見が出なくなってしまいましたが……（笑)。

私自身、会計を専門にする人間ですので、こういった対応ができたというのはあると思います。ただ、暴走する可能性もありますので、監査をする監事さんには厳格な監査をお願いしてありますが……。お役に立つかどうかわかりませんので、忘れていただいて結構です。

他にいかがですか、どうぞ。

質問者MY：MYと申します。私はこれまで公会計やパブリックセクター関係には一切かかわったことがありませんので、今日はとても新鮮な気持ちで聞いておりました。素直な気持ちで疑問に思ったことを質問させてください。

営利企業の場合は投下資本の効率性、利益を獲得しようという前提のもとに、例えば組織のなかで、汗水流してなんとか効率的に業務を進めようというインセンティブがあると思います。私も、今日はこのセミナーに来るために頑張って仕事を５時までに終わらせました（笑）。ところが非営利組織の場合には、私が意味を捉え間違えているかもしれないのですが、効率的なところに監査が資するということがあまりピンときませんでした。組織のお金の使い方の効率性なのか、組織そのものの効率性なのかがわからなかったのですが、効率性について、もしもう少しお話があれば、お聞きできればなと思いました。

梶川：効率性の面に監査が資するというのは、多少期待値を込めているという部分もあると思います。非営利組織全体では成果目標がはっきりと捉えられませんので、コスト削減だけが効率性だという話になりますね。したがって、アウトカムとインプットをどれだけいいかたちで進めるかが効率性であると、本来の意味で捉えるべきだと思います。

そういう意味で言うと、運営プロセスをいかに合理的にするかについて、我々会計士がかかわっていくなかで気づきを出していける部分も十分にあるのかなと思います。そのかかわり方が監査なのか、あるいは指導性という面なのかもしれません。しかし、私が講演の最後の方でお話ししたことと重なりますが、営利と違って非営利では、指導機能というのも監査のなかにはあってしかるべきで、指導機能そのものが財務諸表監査の一端を成すであろうと思うのです。つまり、会計士が監査をすることによって、組織がどれだけ合理的に運営できているかを考えることができるのではないでしょうか。

卑近な例を挙げると、例えば原価計算であったり、工程分析であったり、こういったものは製造業では当然行われていますよね。社会福祉法人で介護士さんの工程分析ができるかどうかはわかりませんが、そういう知識１つでも、少しだけとは言え役立てることが山ほどあるのではないかと思います。営利企業では、製造業やサービス業において、いわゆる原価管理は命と同じようなものです。監査法人はあまりやらないかもしれませんが……。非営利組織では、何度もお話ししているように、アウトカムが金銭換算されにくかったりしますので、お金の管理がつい緩くなってしまいます。そのため、行政・公益が緩くなるという理由もあります。結局、インプットだけを見ているわけですからね。コストの削減など、取り組みのレベルが低くなっても、その日のうちにはわかりません。これは非常に難しい問題と言えるでしょう。放置しておくと難しい問題なだけに、我々が第三者としてアドバイスできる余地があると思いますし、マネジメントレター（マネジメント向け提案書）ではないですが、批判的な指摘もできます。私の今日のお話は、会計士としてそういうかかわり方もあるのではないのかなといった意味があります。

藤沼：私も大企業の監査ばかりしていましたので、今日の梶川さんのお話を聞いていて、ああ、なるほど、こういう見方もあるのかと感心しました。たまたま昨日テレビを見ていたら、「ガイアの夜明け」（テレビ東京製作）という番組をやっていました。昨日、見た人いますか？　リハビリ病院についての内容だったんですね。そこは有名なリハビリ病院で、長嶋茂雄もそこに通っていたという話を聞いたことがあります。

そこの先生は、脳外科医なんです。難しい脳外科の手術をして、手術は大成功だった。しかし、手術自体は大成功だったといっても、術後にリハビリをする必要があるため、リハビリ施設のない病院では、結局、患者はベッドにずっと寝たきりということもあるそうです。そんなとき、病院の院長に「自分で手術した患者なんだから、お前が最後まで面倒みろよ」と言われたそうです。そうして初めて、自分は手術ばかりしている、結果は大成功だが、しかし患者は寝たきりという状況をなんとかしなければいけないと気づき、結局、自分が脳外科医であるにもかかわらず、リハビリセンターをつくったというのです。そこで、どのような効率化を図っているかというと、リハビリから回復させるための10人ぐらいのチームをつくるんです。チームには理学療法士や食事療法士、お医者さんも加わります。病院ですと、必ずお医者さんがトップにいて、下がそれに従うというイメージがありますが、そこではみんなフラットで、全員が横に並んだ関係です。したがって、みんなでその患者のためにどうしたらよいのか、リカバリーのために一致協力をします。患者を元気にして、元の生活に戻すという目的を果たすため、何ができるのかを常に考えているのです。

先ほどの梶川さんのお話を聞きながら、昨日の晩の「ガイアの夜明け」に似ているなと思いました。非営利組織は、そのリハビリセンターと同じようなことをしているのです。ですので、アウトカムを即座に測定はできないんですね。測定ができるとすれば、早ければだいたい２～３ヵ月間ぐらいして自分で歩けるようになって、自宅に戻るということです。しかし、退院したあとも、自分の部屋にいてばかりで外出しなければ、また元の状態に戻ってしまうそうです。ということで、退院した患者さんをフォローアップするセンターまでつくってしまいました。センターの職員が退院患者をわざわざ外に連れ出してウォーキングをさせるなど、いろいろなことを行っているそうです。このような運営方法は、１つのモデルといいますか、非営利法人としての成功例なのかなと思います。

八田：手術は成功したけれども、その後の生活は寝たきりでリハビリが必要になるというのは、おそらく医療の世界で専門性が非常に高まっていったことによる弊害なのかもしれませんね。医療の本来の目的は、肉体的に健康に戻すとか、精神的に安心感を与えることではないかと思うのです。

確かに、今のMYさんのご質問のように、効率性の観点において、会計プロフェッション、あるいは専門職が、例えば監査という業目でどう貢献できるのか、これはなかなか難しい問題です。梶川先生が講演されたように、日本の会計専門職の大半は金融商品取引（従来の証券取引法）の監査の教育しか受けていないんですね。したがって、もっと幅広く社会インフラとして存在している会計や監査に目が向いていません。

ところで、昔から、公会計や非営利組織に対しては、3E監査という言葉が流行りましたよね。３つのEで始まる言葉、つまり、Effectiveness（有効性）、Efficiency（効率性）、Economy（経済性）を達成目標とする監査です。この３つのEを見届けることが監査の目的だということです。ところが、財務諸表監査は、この３つのEを規準として見ていないのです。しかし、数年前から始まった内部統制の監査はそこに切り込んでいます。

今日の講演の資料に、「内部統制の目的を検証する」といったことが書かれていますが、そう考えると、先ほどのMYさんのご質問は全然違和感がありませんし、実はこのぐらい広がりを持った守備範囲で、会計専門職が役割を担うことが求められているのではないかという気がします。少し差し出がましいですが、いかがでしょうか。

梶川：まさにそう思います。今の内部統制制度は、まさに八田先生のこれまでのご貢献によってできた制度です。営利企業ですら、財務諸表の前提にはガバナンス・コードによる会社内の規律や内部統制システムなど、そういったものから支えているんだという話になってきているわけで。逆に言えば、そこの分野に内部統制から次に会社全体のガバナンス、今、ガバナンス・コードなんかありますけど。本来、会計士はそこまでの領域の専門家だという職業的再定義がされていいはずなんですよね。ですから、営利企業に対してでも、そういう意味で、ガバナンス・コードに対するきちんとした、時には批判的な意見や、今の会社がどうなっているかということについて、我々は意見を言っていいはずです。そういった役割を認知される専門家になるべきだと思っています。

非営利組織のなかでは、むしろそれをやらなければ監査として意味がないのだという話がいろいろな場で出ています。そこできちんとしたガバナンスの専門家だという認知を得てから、営利の方に移ってくることができます。それはすごく大事なことで、そこまでいけば、本当に会計士という職業に厚みが出ると思うのです。財務諸表の数値だけ確認していることに加え、見積りや予測といった監査の話は、要はガバナンス体制から始まっているんです。

今どこかの会社で話題になっている問題は、きちんとしたガバナンスのなかで、将来キャッシュフローの予見可能性があったかどうかというところがあります。それは、どれだけきちんとした組織構造のなかで、合理的な予見できたかという話なんですね。天才が予見したからいいとか悪いとかっていう話ではありません。正しい意思決定プロセスのなかで予測できたのに、その分を計上していなかったらダメですよ、ということです。しかしそうではない話であれば、会計士はできるわけがありません。今、結果としてダメな例を過去にさかのぼって見てみたら、いくらだって言えるわけです。そこのガバナンスも含めた合理性というのが、営利企業でも財務会計に組み込まれています。それを、非営利組織ではもっとわかりやすく出してくれているのではないかということです。

八田：藤沼先生とこの藤沼塾を立ち上げるときも、たぶん同じ問題意識をもっていたと思います。会計プロフェッションの場合、もっと活躍の場が広がっていいはずなのに、どうも現場サイドが臆していると……。にもかかわらず、「我々は会計と監査のプロですよ」という人が多い。その前に意識してほしいことは、関係する事業体ないし組織はどのような環境に置かれているのかということです。例えば、営利企業の監査をしているときに、経営の知見はありますか、あるいは経済的な知識はありますかといったことを問われると、おそらく若い会計士でまだ試験に受かったばかりの人は、ゼロとは言わないですが、ほとんどないと思います。

私事ではありますが、梶川先生とは、彼が大学3年のときに出会っているのです。そのとき、彼をものすごく尊敬しました。というのも、彼は経済学がよくできる。有名な千種義人先生の名門ゼミ出身ですから、本当は会計の世界に入ってこないほうがよかったのではとも思います（笑）。しかし今日の話を伺っていると、そういうベースがあるからこそ、このような知見を持てるようになったのかなと思います。私はそれが非常にうらやましいし、尊敬しています。つまり、梶川先生のような幅広い知見が必要だということですよね。経済学や経営学の知識だけではなく、国際政治への関心でもいいかもしれません。先ほどのYFさんのように、マンション組合の理事長をするというのも、いい体験になります。こういったいろいろなことに興味を持って、自分を高めてもらいたい。そんなきっかけをこの藤沼塾でつくってもらいたいと思っています。塾長それでいいですか（笑）。

藤沼：いいんじゃないでしょうか（笑）。梶川さんのお話で、非営利組織についてはガバナンスのところから見ていかなければいけないということですよね。ガバナンスでも、さらにいうと適正な価格を決める、効率性を求めるとなると、独立性の問題はどうなのかといろいろと考えるべき点が出てくるわけですね。

そういう面で梶川さんに質問があるのですが、証券取引法における監査人の独立性の考え方と、公益や非営利組織体が求めている会計士の役割の期待には差異があり、これをどう調整したらいいのでしょうか。

梶川：これについての議論は、たぶんまだ学会的にもあまり存在していないので、私が勝手に思いつきでお話しするという面もあるのですが……。非営利組織の監査の特徴には、独立性があります。私は、この独立性には、主観的なものと実態的なものがあると思っています。外観的な独立性は、制度としては重要なことです。それでは外観的な独立性とは何かと考えました。そのときに、これはやはり制度の持つ本来の社会的なコンセンサスが、外観的独立性の前提にあるのではないかと思ったんです。これは公認会計士になにをしてほしいかという、社会的認知というのでしょうか。いわゆる証券市場の独立性と外観的な独立性では、非営利の独立性とは少し違うのではないかと思うのです。

公認会計士が上場会社で経営指導もしていると期待する人、あるいは経営のための数値を会社に代わって自分でつくることを期待する人はいないですよね。しかし非営利組織の場合では、会計士が監査をしていますといったら、ちょっと数値が間違っていたら直してくれているのではないかと思っている人もいるかもしれません。もしそうであれば、独立性という概念、ないしその縛りも、営利企業と違っていてしかるべきではないか考えています。社会が監査に対して持つニーズによって、外観的独立性という定義が決まっていく可能性があるのではないかと思います。これが、監査の性格を変えていくのではないでしょうか。

藤沼先生のお話とは少しズレるんですが、付け加えさせていただきます。先ほどお話ししたガバナンスなどの指導性をキャリアパスとして経験していただきますと、最初から大きい会社で、経営者相手にガバナンスを論じるというのは難しいですよね。皆さんが行っている会社では課長に会うのだって精一杯といったところがあるわけですから。こういった10億、20億程度の組織では、逆にむこうにもある意味じゃ喜ばれるなり、自分の発言に少し自信を持ってしゃべれる経験というのは、ほんとうはそこからまた再び営利企業の組織体の監査なんかにやってみる。そういう意味で一種の成功体験みたいなものを経験する機会になる。

監査は、ある意味ではすごくシンプルなものです。ある職位が上がってくると大事なことというのは、きちんとものが言えるかとか、ディシジョンができるかとか、そういうことが求められます。しかし今、皆さんが事務所においてプロモーションされるラインはわりと単線的で、最初に入った組織が金融なら金融で、そのまま上がっていくことが多いですね。本当はメガな銀行のトップ行にアサインされる間に、非営利組織を担当したり、他の公的機関の監査なども担当できたりして、そこで経験を積んで、またはある程度の製造業の上場会社なども担当して、事務所の組織内で人を育てるという複線的なプロモーションラインをつくれる監査法人が多くできてくれるといいなと思います。今は、皆さんが非営利組織の監査をすると、一度やったらもうこれっきりといったところがあったりします。これっきりでも十分いいのですが、私はこういうことは監査のプロモーションにも、そして自身のキャリアパスにも使えると思うのです。儲かる分野ではなくても、いろいろな経験ができて、事務所のスタッフが育っていけるという意味では、これから非営利組織の1,000～3,000が対象となると、若い方でもガバナンスからものが言えるようになり、大変に勉強になるのではないでしょうか。

どんなに小さい組織でも、経営者と対峙して意見を言えるということは、とても重要なことです。小さな税務だって同じです。経営者と面と向かって話すということはとても緊張することですが、この経験が監査人になって３年目、４年目などで、もしあれば、ものすごく成長につながると思います。惜しむらくはそこまで器用なマネジメントをしている監査法人が、まだそんなにないということです。私のところでも、できたらこれからやっていきたいなと思っています。私はそのときまではいないと思いますので、責任は持てませんが（笑）。余分な話までしましたが、そういうことこそ、監査法人に今、問われている経営力なのではないかと思います。

八田：どうもありがとうございます。それでは他のテーマで、ご質問ある方、あるいはご意見でもいいですよ。せっかくの機会ですから。

質問者KK：KKです。よろしくお願いします。本日は貴重なお話をありがとうございます。聞きながら、ああ、なるほどなと感じていたなかで、ニーズのある情報について、もっと自分たちで考えていくというお話がありました。会計士としての仕事を創造していくということは、非営利組織が独特だからこそより大事なのだと理解できました。逆にふと思ったのは、営利企業でも、今は当然に財務諸表監査をしているんですね。営利企業は、利益というもので成り立っています。そのため、別の視点から非財務情報をしっかり開示して、それに対して我々会計士がもっと携われるような、そういう仕組みが必要だと考えています。例えば、統合報告はそういう仕組みの1つだと思います。こういったことについて、会計士としてもっとこういうふうにできるのではないかといったご意見がもしあれば、お聞かせいただきたいなと思います。

梶川：当然、今おっしゃられた統合報告はその方法の1つだと思います。先ほどからお話ししているように、非営利というのは、成果を一義的な金銭換算で表現できないという難しさがあります。しかしそれを逆に捉えれば、成果とコスト情報をどうぶつけて、1つの統合的な有意義なニーズのある情報にするかということに意味があると思います。ですからもちろん統合報告もそうかもしれませんし、外部経済も――環境であったり、それ以外の組織を取り巻く一定のステークホルダーに対する情報発信というのは、ちょっとどんなものがあるかわかりませんが――やはりそれはいくつもの分野で必要になると思いますし。企業が単に利益だけを追求しているわけではなく、ステークホルダーに対する発信と言えば、社会貢献的なものもあったりします。実はそういう情報はものすごく必要で、それをどうやってつくり出すかは我々が創造していかなければいけない分野だと思います。情報をつくり出す方法は、技術的に非営利と営利の間で十分共用できることだと思います。

しかし監査を保証という観点から考えると、また1つ違う見方をしなければいけませんので、どのような業務的な問題になるかはわかりません。ただ、そういうことをクリエイティブに考えることができないといけません。世の中で自分の仕事の新しい分野を考えないで生きてきている職業人は、本当は少ないんですが……。ここまで言うと少し言いすぎかもしれませんが、自分の新しい職業分野を考えずに生きている人は、世にも不思議な存在ですよね。職業の将来を真剣に考えていかないと、なんとかの化石動物のような話になりかねません。

八田：歴史を紐解くと、プロフェッションというのは、英国では非営利の社会貢献活動に特化している職業人を呼ぶという、明白な歴史的事実があります。それを貫いているのが、例えば1つは英国の騎士道精神です。日本では武士道精神というのかもしれません。つまりは利己ではなく利他、他を利するというと点での行動を行うということが、今日のご講演の底流をなしているような気がします。まさに非営利の側面に目を向けたり、あるいはそれに力を注いだりすることは、会計プロフェッションの求められている重要な使命ではないかと思います。しかしその見返りとしてのリターンというものが問題ですよね。やはり社会的な貢献性が高いものに対しては、より多くのリターン、つまり報酬がなければならないと思っています。しかし、なかなかそれができていません。それは非営利だけの問題ではなく、会計士という職業人の、あるいは監査という専門業務にかかわる問題だと思います。その点について日本はまだまだ後進的な国ですから、気を長くして気合いを持って取り組んでいっていただきたいと思います。

それでは時間的にあとお１人か２人ぐらいですが、ご質問・ご意見いかがですか。どなたでも結構ですよ。

質問者NT：NTと申します。よろしくお願いいたします。本日は貴重なお話をありがとうございました。これはちょっと抽象的な質問かもしれませんが、先生がこの分野を通じて考えていらっしゃる夢がもしございましたら、ご教示いただければと思います。

梶川：夢を語るにはちょっと恥ずかしい歳なんですが（笑）。今ずっと話してきたことはまだ実現できていないので、半分は夢と言えるかもしれません。皆さんのような会計士がこういう新しい領域で、専門家としてリスペクトされる職業としてやっていけることは、私にとってはやはり夢ですね。私自身の夢ではないですが、そういうことに自分が始めの頃からコミットメントできたと。ですから私が自分の夢を実現するということではなく、皆さんが新たな分野で活躍して、職業的イメージが社会に広がることが夢ですね。少し言葉は悪いですが、「有識者」といういやらしい言葉があります。よく有識者会合などに大先生が呼ばれていますよね。これは地域の有識者、つまり責任感を持った、先ほど八田先生の言われたような、利他の有識者のことです。利己主義の人を有識者とは絶対呼びません。そんな人に社会を任せるわけにいかないですから。ですので、利他的な人で、一定のインテリジェンスのある人を有識者と呼びます。皆さんのような公認会計士が地域の有識者として、コミュニティで尊敬される職業人になっていただくことが私の夢です。それを自分がやったら95歳とか100歳とかになってしまうので無理ですから（笑）。きれいごとで言うわけではないですが、歳を取った人はみんな、若い方に頑張ってもらいたいと思うものなんですね。

八田：今日お配りしている『アカウンタンツマガジン』の2017年６月号は、梶川先生の特集が掲載されており、ご自身の思いのたけが書かれていますから、今のご質問に答えられるような回答が載っていると思います。他にいかがですか。あとお１人ぐらいにですが、どなたでも結構ですよ。

質問者HY：HYと申します。よろしくお願いいたします。私は監査法人で、一般的な金融機関の監査をしています。ですが公会計にすごく興味がありまして、また人気もありますので、関心を持って聞いていました。最近、教育分野の評価の方法として、教育をしたところとしていないところを比較して、効果を「見える化」するようなことがKPI（key performance indicator：重要業績評価指標）の１つの手法として有名になってきていると思います。こういうものがあると、我々が例えば非営利組織で、監査をしたところとしていないところを比較して、こんなによくなりましたということが見えるようになるのではないかと思ったりします。例えば会計士の仕事を見える化した場合、非営利法人の監査結果の測定の仕方では、今どういうものがあるのかを知りたくて、ご質問させていただきました。

梶川：非営利組織のKPIと言いますか、評価の問題についてですね。これは先ほどからお話ししているように、非常に難しい部分だと思います。同一の組織でガバナンスを効かせたときと、効かせなかったときというのは、比較対称して出せるわけではありませんので……。少し逃げるような言い方になりますが、まさにこれから考えていかなければいけない分野と言えるでしょう。

１つ参考になるとすれば、実は独立行政法人というエンティティは非常に一心不乱に評価制度を取り入れているんですね。私もこの件はずっと最初から携わっていて、今も独立行政法人評価の審議会に出席させていただいています。いろいろと評価疲れだとか文句も言われていますが、たぶん貴法人でもいくつか独立行政法人を担当されていますよね。ここでの財務諸表の監査が、実際は評価委員会がやるようなことの下準備としてできるようなかたちだとおもしろいですね。逆に言えばKPIを定め、定性的なものも含めて、それがどのように実行されたかがテーマになるわけですが、どうしてもインプットサイドの話になってしまいます。何をしたのか、実際は効果が出ていなければ意味がないでしょう。そこが難しいところですが、これから研究していっていただきたいと思います。

監査法人にも同じことが言えます。監査でだいたいよくテーマになるのは、インプット指標でしょう。しかし本当に大事なのはアウトカムなんですよね。なんとなく時間さえかければいい監査ができるという話が多くなっていて、そっちへ流れていってしまいます。監査する上でなにが効果的だったのか、まず自分のところで研究してもいいかもしれません。何が効果的だったのかを本気で研究している監査法人はそんなにありません。何をしたのかというテーマばかりなんです。品質管理基準に抵触しなければ、絶対、粉飾決算は起こっていないだろうと。この点はよく考えてもらいたいですね。今日より明日のほうがより効果的に監査をしているかなんて考えて仕事することは——皆さんはやっているかもしれませんが——実際は少ないんです。ですから非営利組織と監査法人というのは、非営利だからやっているとおもしろいんですけどね。いろんな意味で監査法人とすごく似ているんですよ、非営利組織って。サービスにも専門性があって、使途がはっきりしているものはあるのですが、経営力が弱かったりするんですよね、監査法人も非営利組織も……。少し話が脱線してしまいましたが、ぜひ、まずは自分のお仕事から考えてみてください。KPIを決めて、どれが効果的で効率的なのか、その仮説設定が非常に重要になると思います。

藤沼：私からも梶川さんに質問です。「地方再生」こそが梶川さんが認識している重要テーマであり、これは地方を元気にしなくてはいけないということですよね。そこで１つネックになるのは、皆さんのような会計士側からすると、そういうことをやってくれる人が少ない、いないという問題です。例えば非営利法人の監査を誰かやってくれませんかとか、医療法人をやってくれませんかとか声をかけているにもかかわらず、なかなか「成り手」がいないという状況があります。知見がないということも背景にあるのかもしれません。それについて、梶川版地方再生はどういうふうにしようと思っているのか、アイデアを教えてください。

梶川：全般的な事項でアイデアを提案するということは、なかなか難しいですね。私は経済界で地方創生に関する委員会の委員長や副委員長などをさせていただいていますが、これがわかれば大臣にすぐなれるというぐらい難しい課題だと思います。しかし、難しい課題ではありますが、少しだけでも我々が職業人として貢献できる分野というのはありますし、今お伝えしたようなお話が少しずつ出てくることも、地方創生につながるのではないかなと思っています。

これはボランティアでやるわけではなくて、皆さんが所属している組織からいったん離れて、独立してみたいと思ったときにも、すごく馴染みやすい分野になるはずです。地方といってもなにも本当の意味での地方だけではなくて、東京でもいいかもしれませんね。例えば、都内在住の会計士が地方から来ている場合、非営利分野の仕事が少しでも確立していれば、地方に戻っても監査の業務から離れることなく、いろいろな意味で経験をし、経験の積み重ねと勉強の機会もできるわけです。そして一歩でも動き出すことができれば、地方の担い手としてかなりコアな人材として貢献することができますし、職業としても成立していけるのではないかという期待がすごくあります。

社会福祉法人での監査が順調にいけば、監査対象の収益額が30億から20億、10億になる可能性が高くなります。そして2,000組織体という新たな監査の対象ができてくるのではないでしょうか。本当は大臣も含め、もっと下げたいというような思いがあるんですね。規模としては小さな中小企業のようなものになるかもしれません。しかし監査から離れずに仕事をしていけるというのがすごく重要ですよね。それでなおかつ社会的な貢献ができていけばいいと思います。我々が独占している業務は会計監査です。ですからそういう意味では、税務ももちろん重要な仕事ですが、この監査の領域から皆さんが100パーセント離れずに、かつ地域で働けるようになれば、地域で絶対に必要な人材となるでしょう。非営利組織の監査をやり始めれば、役所に行く機会も増えますし、地域再生につながっていくのではないでしょうか。私どものような専門家は、自分で言うのも変ですが、本当は得難い人材だと十分に言えると思います。日本の場合は、大企業に優秀な人材を持っていかれてしまって、残る人は県庁にいるか地方銀行にいるかという現状にあります。そういう意味では、会計士が個々の地域で活躍できれば、地方創生に役に立つことができるのではないかと思っています。

八田：どうもありがとうございます。時間がまいりましたが、最後にどうしてもお聞きしておきたいことがあります。今日のご講演のなかで、監査独占が公共財だというお話がありました。それに見合った使命を果たさなければいけないと考えたときに、少し現実に目を向けてみるならば、今トラブルになっている東芝の監査において、いまだに監査意見が出ていないというこの状況を、梶川先生はどう評価されますか。監査人として、あるいはこういった公共の利益に資する監査業務を担ってこられているわけですから、ここで一度、営利企業に関する監査について整理しないと、世の中の人も納得しないのではないかと思っています。梶川流の考え方を教えていただきたいと思います。

梶川：プロフェッショナルとしてなにが大切なのかというと、それはやはりプロフェッショナル・ディシジョンです。プロフェッショナル・ディシジョンには、もちろんタイミングが付き物です。タイミングといいますか、時間軸がなければ、プロフェッショナルなディシジョンにはなりづらいということがあると思います。

もう１つ重要なことは、社会的にという意味は、そういう意味で社会に対する情報として、いかなるインパクトがあるかということは我々が考えなければいけないことであって、適切なディシジョンというものがされるということは非常にプロフェッショナルにして重要なことです。例えば患者を前にして、非常に難しい診断ではあるけれど、今、手術をすべき状況であれば、すぐにディシジョンしなければいけません。いいディシジョンを出すので数ヵ月先まで待ってくれ、という話にはなりづらいときもありますよね。

八田：それでは今回の東芝の件を医者でたとえると、手術台に入ってメスを入れてから、手に負えなくなってその場を離れてしまったということですか。

梶川：いや、そんなことではないと思います（笑）。私は個別の事象はいっさい知りませんので……。ただ、プロフェッショナルで重要なことは、ディシジョンであり、タイミングであるということだけは言えることかなということです。総合的な社会的メッセージとして、自分のやっている行動を常に考えていく必要はありますよね。この国では、特に制度的にタイミングを重んじる国ですので、タイミングがズレるということに対する社会的な制裁はものすごく重いです。タイミングをズラすということについての社会的制裁は、当然大きなインパクトを相手に与えるため、今後の非常に重要なテーマになるかなと感じています。

八田：ありがとうございます。教育現場にいるといろいろ質問されます。今般の東芝の監査人の対応は許されることなんですかと。第３四半期の意見の開示が半年経ってからやっとなされるといったよくわからない状況にあります。これ以上については我々が知らない憶測だけの話ですので、軽々しくは言えません。ただ、もしこんなことが許されるとしたら、監査は無用論ではなく不要になり、非常に信頼性を失墜するというか、制度的にさらなる不信感を増幅させてしまうということを恐れています。

話は尽きませんが、時間がなくなりました。今日はたいへん貴重な、そして夢のあるお話をしていただきました。将来を支えていっていただきたい皆さん方にお聞きいただけたことを大変嬉しく思っています。

塾長からのコメント

梶川融氏にお会いしたのは、私が日本公認会計士協会の会長時代、特に新興企業による一連の会計不正の影響で、監査の引き受けてのない会社が「監査難民」と言われ、社会問題化していたときである。そんな折、梶川氏は、監査の引き受け手がなく困っていた経営再建中の某大手メーカーについて、会社の状況を調査した上で、会計士の社会的責任として監査を引き受けてくれたのである。監査リスクを考え過ぎて、公共財である監査業務を提供しないという風潮に、梶川氏は敢えて火中の栗を拾い上げ、公認会計士としての矜持を示してくれたことを覚えている。

今回の、公会計のテーマも、彼自身の豊富な経験を踏まえての内容であった。地方の非営利企業に対して、地域社会の経済と雇用を担っているものの、生産性が低く経営ノウハウもないものも多いため、健全なガバナンスや経営改善を通じて、地域再生に結び付けようというものである。私自身、もう少し若ければこの分野の仕事に取り組みたいと思ったほどである。こうした熱い志をもち新分野での知見を活かし、地域社会に貢献することで会計士の社会的な役割や使命を果たそうという、梶川氏の“夢”を塾生に訴えてくれたのである。

監査業務の大半は、独立性が重視される上場企業の財務諸表監査が中心であり、監査人としての指導性は十分に発揮されていない。ところが、監査を受ける非営利企業においては、一般に、利益の多寡でそのアウトカム（成果）を把握することは難しく、収益は国または地方自治体からの収入か、あるいは個人や法人などの寄付金である。そのため、収益を上げることよりも、ガバナンスの改善や費用の効果的な見直しを通じてアウトカム（成果）の向上に貢献できる余地があると指摘する。したがって、公会計における会計士の役割は、財務諸表の監査というよりも、ガバナンスの強化や内部統制の見直し、あるいは業務のやり方の工夫による効率化などのアドバイス機能、つまり指導性が強く求められると主張されたのである。

最近は、社会福祉法人や医療法人の監査など非営利法人の監査要請が徐々に増加している。また地域金融機関も地方再生に向けて事業評価の能力アップを求められていることなどを考えると、若手会計士にはぜひ、梶川氏の“夢”を正夢にするぐらいの気概を持って実務に臨んでもらいたいと思っている。

第６回

女性から見た専門職の強みと課題

北村敬子

講師プロフィール

きたむら・けいこ／1968年、中央大学商学部卒業。70年、同大学大学院商学研究科修士課程修了。73年、同大学大学院商学研究科博士課程単位取得退学。81年から商学部教授、97年、中央大学商学部長、2004年、中央大学副学長。専門は会計学、研究テーマはキャッシュフロー割引計算。現在、中央大学名誉教授。

藤沼塾第６回

私が大学を卒業したのは、1968年だ。３年生のときに、当時の公認会計士資格二次試験に合格していたが、迷った末に会計士ではなく、大学で研究者になる道を選んだ。会計事務所に就職すること自体、けっこう大変な時期で、特に女性にとっては狭き門だった。

さて、昨年、日本公認会計士協会の会長に関根愛子さんが就任した。協会の70年近い歴史の中で、初めての女性会長である。また、今年に入って、協会内に委員27名、オブザーバー１名からなる女性会計士活躍促進協議会が設置され、７月に１回目の会合が持たれている。この分野で、女性の活躍の場が広がるのはもちろん喜ばしいことで、期待もしている。ただし、現状は女性にとって正直厳しい。今お話しした協議会も、委員の多くは女性であるにもかかわらず、委員長が男性というのは、少し情けない気もするのだ。

現状を数字で見てみよう。公認会計士協会の会員数は、2000年以降特に増え続け、当時約１万7000人だったのが、今年６月末現在で２万9000人超となった。では、女性比率はというと、12年の14.2％から16年の14.6％へ、この間、わずかながら増えたものの、２割に遠く及ばない状況だ。同じ時期、会計士試験合格者に占める女性比率を見ると、12年18.5％、16年は21.3％。やはり低さは変わらないものの、さきほどの数字と比べると、「試験には合格したけれど、会計士の道は諦める」という人が、女性は男性よりも多いことがわかるだろう（いずれも内閣府共同参画局調べ）。

では、女性は会計士に向かないのか？　米国の文献だが、「会計士に必要とされる能力」に関する面白い分析がある（日本公認会計士協会近畿会女性会計士委員会訳『アメリカ女性会計士の歩み』）。

そこでは、知的好奇心、仲間と共に働く能力、秩序を守ること――といった「会計人が一般的に持っている資質」が述べられた上で、「男性より女性の方が優れている能力」として、①手先の器用さ、②グラフォリア（書記能力）、③アイデアフォリア（発想力）、④観察力、⑤シログラム（記憶収容力）、⑥抽象的推察力――の６つが指摘されている。ちなみに、逆に「男性の方が優れている」のは、把握力と構造的具象化力だとされる。

確かに、事務能力や、パートナーの浮気を絶対に見逃さない観察力など（笑）、「女性ならではの力」を否定する人はいないだろう。個人的には、会計は向かないどころか、女性にぴったりな就業分野だと思っている。女性比率が２割に届かないという現状の方が、やはり異常なのである。

最後に、「女性の活躍」に限らず、専門職の集まりである会計士業界が抱える課題を３点挙げておきたい。

第１に、独立性と高い倫理観を持った「人材の確保」を進めなければならない。その点でも、男性に比べていろんな意味で「しがらみ」の少ない女性には、アドバンテージがあると私は感じている。

第２に、会計士を「魅力ある仕事」にするために、知恵を絞る必要があるのではないか。「とにかく忙しいが、報酬はいい」というのは、もはやアピールポイントになりにくい時代なのである。

第３に、公認会計士の「社会的評価」を高めていく必要を感じる。そのためには、より専門性が高く国際的にも通用する人材を育てなければならない。折に触れて問題視される、「監査の信頼性」を確保するための努力も、一層強化すべきことはいうまでもない。

『アカウンタンツマガジン』Vol.44より

1．公認会計士か？　大学の先生か？

私は中学３年のときに日本商工会議所の簿記検定１級を取りました。簿記１級を取ると税理士試験の受検資格が生まれますから、次に税理士試験を受けて、高等学校の３年間で税理士４科目を取りました。そして大学１年で残りの１科目を取って、３年のときに、当時の公認会計士の第二次試験に合格したのです。

この記録は、すべて妹に破られております（笑）。妹は、中学１年のときに日商簿記２級、２年で１級を取りまして、高等学校２年のときに税理士５科目に全部合格しました。それから大学の２年で公認会計士の二次試験を取っております。まぁ良い見本がそばにいますから、できるのは当たり前じゃないかなと、くやしまぎれにいつも考えております（笑）。

私は妹よりも２年先輩ですので、当然ですが先に就職のことを考えなければなりませんでした。そのときに、大学の先生になるのが良いのか、あるいは公認会計士になるのが良いのか……。会計学をずっと勉強していましたから、その２つしか考えなかったんですね。そこで、自分でいろいろと比べてみたときに、やはり夏休みがある方が良いと。公認会計士は夏休みだって短いだろうと思ったんですね。大学の先生ですと夏休みはあるし、それから春にも休みがあるし、だいたい１年で７ヵ月足らず大学に行っていればいいんですね。しかも毎週、毎日行かなくても良い。自分の授業のあるときにだけ行って、あとは自宅で研究していれば良いと。こんなに良いことはないと思いまして、大学の先生になることを選びました。

私の結婚相手は公認会計士ですが、私の一人娘は、実務に携わる父親と理論を追求する母親の両方をずっと眺めていて、会計学は絶対に嫌だと思ったそうです。そりゃそうですよね（笑）。それで娘は法律に進むことにしました。法律ですと、大学の先生ですとか、あるいは法曹人である弁護士や裁判官、検事の３つがあるわけですけれども、どうも母親の仕事の方が楽そうだということで、娘は大学の先生を選んでおります。

このように、大学の先生というのは非常に楽そうに見えるんですね。ですが、八田先生、楽ではないですよね？　八田先生は売れっ子ですので、非常にお忙しくしていらっしゃると思います。しかし私は、女性にとっては、大学の先生は非常に良い職業ではないかなと思っています。

私が大学を卒業したのは昭和43年ですが、就職が非常に難しい時期でした。公認会計士としての就職も難しく、特に女性は難しかった。当時はまだ監査法人はありませんでしたが、会計事務所はどちらかというと男性の方を採りたがったんですね。女性の採用については、空いていれば採るという程度でした。私の同級生に、公認会計士二次試験に合格して、ピート・マーウィック・ミッチェルという有名な事務所で、会計士補として働き始めた人がいました。当時、月給を教えてもらったのですが、皆さん、いくらだと思いますか？　今から50年近く前の話ですが、その同級生の月給は日本の一般的な事務所よりも少し高く、３万5,000円でした。日本企業の平均的な月給が３万2,000円くらいだった頃の話です。彼女は働き始めてからすごく忙しかったそうです。一方私は、大学卒業後に大学院へ行き、それから大学の先生になるという道を選びましたので、非常に楽な道を進んできたことになるのではないかなと思います。

会計士試験を通った人に、「公認会計士になる以外に道はありますか？」とよく聞かれます。公認会計士以外となると、公認会計士の資格を持ちながら企業に勤めるという道が考えられます。しかし企業ではわりと転勤が多かったり、他の部署にまわされたりといったこともありますので、女性にはあまり向かないかなぁとお答えしています。ところが現在は、公認会計士も企業に勤めることを勧めているようですので、これは逆行した考えなのかもしれません。そうすると、他に考えられる道は大学の先生です。しかし一般的に大学を４年で卒業して就職できるのに対し、大学の先生になるためには、そこからさらに大学院の前期課程、後期課程の合計５年間も勉強しなければなりません。そのため、経済的には非常に大変です。

2．女性から見た公認会計士とその強み

本日のテーマは「女性から見た専門職の強みと課題」ですが、藤沼塾の塾生の方々は公認会計士が多いと聞いていますので、専門職＝公認会計士とし

てお話ししていきたいと思います。公認会計士の団体としては、皆さんご存じのように、日本公認会計士協会がございます。塾長である藤沼先生も、そこで会長をしていらっしゃいましたね。そして今は、初めての女性会長である関根愛子先生が会長をしていらっしゃいます。

日本公認会計士協会は、第二次世界大戦後間もない1949年に立ち上げられました。自主規制団体として、透明性と中立性を持ち、全国に16の支部を置いています。まとまってはいると思いますが、私は政治力には欠けているのではないかと見ています。その理由は、税理士には全然かなわないからです。税理士はやはり数が多いですから、会計士のように人数が少ないところにはなかなか政治家がいらっしゃいません。公認会計士協会の新年などの懇親会を見ていますと、たくさんの人たちが来てはいますが、やはり税理士ほどではありません。

テーマでもある女性からの視点で公認会計士協会を見ますと、今年（2017年）、女性会計士活躍促進協議会が設置されました。これはやはり、（日本公認会計士協会の）現在の会長が女性であることが影響していると思います。委員27名、オブザーバーの学者１名で構成されていますが、この女性会計士活躍促進協議会の会長は男性です。委員では女性が圧倒的に多いにもかかわらず、会長となると男性が選ばれるんですね。そこがちょっとなさけないですね。第１回目が2017年７月５日に千葉で開催されました。これをきっかけに、公認会計士として働く女性も徐々に増えていくのではないかと私は期待しております。

さて、公認会計士の専門職としての強みとは、いったい何でしょうか。皆さんはまだ若くていらっしゃいますので、公認会計士として今、ものすごく忙しい時期ではないかと思います。なかにはブラック企業ではないかと思われるほど忙しい事務所で働いている方もいると聞いています。それではなぜ、公認会計士（という職業）は良いのでしょうか。１つには、国家試験による資格であることが挙げられます。継続的な教育は受けなければなりませんが、一度、公認会計士試験を通ってしまえば、原則として永久の資格として保障されるのです。私は公認会計士二次試験を通っておりますが、三次試験は受けていません。当時と今では制度が違いますので、今では公認会計士二次試験合格は何に当たるんでしょうか。会計士補がなくなったわけですから、公認会計士試験の受験者にはなりうるけれども、それだけであるということになってしまっています。

もう１つの強みは、自由業であるということです。これは非常に強い強みではないかと思います。ただし、自由度の問題は、我々が若いときよりも今の方が狭くなっています。以前は監査法人というものがなくて、個人の会計事務所であったり、あるいは共同会計事務所であったり、そういうところに勤めるとか、あるいは自分自身で事務所を開いてやっていくとか、自由度が高い環境で仕事ができました。今ではだいたい、監査は監査法人でないとできませんから、そういった意味で自由度は低くなっていると言えるでしょう。

さらにもう１つの強みとしては、監査法人に勤めたとしても、大企業に勤めたのとは違って転勤がないということが挙げられます。転勤があったとしても、嫌なら嫌と断ればいいということで転勤がありません。そのかわりに出張が非常に多いと聞いておりますので、公認会計士は体力がないと続けていけなのではないかと思います。

3．公認会計士の現状

それではまず、公認会計士の現状を見ていきましょう。図表１をもとに会員数の増加を見ていきますと、1949年発足後すぐの1950年には392名しかいませんでした。当時は、偉い大学の先生が第１回目の試験委員をし、受験した大学の先生が合格し、第２回目の試験委員を第１回目に合格した先生たちが務め、第１回目の試験委員だった偉い先生方が第２回目の試験に合格するというような流れになっていました。「私は第１回目の試験に通りました」と言って威張っている方に何人もお会いしたのですが、あまり偉くないんですね（笑）。偉いのは試験委員をされていた先生方なのではないかと思います。

その後、会員はだんだんと増えていき、2017年６月30日時点で36,364人となりました。これはもちろん公認会計士も、準会員もすべて含めた数です。

図表1

日本公認会計士協会会員数の増加

年	会員数
1950	392
1960	2,172
1970	5,134
1980	8,357
1990	11,401
2000	16,656
2010	27,792
2016	35,411

出所：日本公認会計士協会資料。

そのなかでも圧倒的に東京が多く、21,512人の会員が登録しています。

このように、公認会計士の数は年々、増えてきていることがわかります。特に2000年からの増え方がすごいですよね。2000年時点では16,656人でしたが、6年後の2016年には2倍以上になっています。

図表2を見ると、会員数に占める女性の割合は、2016年7月末時点では14.6%で、2割もいっていません。それでは、受験者はどのくらいの割合で試験に合格しているのでしょうか。同じく2016年7月末時点での公認会計士試験合格者に占める女性合格者の割合は、21.3%となっています。その前年の2015年は19.7%。これを見ると、先ほどお話しした会員数に占める女性の割合は、合格者の割合よりもかなり低いことがわかります。合格した女性はどこに行ってしまったのでしょうか？　これによると試験に合格しても、公認会計士としての登録をしていない人がいるということがわかります。

図表2の対前年差を見てみましょう。たとえば、会員数に占める女性の割合の2015年と2016年を比べてみますと、15年は14.4%だったのに対し、16年には14.6%となり、0.2%増えているということを表しています。マイナスがついているものは前年と比べて減少しているという意味です。ほとんどの場合には、合格者数も増えていますし、会員数に占める女性の割合も増えています。しかし、女性の場合には、新聞などで「公認会計士の就職は難しい」という記事が出ますと、タイムラグはありますが、それを見た女性が敬遠し

図表２

（1）会員数に占める女性の割合（各７月末現在）

年	女性の割合（%）	対前年差（%）
2012	14.2	0.1
2013	14.3	0.1
2014	14.4	0.1
2015	14.4	0.0
2016	14.6	0.2

（2）公認会計士試験合格者に占める女性合格者の割合（各７月末現在）

年	女性の割合（%）	対前年差（%）
2012	18.5	−1.9
2013	19.0	0.5
2014	17.2	−1.8
2015	19.7	2.5
2016	21.3	1.6

※法曹界では、2016年では、検事22.9％、裁判官20.7％、弁護士18.3％、司法試験合格者23.4％。
出所：内閣府男女共同参画局（2017）「女性の政策・方針決定過程への参画状況の推移」より引用。

てしまい、少し減少する傾向にありますね。

公認会計士とよく比べられる法曹人の割合も見てみましょう。まずは女性の割合ですが、2016年では検事が22.9％、裁判官が20.7％、弁護士が18.3％です。そして司法試験の女性合格者の割合は23.4％となっています。数字のとおり、女性は検事になる人が多いということがわかります。また、弁護士はもうすでに多くいるわけですから、女性の割合は少ない状況にあります。

以上のとおり、公認会計士試験の合格者は、司法試験の合格者と比べて、女性が若干少ないということがわかります。司法試験では合格者数を増やしていますが、公認会計士試験では今、合格者数を絞っていますよね。そういう意味でも、全体数として司法試験の方が多いという結果になると考えられます。

４．公認会計士に必要とされる能力と男女の違い

それでは公認会計士に必要とされる能力とは何でしょうか。こういうこと

図表３

公認会計士に必要とされる能力

(1) 会計人が一般的に持っている資質

1	知的好奇心
2	仲間と共に働く能力
3	秩序を守ること
4	分析能力
5	複雑な内容を説明する言語力
6	ゴールの方向づけ…仕事の簡潔性を見抜く能力

(2) 男性より女性のほうが優れている能力

1	手先の器用さ
2	グラフォリア（書記能力）
3	アイデアフォリア（発想力）
4	観察力
5	シログラム（記憶収容力）
6	抽象的推測力

(3) 男性のほうが優れている能力

1	把握力
2	構造的具象化力

出所：Wescott, S.H. and Seiler, R.E.（1986）*Women in the Accounting Profession*, Markus Wiener Pub.（日本公認会計士協会近畿会女性会計士委員会監修『アメリカ女性会計士のあゆみ』日本公認会計士協会近畿会女性会計士委員会，1991）

は言ってもあまり意味がないのかなとも思うのですが、まとまって書かれているものを、『アメリカ女性会計士のあゆみ』（Shari H.Wescott, Robert E.Seiler 著、日本公認会計士協会近畿会女性会計士委員会訳、日本公認会計士協会近畿会女性会計士委員会、1991年）のなかに見つけました。それが図表３です。1991年のものですのでデータが若干古く、書名のとおりアメリカの現状を述べていることになります。

それによると、会計人が一般的に持っている資質として第一に挙げられるのが「知的好奇心」です。それから「仲間と共に働く能力」「秩序を守ること」「分析能力」「複雑な内容を説明する言語力」「ゴールへの方向づけ（仕事の簡潔性を見抜く能力）」と続きます。以上６つの能力が会計士の優れている点であろうと述べられています。

男性より女性の方が優れている能力としては、まず「手先の器用さ」が挙げられています。会計士は手を使ってものを取り扱う仕事です。これは一概には言えませんが、一般的には女性の方が優れているだろうということですね。次に「書記能力」です。事務的なスピードと能率性、そして統計や保険数理など、こういった書記能力は女性の方が優れているのではないかと思います。三番目は「発想力」です。私から見ると、女性はあまり発想力があるようには思えませんが、どうもアメリカの会計人は女性の方が発想力を持っていると解釈しているようです。四番目は「観察力」。これは女性の方がすごいですね。だから、すぐ旦那さんが浮気しているかどうかがわかってしまうのではないでしょうか（笑）。細部の小さな変化だとか、変質を知覚する能力、これはだいたい女性４人のうち３人が持っているそうです。やっぱり女性は怖いですよ（笑）。それに対して男性の観察力は、２分の１だそうです。つまり、優れた観察力を持っているのは２人に１人。男性が50％なのに対し、女性の場合は75％ということになります。さらに五番目は「記憶収容力」。記憶の手段として知っている言葉と知らない言葉を統合させるような能力のことですが、これが女性は優れているということです。最後に六番目、「抽象的推測力」。構造のないものから推測する能力。これは女性の場合、長けていると思いますね。

これに対して男性の方は、「構造的具象化力」が優れているそうです。つまり、立体的なパズルを迅速に組み立てていくという能力です。そして、ものごとを大掴みにする、大きく把握する能力（「把握力」）も、男性の方が優れているそうです。

男性には優れている能力が２つしかないのに、女性は６つもあると『アメリカ女性会計士のあゆみ』のなかで書かれています。こういうデータを見ますと、どうやら会計士になるのは女性の方が向いているのではないだろうかと思う一方で、女性には構造的具象化力が少し欠けているようですので、会計士として最終的な段階まではいけないのではないか、と理解することができます。

図表4

(1) 会計学専攻にあたり影響した要因

	男性	女性
1	給与水準	仕事に役立つ
2	興味深くやりがいがある	興味深くやりがいがある
3	仕事に役立つ	数字に対して素質がある
4	特別の事業経歴を得たい	給与水準
5	数字に対して素質がある	特別の事業経歴を得たい
6	家族や友人の影響	家族や友人の影響
7	職業的資格上の名声	先生や指導教官の奨励
8	先生や指導教官の奨励	職業的資格上の名声

出所：Wescott, S.H. and Seiler, R.E. (1986) Women in the Accounting Profession, Markus Wiener Pub.（日本公認会計士協会近畿会女性会計士委員会監修『アメリカ女性会計士のあゆみ』日本公認会計士協会近畿会女性会計士委員会，1991）

(2) 就業観

	全体（%）	文系女子（%）
収入さえあれば良い	2.8	1.3
楽しく働きたい	29.9	34.4
自分の夢のために働きたい	10.8	9.0
個人の生活と仕事の両立	24.5	28.7
人のためになる仕事	17.7	17.1
社会貢献	6.5	4.3

出所：マイナビ（2016）「2017年卒マイナビ大学生就職意識調査」4月。

5．公認会計士に対する学生の意識

次に、図表4をもとに、会計学専攻に当たって影響した要因についてお話しします。出所は先ほどと同じ『アメリカ女性会計士のあゆみ』です。結果を見るとおもしろいのは、男性は「給与水準」がトップにきていることです。女性の場合には、「給与水準」は四番目なんですね。女性の要因で一番にきているのは、会計学が「仕事に役立つ」ということです。そして、男女ともに同じ順位にあるのが、六番目の「家族や友人の影響」で会計学を専攻することになったことです。「先生や指導教官の奨励」というのは、男性が八番目、女性は七番目と低いですね。ということは、私たちの影響は特になかったということですね（笑）。この順位ですと、我々がいくら勧めてもしようがなかったね、という感じになるのではないかと思っています。このように、男性と女性では、会計学専攻に当たって影響した要因が異なっていることがわかります。

私はこのなかで、給与水準に注目したいと思います。あとでお話しする日本での統計にあるように、給与はあまり関係ないという結果が出てきますが……。日本の男性の場合には、奥さんと子どもがいて、一家を養っていかなければならないという責任を持っている人が多いと思います。しかし、この調査が行われたアメリカでは、男性が養っていかなければならないという意識はあまりないんです。しかしいずれにしても、やはりある程度の給料はちゃんともらえないと困るわけですから、専攻の要因としては一番目になっています。ところが、女性の場合には、あまり収入などを基準として考える機会は少ないですから、男性より低めの四番目の要因になっているようです。

さらに、就業観を見ていきたいと思います。これは、日本の2017年の大学生就職意識調査の資料です。ここでは、「収入さえあれば良い」という回答がありますが、これ、聞き方が悪いですよね（笑）。「収入さえあれば良い」なんて言う人は、ほとんどいないと思います。しかし、やはり収入はあった方が良いですよね。就業において収入を意識している人は、全体で2.8％です。そのなかで文系女子に対象を絞ると1.3％と、随分数値が違ってきます。他に違うところとして「社会貢献」が挙げられます。全体では6.5％ですが、文系女子では4.3％と、貢献をそこまで意識しているわけではないようです。全体と文系女子で共通して多い回答が、「楽しく働きたい」ですね。これは男女とも同じですが、女性の方が男性よりも多い結果になっています。その次に多いのが、「個人の生活と仕事の両立」。これも全体が24.5％ですが、文系女子は28.7％と多く回答されています。この結果を見ると、楽しく働いて、自分の生活と仕事が両立できれば良い、収入にはあまりこだわらず、まぁまぁあれば良い、といった就業観を持っていることが、公認会計士の場合には見られます。

６．日本会計研究学会スタディ・グループでの調査でわかったこと

私は、日本会計研究学会のスタディ・グループにおいて「わが国における

女性会計学者の現状と課題」というテーマを掲げ、研究を進めてきました。これは、昨年の2016年にようやく終了しました。このスタディ・グループには、日本会計研究学会に属する20名の女性が集まり、テーマについて調査しました。グループとしては、科研費（科学研究費助成事業）の基盤研究Ｂを受けております。この研究ではまず、女性会計学者４人の研究を行いました。日本において会計学者のトップはいったい誰だったのでしょうか。最初に出てきた研究者が能勢信子先生でした。塾生のなかにもご存じの方がいらっしゃるのではないかと思いますが、社会会計を研究していた先生です。能勢先生をはじめとする４人の女性会計学者がどのような研究を行ったのか、その研究が学会においてどのような影響力を持っていたのかなどを調べました。

そして、計２回のアンケート調査を行いました。１回目は、日本会計研究学会の女性会員にだけ、２回目は女性も男性も含めた全会員に行いました。女性だけに対して行ったアンケートで「あなたの研究のうち３つの論文、あるいは本を挙げてください」という質問をしたところ、228点の論文、書籍が回答として出てきましたので、これらすべてを、スタディ・グループの20人で手分けして読みました。１人10編ずつぐらい読みまして、その研究方法だとか、調査手法だとか、そういったことを分析したわけです。

男女に行った２回目のアンケート調査では、研究者を目指す動機として、仕事の自由度や知的好奇心の充足といった回答を得ました。私は、この動機を、先ほどの「会計士が一般的に持っている資質」や「強み」と比べてみるとおもしろいのではないかと思います。

まず「知的好奇心」ですが、会計士でも、学者でも、知的好奇心があるから、研究あるいは仕事を進めていくことができるのです。次に「仕事の自由度」についてですが、学者の場合には、私が先ほど説明しましたように自由度が高いです。まず、テーマ選択が自由ということが理由として挙げられます。自分が何をやりたいのかを自分で決めることができます。そして研究時間、つまり１日に何時間研究するのか、それをどこでやるのかなども、自由に決めることができます。これらが仕事の自由度ということになります。そうすると、この自由度は、公認会計士の方が若干低いということは、先ほどから申し上げているとおりですので、おわかりいただけるかと思います。

さて、「知的好奇心の充足」についてですが、これは公認会計士と同じように大学の先生でも一番目に挙がってくる動機ですが、それでは基本的に公認会計士と大学の先生との違いはどこだと思われますか？　私は見ていて「これは違うな」といつも思うことがあります。それは、図表３にある「会計人が一般的に持っている資質」の二番目「仲間と共に働く能力」が会計士にはあるということです。仲間と共に働く能力は大学の先生にはありません、なんて決めつけるのは悪いですが、得てしてない人のほうが多く、「人と一緒にやりたくないから自分一人で研究する」という人が、わりといるのです。最近では共同研究が発達してきていますから、仲間と一緒に研究するという機会も増えてはきましたが、研究者の場合には、仲間と一緒に働く能力を自分で追求してみようと思う人はあまりいないのではないかなと思います。私も46年間、中央大学で先生をしておりまして、他の大学の先生ともいろいろお話しする機会が多くありました。大学の先生は…、八田先生のことを言っているわけじゃないですよ（笑）。一概には言えませんが、大学の先生は変わった人が多いんです。こう考えると、このような分析も、なんだか当たっている部分もあるのではないかなと思います。

先ほどから申し上げているように、会計という仕事、そして会計学は、女性にすごく向いていると思っています。もちろん男性も必要ですが、女性の場合には、分析能力、そして事務的な作業に長けているんですね。そのため会計学は、女性に非常に向いていると言えるのではないでしょうか。

7．専門職における３つの課題

これまで、女性から見た専門職、つまり女性にとって、専門職である公認会計士はどういう強みを持っているのかを見てきました。それでは最後に、本日のテーマにもありますように、専門職の課題についても説明しておきたいと思います。

これも人によっていろいろな見方があると思いますので、これからお話しすることはあくまでも私個人の見解であって、出所というのはございません。

私は専門職の課題として、人材の確保（独立性と強い倫理観)、魅力ある仕事、社会的評価の３つを考えています。

まずは、「人材の確保」についてですが、これを積極的に行っていかなければ、公認会計士制度は発展していかないだろうと思っております。たとえば専門職のなかで、司法試験を受ける人材と公認会計試験を受ける人材との取り合いになることが多いのですが、そういったなかで、公認会計士試験の方に優秀な人材を持ってこられるようにならなければいけないわけです。

給与については、やはり給与水準がある程度高くないと、この分野にはなかなか人が入ってこないということになります。弁護士のなかでもピンからキリまでありまして、仕事のない弁護士ももちろんいるわけですよね。雑談になってしまいますが、私が司法制度改革審議会の委員を務めていたときのことをお話ししたいと思います。委員13人が集まって、司法制度をどう変えていけば良いのか議論をしました。しかし、今から言うとなんですが、そこで変えたことはほとんど失敗でしたね。その１つは、法科大学院をつくったことでした。でも、失敗でしょう、法科大学院を見て会計大学院が出てきたわけですが、会計大学院はそれよりも悪いですよね。結果として，法科大学院を出なくても司法試験を受けるルートが残っていますので、みんなそちらの方にいってしまいました。法科大学院に行きますと、卒業するときにはだいたい700万円の借金が生じるそうです。700万円も投下して法科大学院に行くというのは、ちょっと考えてしまいますよね……。

あともう１つは、裁判員制度をつくったことです。これは成功したと言えますでしょうか？　人によって評価はいろいろあるのですが、私はこの頃「裁判員をやったことがあります」と言う人にあまり会わなくなってきたのですが、やっていますよね？（笑)

また、司法試験の合格者を3,000人にするという動きもありましたが、とんでもないでしょう。だんだん合格者を絞ってきていますよね。あの審議会の委員は何だったのでしょうか。よくわかりませんけども、司法制度改革は、私はあまり成功したとは見ておりません。

話を人材の確保に戻しますが、独立性を持てる人、そして高い倫理観を持っている人が必要です。

高い倫理観というのが非常に難しい問題です。普通の意味での倫理観はみんな持っていると思いますが、ここで必要なのは公認会計士としての倫理観です。この倫理観は、私は、弁護士よりも公認会計士の方が持っていると思っています。弁護士でお客さんのお金をちょろまかしたりしている人が、わりと新聞に載っていますよね。簡単にお金を預かったりしますので、弁護士の場合にはいろいろと問題が出てきているのかなぁと思います。

独立性も難しい問題です。「会社からお金をもらっているのに独立性があるはずがないじゃないか」と言う人もいますが、その点は、藤沼先生や八田先生にちゃんと説明していただきたいと思います。しかしこの頃、社外役員を含めてで過半数の監査役会や監査委員会が会計監査人の選任をしたり、株主の代理人として監査人の選任・解任の方針を決めたりといったこともしていますので、社内執行役だけの過半数の取締役での直接決定ではないという意味で、公認会計士（個人）が監査役会や監査委員会に存在しているのかなとも思っています。

仕事においては最近、ITの活用も欠かせませんね。そうなると、ITに強い人材も必要になると思います。しかし私は、パソコンがあまり使えません。そもそも私はワードではなく、一太郎を使っているんですよ。一太郎ってもう過去のものでしょう（笑）。父親が生きていたときに、父親に「一太郎ってすばらしいよ」「すごく簡単に表がつくれるよ」と一太郎のすばらしさを話しました。それで父親が私の意見を信じて、一太郎の会社の株を買って大損したということがありました。そのときには、もう主流はワードに移っていましたので……（笑）。まぁ、私の歳ではITが使えなくてもしょうがないかなと思うところがありますが、60代、50代、さらにもっと若い人になると、ITを積極的に使いこなすことが求められます。このように、求められる人材の資質は大きく変化していきます。

２つ目の課題は「魅力ある仕事」にすることです。そうでなければ、みんなが入ってきません。この魅力ある仕事というのは非常に難しくて、現在の公認会計士の業界では、私は魅力ある仕事であるとはあまり思えないんですね。試験を通って監査法人に入り、仕事として監査をするのか、あるいはM&Aの分野に行くのか、コンサルに行くのか、いろいろと選択肢はあると思います。ですが、監査の方に行くことになったとしても、すごく忙しくて、なかなか時間どおりに帰ることができません。能力があれば早く終わらせて帰れるのかもしれませんが、能力があまりないとなると厳しいですね……。後輩の人たちは、先輩がものすごく働いていて休みもなかなか取れないという状況を見ていますので、そこに入って行くのはやめようと思うわけです。

こういったことも背景にあるのでしょうか、近頃は公認会計士として監査法人に勤めても、3年以内に辞める人が多いですよね。一般企業では、就職して3年以内に辞める人が30%でしょ？　3人に1人は3年以内に辞めているんですね。会計士業界でも同じぐらいだそうです。マネージャーになるまで、もう少し我慢すればいいのにと思いますが、なかなか今の人たちは我慢ができない。そしてマネージャーになっても、そこまでお給料が良くなるわけでもないとなると、他のところに行こうかと考えて、企業に勤める会計士も増えてきています。

最後に3つ目の課題として、公認会計士は「社会的評価」を高めていかなければならないと私は思っています。そのためには第一に、公認会計士の専門性をもっと高めてもらいたいですね。そして、国際的に通用する人材を確保することも必要です。要するに、英語力も含めて国際的な感覚を持った、世界に通用するような能力を持っていなければなりません。その上で、専門性を高めていく必要があるということです。

私のゼミ生で公認会計士になった学生は約200人いますが、今から10年ほど前、2007年頃に1人のゼミ生から電話がかかってきました。「先生、会計基準をつくっているところは企業会計審議会ですよね？」と。それを聞いて、私はがっかりしました。2007年ですと、基準設定はもう財務会計基準機構のほうに移っているじゃないですか。それなのにそのゼミ生は金融庁の企業会計審議会だと思っていたんですね。試験に合格してからは、あまり勉強していないのだなということがわかりました。この人は例外かもしれませんが、試験に合格したからといって勉強することをやめずに、専門性をさらに高めていただきたいと思います。
それから、会計監査をしている場合は、信頼性を確保することも欠かせません。ところが残念ながら、現在、会計監査の信頼性は確保できていないのではないかと思います。私は新聞紙上などの範囲内での情報しか知りませんし、藤沼先生と八田先生はどう考えていらっしゃるのかわからないですが、東芝の最後の監査意見はとんでもないと、みんなが怒り狂うのではないかとさえ思っているのですが、皆さんはいかがですか？　限定付きの適正？　あんなにずっと監査を長くやっていて、それであまり問題じゃないから条件付きで適正意見？　それならこんなに引き延ばさずに、もっと早く監査報告書を出せたのではないかと。でも、私は会計士ではないから、何でも言えるのですが、あのような判断をしていると、やはり会計監査の信頼性の確保は難しいだろうなと思います。
引き延ばしてきたということは、すごく重要なんでしょう？　重要なのに何をしてたんだと言いたいですね。ここまでくると、何かしらの力が働いたのかなぁと思わざるを得ない状況で、非常に残念ですよね。皆さんには、そういうときでも会社の言うことを聞かないような、会社の言いなりにならないような会計士になってもらいたいと思います。東芝案件では、最初は会社の言うとおりにしなかったんです。ところが最後で、あのような事態になってしまったと……。これは問題ですよね。
私はこの件には関与していませんので、何でも言えます。私ももう歳ですから、人に恨まれても、まぁ先が短いからいいかとか思いながら、今日はいろんなことを言っているのです（笑）。
ここで会計士の独立性についてお話しさせていただきますが、独立性は女性の方がむしろ高いと思います。というのも、やはり男性の場合にはちょっと考えるでしょう、奥さんの顔が浮かんだり、子どもの顔が浮かんだり、子どもが3人もいるのにどうしようかとか。これで給料が入ってこなくなると困るなとか思ってしまうんですよね。それだけ男性というのは大変だと思います。今、若い人たちは、男性と女性と両方でお金を出し合って生活している夫婦が多いということですね。私も偉そうなことを言っていますが、今まで家庭にお金を入れたことはありません。もらったお給料は全部自分で使っています。そういった意味では、私は昔ながらの典型的な日本人女性と言えますね。そのかわりに、私は企業に対して何でも言えます。私の収入で家計を支えているわけではありませんから，何かの理由で自分の収入がなくなることになっても、それならそれで構わないんです。ところが扶養家族がいたりすると、ちょっと考えてしまいますよね。

それからもう１つ言っておきたいのが、専門性を高めると先ほど言いましたが、私は、今の会計基準には変なところがいっぱいあると思っています。これまでの藤沼塾でも話題になったかもしれませんが、私が一番おかしいと思っているのは、減損を計上して、繰延税金資産を計上することです。あの仕組みが全然わかりません。たとえば、減損を100計上して、繰延税金資産を40計上する会計処理。あるいは日産の（カルロス・）ゴーンさんがやったように、就任したときに構造改革費用などを引当て、ドーンと特別損失を計上する。そうすると、次の年から利益が出るのは当たり前じゃないですか。こうなってくると、期間損益計算というのは意外と信用できないんですね。(注：現在は、引当金の計上要件が厳しくなったので、次期での益出しは難しくなった。)

かつてドイツのシュマーレンバッハは、一度費用収益に計上したものは二度と費用収益に計上してはならないと言いました。ところが今は、たとえば、一度減損損失に計上して費用に計上したものでも、次期以降の期間に減損の兆候が解消された場合には、収益に計上してもいいんですよ。これはいったい何の計算をしているのでしょうか。しかし、こんなふうに文句を言っても、それを解決するすべは持っていませんので、あまり大きなことは言えませんね。

それでは、繰延税金資産の計上がまずいのでしょうか。それとも、減損の計上がまずいのでしょうか。私は、繰延税金資産の計上がそもそもおかしいのではないかと思っています。税引き後の利益で比較しなくても良いのではないか、税引き前で見ても良いのではないかと……。こう思っていますが、減損の計上はやらなければしょうがない部分もありますよね。そのため、減損は減損で計上することは意味があるのではないか。となると繰延税金資産がおかしいのかなぁと思っていますけれども。

また、貸倒引当金を設定することも、今お話ししたのと同じ論理です。貸倒引当金を設定しておくと、次の期からやはり助かるんですよね。あるいは製品保証引当金を設定すれば、次の期から製品保証の費用は出ませんので、すごく助かるわけです。

企業は、どうもこういったものをうまく利用しているような気がしていて、そしてそれに手を貸しているのが公認会計士なのではないかなと思ってしまいます。しかし会計士も、会計基準に合っていれば別に責任を問われることはありません。つまり結局は、会計基準が悪いと言えるのではないでしょうか。

今の会計基準は、以前の会計基準とは違う部分がいろいろとあります。たとえば、将来の現金収入の見積額がそうです。見積もった上でなになにしてくださいというのが多いですよね。そんなことは正確にわかるはずがないではないかと私は思います。こんなことばっかりやっていると、歴史的原価主義に戻ってしまいます――そして、それがすばらしいと思えるようになっていく――そのかわり、意思決定にはあまり役に立たない会計になってしまいます。受託責任の解除という点からは非常に望ましいことかもしれませんが、意思決定に役に立たなくなることは問題であり、学会でも一時、「原価主義なのか、時価主義なのか」という意見が対立していた時期がありました。私もそれについては学会でよく報告しました。私の立場は、原価主義擁護論派です。原価をなくし、時価に変えたのがまずいのではないかと考えています。時価情報は脚注で十分だったのではないかということをあのときには言っておりましたが……。私はもう72歳になりますので、これからは大人しく皆さんの行動を外部から見て、楽しんでいきたいなぁと思っております(笑)。

これで今日のお話は終わりにさせていただきたいと思います。どうもありがとうございました。

質疑応答

八田：今日は藤沼塾第１期の最終回です。これまでご登壇いただきました講師陣は男性ばかりでした。今日のご報告のなかにも、専門職の領域では２割ぐらいの女性がその世界で活躍される傾向にあるようです。となると当然、合計で５人、６人の登壇者をお迎えするこの藤沼塾でも、最低でもお一方は女性の専門家をお招きしてお話を伺いたいと思いまして、ご多忙なところご無理をお願いして、藤沼先生の大学時代の同窓、同ゼミでいらっしゃる北村敬子先生にお引き受けいただきました。テーマは「女性から見た専門職の強みと課題」ということで、まさにこの会計の世界では先駆的なお立場にいらっしゃいます北村先生の忌憚のないお話をいろいろと伺うことができました。途中で私もちょっといじられていますので、これからは私も先生を少しいじってみたいと思います（笑）。

専門職と言いましても、いろいろな専門職を念頭に議論することができると思います。今回お集まりいただいているのは、会計領域に身を置く方、会計の領域で業務に励んでおられる方が中心ですので、専門職＝公認会計士ということを念頭に置いて講演を進めていただきました。残念ながら今日は女性会計士の方はいらっしゃらないのですが、会計領域の書籍の製作や編集に携わっておられる女性陣もいらっしゃいますので、そういう方も交えて討論していただけたらと思います。

まずは北村先生、もう一度確認します。先ほどのご経歴についてのお話から、先生は大変早い段階から会計エリアの仕事をされて、人生の大半を会計社会で過ごされたのだなと思ったのですが、昔の会計の世界と今の会計の世界では、何か決定的な違いをお感じになることはありますでしょうか。女性から見た目でなくても結構ですが、もし何かあれば教えていただきたいと思います。

北村：公認会計士という立場から申し上げますと、昔の公認会計士はもっと優雅でしたね。というのも、昔の会計士は今よりも、もっと企業と密着していました。日本の場合、結果的にはそれが批判されてしまったわけですが……。当時は独立性というのはあまり問題にならなくて、夜一緒に食事に行ったりするなど、お付き合いも多くありました。私も少しだけ監査をしたことがあるのですが、10時から仕事が始まり、12時になったらホテルにお昼ご飯を食べに行って、会社に戻ってくるのは2時、そして3時にはコーヒーを飲んで、4時になったらもう帰るというような、ほとんど仕事をしていない状況でした。そのときは、私は一番下っ端でしたので真面目にやっていましたが、やはり当時は独立性というのはそんなに重要視されていなかったと思いますね。

八田：実際に日本の監査制度の歴史を振り返ってみましょう。昔の監査基準の前文には、会計専門職の役割として、第一義的に批判的な機能があると示されています。そのためには、まず企業の経理指導をするとか、あるいは相談、助言などを行う指導的な機能も二義的な役割として規定されていました。つまり、企業サイドと一緒になって、正しい、あるいは真実の財務情報をつくりあげていくことで、会計専門職に対する評価も高まってきたのではないかと思います。仲良しというのはおかしいのですが、会社と会計士が協力関係にあった時代があったということです。これについては異論があるかもしれませんので、その時代を若干過ごされたかもしれない塾長にお話を伺いたいと思います。

藤沼：私は1年間だけ日本の共同監査事務所に勤務していましたが、本当に今、北村先生が言われたような状況でした。10時に会社に行って、12時になるとすぐに会社の人が食事に行きましょうという話になって、事務所には1時過ぎ頃に戻ってきて、3時にはお茶の時間ですということでケーキなんかが出ちゃって（笑）。そして4時頃になると、迎えの車が来てしまいますので帰らなくちゃいけない。迎えの車は昔のハイヤーで、大きなフォードとかのアメリカ車でしたね。当時私は下町に住む姉の家に下宿していたものですから、姉の井戸端会議中にその車に乗って私が帰ってくると、その場にいた人たちが「すごい車が来た」と注目する、そこから弟が格好良く降りてきますので「お宅の弟さんはすごい人ですね」と、姉は言われていたそうです（笑）。そういう時期がありましたが、私も疑問を感じていましたね。「俺はこんなことをしていていいのかな」と悩むようになりました。それで監査マニュアルも含め、組織体制が整備されていると聞いていた外資系事務所に入りました。その頃、ビッグ８の一角であるアーサー・ヤングが日本に出てきて人材を募集している、また連結財務諸表の権威である伊藤勝夫さんというパートナーがいるということで、そこに移りました。そうすると生活ががらりと変わりましたね。会社に行って昼食に招待されるということはたまにはありましたけれども、会社との甘い関係はなくなりました。そういう面で、会計士が優雅であった環境からまったく違う世界に早めに移ったというところは、他の人とは少し違っていると思います。

八田：時代的にも女性会計士が少なかったというのと、これは私の拙い経験によるものですが、企業サイドが複数の出張メンバーのなかに女性が１人加わることを非常に好まなかったという時代もあるやに聞いています。今は隔世の感がありまして、今日集まっている方々はその時代とはだいぶ違いますので、そのへんのところもお話しいただけますか。

北村：私が会計士をしていたときに名古屋に監査をしに行くことがありましたが、日帰りでしたね、３日間。名古屋に行っては帰ってくる。３日間向こうで泊るということはありませんでした。男の先生はもちろん泊っていましたが。

八田：なぜ、宿泊されなかったのですか。

北村：男の先生に、私が女性だから帰さなければという、という意識があったようです。

八田：今のようにビジネスホテルもあまりありませんでしたからね。そんな時代もあったということです。塾生の皆さん方はこういう話を夢物語として、語り物でしか聞かないわけで、今では考えられない状況があったということですね。

まず、専門職として会計業界に身を置いている立場から見て、女性の活動というのでしょうか。行動、あるいはものの見方、こういうものに対して皆さん方はどういう評価をされているのか。あるいは感想などをお聞かせください。北村先生にもっとお聞きになりたいことがあれば、どうぞ挙手してください。同僚や上司に女性がいらしても、聞けないこともあるかと思いますので、オブザーバーで参加されている方も遠慮なく質問してください。

先ほどのご講演のなかでお話しされていましたが、会計士業界では統率力はあるが政治力には欠けるということですが、これはもう火を見るよりも明らかな感じがします。というのも、置かれている環境が違うのではないかと思います。税理士の皆さんも、最近では税理士法人という組織のなかで活躍されていますが、やはりその地域での活動が中心になります。個人事務所であれ共同事務所であれ、近隣のクライアントや関係者の方々の税務対応をしていることもありますから、町内会の名士といった感じでしょうか。したがって税理士は政治家の方との縁も非常に深いものがあるのではないかと思います。翻ってほとんどの会計士は、大きな監査法人のなかに入り組織的対応をしているために、個人レベルで地域に影響力を持ったり、政治と深い関係を持ったりするということは実質的にないというのが背景にあるのではないでしょうか。

講演でもお話がありましたとおり、公認会計士の強みは何といっても資格が永久のものだということです。今は原則、更新制などはとられていません し。加えて自由業と言われるように、その資格を生かすも殺すも、まさに自由と言われるぐらいで、これはいろいろな見方がありますけれど、すべては本人次第だということです。そういう意味で、やはり専門性が高いという気がします。そういった点についても、何かご意見があればお願いします。

質問者MS：MSと申します。本日はありがとうございました。公認会計士の専門職としての強みとして自由業というお話がありましたが、これは時代の変化にともなって、少し弱くなってきているのではないかと思うのです。昔は税務業務については税理士も含め当然会計士も行っていましたが、今は、大半の会計士は監査法人に勤めて監査業務を行っていますので、仕事のメインは基本的に監査業務になっていると思います。そうすると、監査を主体に独立しようとしたときに１人で監査業務はできなくて、５人集めないと監査法人をつくれないとなると、１人で独立した立場でお客さんに専門的な業務を提供するというのは、昔と比較すると難しくなってきているのかなと思い、強みである自由度は低くなってきているのかなと個人的に感じました。

北村：そうですね。申し上げましたように、自由度は以前よりも低くなってきていると思います。完全に自由業かと言われますと、自由業の定義にもよりますが、監査法人に勤めている時点で自由業とは言えないじゃないかという解釈も成り立つかと思います。ですが自由業というのは、仕事の中身を自分で選べるという意味も含まれると思うんです。そうすると監査法人のなかでも監査に行くのか、M&Aに行くのか、自分で好きなように選択できます。ところが企業に入ってしまいますと、特に大きな企業ですと、経理をやりたいと思っても法務や総務になるかもしれません。勤務地も東京とは限らず、沖縄に行ってくださいと言われるかもしれません。私のゼミの生徒は転勤が嫌で東京にいたいからと、日本銀行を受けました。これはちょっと考えが足りなかったですね（笑）。日本銀行といっても、たくさん支店があることを知らなくて、東京にあるあの日本銀行だけだと思って受けたそうです。その生徒は今、地方支店に勤務していますが……。こういった転勤などは、会計士ではなかなかありませんね。

藤沼：私は良い時代に生きたかどうかはわかりませんが、組織も今のように何千人もいるという規模ではありませんでした。仮に外資系の事務所だとしても、比較的自由に仕事ができたかなと思います。つまり、あまり上司などを意識しないで結構好きなようにできたのかなと思っています。しかし、仕事中心でしたから、仕事が終われば事務所で監査手続についての議論をしていることが多かった。ですが、時には事務所を出て仲間と遊びに行くとか、仕事以外でも比較的、自由を謳歌してきたのではないのかなと思います。そういう点では、当時は監査法人のガバナンス・コードといったものもなかったし（笑）、良い時代だったと思います。

皆さんを見ていると、今はやることが多くて結構大変そうですね。事務所も組織的な体制を強化していますし、大きな変革期の真っただ中にいると思います。

私の場合には、結構海外に出たりしていましたし、またそれが好きだったので、さらに自分にとって自由度が高かったと思います。この自由度は自己責任とも関係がありますので要注意です。人によって受け止め方が違うと思いますよ。自分がやっている仕事の好き嫌いとか、事務所の雰囲気とかで、自由なのか、束縛されていると思うのか、それぞれ違いが出てくるのでないでしょうか。

八田：確かに昔と比べると、行動に関しては自由度が低くなってきているのではないかと思いますね。おそらく皆さん共通の認識なのではないかと思いますが、やはりプロフェッションであることが前提の職業の場合には、その職業の内容を自由に選ぶことができるはずです。たとえば法曹人であれば、検察官になるのか裁判官になるのか、あるいは弁護士になるのか、こういったかたちで自由に選べます。満たされるかどうかは別として、会計プロフェッションの場合にも会計という基礎知識をベースとしながらさまざまなところで活躍する場面を、自分で創造することができると思うんです。そういう意味では、自由度という強みはまだあるのかなという気がします。

質問者KK：KKと申します。本日はありがとうございます。公認会計士協会の方で、女性会計士の活躍促進協議会が進められているというお話がありましたが、現状の監査法人のなかで女性がもっといきいきと働けるようにするたにはどういったところがポイントとなるのか、ご説明いただければと思います。

北村：女性の場合には、やはり体力的には男性よりも少し落ちるのかなと思います。そのためポイントとなるのは時間ではないでしょうか。能力のあるなしではなくて、勤務時間が長すぎる。残業時間が多い業界ですからね。もっと女性を増やすためには、たとえば6時ぐらいには帰れるようにするとか、そういう配慮も必要かと思います。女性の場合には、将来結婚して子どもを産んで……ということをまず考えるんですね。会計士はそれができる業界なのかどうなのかということがポイントになります。今は会計士の業界でも結婚して子どもを産んで、そして職場に復帰して、さらにキャリアアップしていくという人が多いようですが、その人たちの背景には、家にお母さんがいるとか、子どもは妹が代わりに見ていてくれるとか、そういう環境があるようです。

八田：女性の活躍を見るためには、前提として国を挙げての取り組みが必要です。おそらく東京の都心のラッシュ時での通勤を余儀なくされている環境というのは、男性でも大変ですけれども、子育てをしながらの女性は非常に難しいですよね。これは会計士だけの問題ではありませんが……。

藤沼：私は外資系事務所で監査をしていましたが、インテルという半導体の世界最大手企業のトップの監査責任者が、あるとき女性に代わったんですよ。さて、どうなるのかなと思っていたら、この人はすごい女性で前任者と対等、いやそれ以上でした（笑）。というのも、創業者の１人であるCEO（最高経営責任者）で有名なアンディー・グローブや実力者のCFO（最高財務責任者）とも対等にやり合っていて、会社ときちんと話しができる。また世界各国に広がっているグループ監査を統括していた。彼女は結婚していましたが、子どものときから自立心があり、きちんとした教育を受け、社交性も身につけてきたのだと思います。日本でも、そこまでのことができる人はいるとは思いますが、大企業の監査責任者をやるような女性会計士は、まだまだ少数派だと思います。このことは、女性に大企業の監査をマネジメントする能力がないということではなくて、機会に恵まれていなかったからだと思います。女性社長も徐々に増えていますし、私は、今から10年くらい経つと、有能な女性会計士が増えてくると期待しています。

八田：男性と女性で、二項対立で物事を考えるのは単純すぎると思いますが……。会計人が一般的に持っている特質のところが、皆さん興味・関心を持たれたのではないでしょうか。女性の方が優れている能力、男性の方が優れている能力、これをお聞きになって、さもありなんと思われるのか、いやちょっと違うんじゃないのと思われるのか。私はこのなかで漏れていると思うものがあります。全体を俯瞰、鳥瞰すると言いますか、幅広い視点で全体を見るという視点が、女性にはあまりないのではないかと……。

北村：あと把握力ですね。

八田：したがって、個々の持ち場の仕事に関しては、責任あるかたちで対応ができると思います。しかし今の日本、特に監査現場においては、組織的対応と言いますか、全体を引っぱっていくマネジメント能力が求められてきていまして、少し懸念を感じるところです。北村先生、これについてはいかがですか。

北村：確かにね、女性は全体の把握力が弱いといった部分もあったんですが、今の若い人たちはだんだんそういうこともなくなっているような気がします。これからはやはり女性が伸びてくると思いますね。私ね、男性に１つ言いたいことがあるんです。女性が伸びてくると、男性はかないませんよ（笑）。今後は将来、男性をいかにして働かせるかということが課題になるかもしれません。

八田：教育現場にいても、たとえば学部生でも院生でも、本気になったら女性のほうが絶対強いですね。試験でも同じです。男性の場合は口では「頑張ってます」「やってます」と言っていても、だいたいは半分ぐらいがいい加減ですから（笑）。もし、この男女差を企業サイドから見たときに、本当にすべての条件を一律にして見るならば、同じ給料であれば絶対に女性を採りたいと皆さんおっしゃいますよ。

藤沼：女性の場合には、現在は、コンプライアンス的な仕事が圧倒的に強いと私は思います。しかし日本の社会というのは、たとえば就職面接のときに、こいつはチームワークができるやつかどうか、みんなと協調してくれるか、個性が強く独創的なやつではないだろうかなどを気にします。そのため体育会系の人が好まれる。そういう社会で、それでは仕事してくださいとなると、やはり女性は一歩下がって補助的な役割になってしまい、男は主導権を渡さないという状況にある。これが大きく変わっていかないと、女性の本格的な活躍は難しい。女性の場合は、そういう環境では自分でリーダーシップをとるよりも退くところがあるような気がしますね。これはどうにかしなければいけないですね。もしかしたら若い人は違うのかな？

北村：藤沼塾は若い男性が多いですから、もしかしたらわかっていらっしゃらないのかもしれませんが、女性ってすごくしたたかなんですよ（笑）。たとえば資格を持って働くよりも、良い人と結婚して家庭に入った方が自分は楽であると気づけば、それを実行するわけです。また、もうこんなくだらない男いらないなと思ったら捨てて、自分が社会に出て行くということもあります。今、女性が積極的にリーダーシップをとろうとする人がいないというのは、やっても自分になんのプラスにもならないと思っているからです。私たちの年代には、私たちがやらないとあとの女性ができないだろうという意識があったのですが、今はそういう意識がなくなってきていますね。自分の好きなように生きているのが今の女性なのではないでしょうか。

八田：確かに、図表4の学生の就業観を見ても社会貢献の意識が薄いことがわかります。つまりミーイズムと言いますか、自分を大事にして生きていきたいという気持ちが強いのでしょう。

北村：女性がどう考えてらっしゃるのかについてお聞きしたいですね。

藤沼：そうですね。

質問者IK：IKと申します。出版業界は男性社会の傾向が強くて、いまだにその名残があります。今、女性の活躍がどの業界でも言われていますので、一応なにかしら話は聞いてくれるんですが、ここぞというときにあれこれ強く意見すると「女のくせに」ということで、言えば言うほど話を聞いてもらえなくなるところがあったりします。女性が活躍していくには、今でもなかなか厳しい状態ではないかと思います。

北村先生に個人的なレベルでのご意見をいただければなと思います。私は最近、会議で発言することがあります。会計士の先生方に質問を返されることがあるのですが、言っている意味が全然わからないんです。それは私の理解力が足りないというところもあるのですが、男性の話し方って、はっきりと物を言わないようなところがあるような気がするんです。女の人は結構、白黒つけたがる性格がありますので、やるのかやらないのかをはっきり言ってもらいたいと思うのですが、男性はフワッとした感じのおっしゃり方で、私の隣の男性はそれを受けて「ああ、そうですね」って話がどんどん進んでいってしまうんです。私１人だけ置いていかれる場面が多くて（笑）。そういう面で閉鎖的な部分があるかと思いまして……。これは個人的な問題でもあるかと思うのですが、どうしても男性特有の考え方・話し方、女性特有の考え方・話し方があるのかなぁと。これを克服するのにはどうしたら良いのか、先生のご意見をいただければと思います。

北村：私は克服しようなんて思いません。というのも、男性同士だって結局はわかっていないと思うんですよね（笑）。もういいやって思ってると思うんです。だから女性もそれに付き合っていれば良いのではないでしょうか。もし本当に白黒はっきりつけてほしいときには、私はちゃんと「それはどういう意図でおっしゃっているんですか」と勝手に言いますが、ほとんどの場合、男性同士が何にも言わないで、よくわかり合っているような雰囲気だったら、私もそれに合わせていますね。

質問者IK：ありがとうございます。

八田：他にいかがですか。

質問者AH：AHと申します。今日はありがとうございました。先生のご経歴がすごくおもしろく、興味深く聞かせていただきました。まず小学校６年生のときに簿記検定に合格されたということですが、今の小学生でも簿記検定を受けるというのはあまり聞かないと思います。当時の先生のまわりでは、早くから検定試験を受けたり、会計の世界に関心を持っていたりという方はいらっしゃったのでしょうか。

北村：今現在、小学生で簿記３級に合格した子がいますよ、このあいだの日本商工会議所の新聞に載っていました。私の場合は、私が簿記検定を受けてしばらく経ってから妹も勉強を始めたものですから、家のなかは全部簿記、会計の話題でした。

八田：北村先生のお父様は？

北村：私の父は大企業で経理をしていました。ですので、その娘である私や妹も会計を勉強していて不思議だなということはありませんでした。私も中学生のときには、藤沼先生もそうだと思いますが、授業で簿記がありましたよ。家庭科のような技術系の授業で、ちょっとした期間だけ簿記がありました。

藤沼：その頃の中央大学は、公認会計士試験の合格者数が一番ということで有名でしたが、そのなかでも北村さんは特に有名だったんですよ。大学生でありながら税理士試験も合格したなんて、そんなすごいやつがいるのかと。そこで私が井上ゼミに入ったら、北村先生がいるわけですよ。「これはまいったな」と思いましたね。私の友人でトーマツの元統括代表社員の阿部紘武さんも含め我々は、落ちこぼれ組でしたから（笑）。これはとんでもないゼミに入ってしまったなという気持ちがありました。それくらい北村先生は有名だったんです。やっぱり他の学生と違っていたと思いますね。

北村：小学校から勉強していても、いくら試験に合格していても、それは勉強のうちには入らないですね。私はその頃、資本という概念がわかりませんでした。だから、簿記を習い始めた人が一番最初にわからないのは資本だろうと勝手に思っていたんです。かたちの見えるもの、たとえば建物とかでしたらすごくよくわかるのですが、資本となるとわからなかった。今、中央大学で簿記検定１級を持って入学してくる学生はわりといるんですよ。ですが、当初、簿記もなにも知らないで入学した学生でも一生懸命やった人は、１年間で簿記検定１級合格者を簡単に抜けますよ。一生懸命やれば、１年ぐらいで、あっという間に抜いてしまいます。だから藤沼先生のほうが偉くなったというわけでしょうか（笑）。

質問者AH：あともう１つ質問があります。図表３の出所で、約30年前の資料が挙げられていますが、これは海外では30年前から女性会計士が活躍されていて、それだから、こういった研究書やデータが出ていたということだと思います。そこで先生が簿記だけではなく、公認会計士試験を受けるというときに、まさに公認会計士試験を受けようと思っている女性はまわりにいらっしゃったのでしょうか。それとも環境そのものが、会計士試験を受けやすいような、まわりが応援してくれるような環境だったのでしょうか。そのあたりについてもお話をお聞きしたいです。

北村：それは中央大学だったからだという理由が大きいですね。中央大学はその当時から経理研究所というものがあって、そこの試験に合格して入ることができれば、タダで公認会計士試験合格まで導いていってくれるという環境がありました。女性の数は少なかったですが、そもそも大学における会計学科の女性の数自体がすごく少なかったわけですからね。私もその研究所に入りましたし、女性の友達もいました。藤沼先生も入っていらっしゃいましたよね？

藤沼：はい。

質問者AH：会計士試験に受かって、北村先生と妹さん、どちらかが会計士の道に進んでいこうとはならなかったんですか？

北村：妹は青山学院大学の先生になりました。だから姉妹２人とも大学の先生。それを見ていた私の娘も大学の先生（笑）。大学の先生のお給料はすごく低いですが、それを気にしなければとても良い環境なんです。

AH：ありがとうございました。

八田：中央大学は給料高いですよ。青山学院大学はそれよりもずっと低いようですから。社会貢献以外のなにものでもない（笑）。それではもう１人どうぞ。

質問者KT：ベンチャー企業で経理をやっておりますKTと申します。本日はありがとうございました。会計士に必要とされる能力についてのお話を聞いて、私が頭のなかでずっと感じていたことが言語化されていて、ためになるなと思いました。私は前職で４年９ヵ月ほど会社で監査対応をしていたのですが、女性会計士と男性会計士では、やはり男性会計士の方が対応しやすかったという経験があります。なんで対応しやすかったのかというと、精査をするときに、男性ですと論理や把握力、構造的具象化のなかで話が進みますので、ある程度の質問が想定できて、すごくやりやすかった。しかし女性で新人の方がたまにいらっしゃって、「えっ、その質問するの？」というところで、本質を突かれ、こちらからするとすごく嫌な質問をしてくることがありました。それが観察力というものなのかなと、今回の講演を聞いてよく理解できました。

１つ質問なのですが、男性より女性の方が優れている能力、たとえば観察力などですが、これは結構監査には必要ですし、仕事そのものにも必要かなと思います。そうした能力はこれから伸ばせるものなのか、後天的なものなのか先天的なものなのかが気になっています。たとえば男性では、観察力を女性並みに伸ばすことはできるのかなど、ご意見を伺いたいなと思います。

北村：これは先天的な部分が非常に多く、伸ばそうと思っても伸びない部分が人によってはあると思います。しかし、だいたい伸ばそうと思えば、それこそ観察力なんてものは気をつけていればできるようになってきますよね。私は男性じゃないからわからないのですが、男性はやはり観察力はあまりないのでしょうか。

藤沼：これは最近あった話ですが、私が社外役員を辞めた会社の社外取締役であり有名な上場会社の元社長でもあった方が、わざわざ私を送別会に誘ってくれたんです。なぜ私を誘ってくれたのかというと、私の取締役会での発言がなかなか新鮮だったからというわけですよ。お世辞かもしれませんが「藤沼さんからすごく勉強させられたよ」と言われました。私もその方はすごく優秀な社外取締役だと思っていた方です。会計士として，あるいは社外役員としてのこれまで知識や経験を積んできたので、なるほどと思ってもらえるような発言ができたのかもしれません。なにも先天的な観察力があったというわけではなくて、問題点の把握の仕方とか、気づきというのは、いろいろな機会に学んだものの積み重ねのなかから出てくるものだと感じています。たとえば、財務数値を見て「これはちょっとおかしい」とか、「あの人は大丈夫と言っているけど、これはリスクがあるよ」とか、懐疑心が根底にはありますが、そういう気づきは徐々に精錬されてくるものだと感じています。

八田：今日参加されている皆さん方は、将来的にグループの長に立つとか、あるいは組織を束ねるとか、そういう期待を受けているのではないかと思います。そのときには当然、性別、年齢、国の違う方をコントロールしたり、マネジメントしたりする能力が求められます。今、女性との付き合いのなかでよく問題となるのが、ハラスメントです。北村先生、いわゆるセクシュアルハラスメントは、女性の目から見ても、時代で受けとられ方、受けとり方は変わってきているんでしょうか。

北村：ずいぶん変わってきていると思いますね。今はハラスメントと言いたくないこともハラスメントに含まれている部分があると思います。ですので、今の若い女性はわりと幸せだと思います。自分で「これはハラスメントだ」と言えるのですから。言いたくなければ黙っていれば良いんです。実はハラスメントが一番多いのは大学なんです。アカデミックのハラスメントというのはすごいですね。なのに私がハラスメントにあわなかったというのは、本当にくやしいんですが（笑）。いずれにしても大学は対応が遅れているのではないかと思います。

質問者FH：東京CPA会計学院のFHと申します。仕事柄、女性と接することが前職も含めて多かったのですが、女性の意識というのが大きく変わっているような気がするんです。というのも、結婚しても今はなかなか給料が上がらない時代ですので、女性も一生働き続けなければいけないという意識を持つ方が多いような気がします。女性はロールモデルという言葉が好きで、見本となる人がいないということで苦労されているとよく聞きます。一般企業でも同じような状況のようです。一方で外資系の企業のなかには、私などは手の届かないくらい優秀で活躍されている女性がたくさんいらっしゃいます。先ほど北村先生のお話を聞きながら、インターネットで、大学の商学部の学生数の男女比を調べました。何年度かは忘れてしまいましたが、女性の割合が早稲田大学は29.6％で３割切っています。慶応大学は26.3％、中央大学はなんと一番多く38%でした。先生にその秘訣をお伺いしたいと思います。学部の時点で女性を増やしていかないと、たとえば日本公認会計士協会の関根愛子会長が女性会計士を50%増やしていこうとしても、学部における女子学生がこの比率では50%を超えないのではないでしょうか。どうしたらもっと学部で女性を増やせるのか、北村先生のお考えをお伺いしたいと思います。

北村：今の時代でも女性が大学に行くときには、資格が取れるからとか、それを生かして将来仕事ができるからとか、そういう考えを持っている人が多いと思います。そのため、わりと商学部や法学部を選ぶ学生が多いんですね。他の学部、たとえば経済学部となると若干少なくなります。経済学は何を勉強しているのかわからないと勝手に思い込んでしまうのです。

中央大学の商学部で女子学生が多い理由は、結局は商業高校出身の学生が多いからということです。商業高校を卒業した人は、公認会計士試験を取ろうという目的を持って入ってきます。大学卒業後は企業に就職するのではなく、監査法人に勤めようと考えて入ってくる。このように資格ですとか、何か1つを売り物にすれば、女性はどんどん増えてくるのではないかと思います。早稲田、慶応の商学部は、そういうことを柱にしていません。大学が面倒を見なくても良い企業に就職できるというのが現状です。そうすると、大学卒業後に企業に努めたいという女性は入ってくるけれども、資格を取りたいと思っている女性としては少し二の足を踏んでしまうということがあるのではないでしょうか。そのため早稲田、慶応では女性の割合は法学部の方が多いのです。

八田：今挙げられた3つの大学の商学部で決定的に違うのは、中央大学には会計学科があるということです。それと、私の記憶に間違いなければ、入学試験の試験科目を社会科系の科目から簿記に替えて受験できるという仕組みもありましたよね？

北村：それはもうなくしました。2人ぐらいしか受けないんですよ（笑）。そして受けたとしても、他の科目があると落ちるんです。それなのにずっとその試験を続けてきたのは、簿記の問題を出していれば、会計の先生は他の科目の入学試験を出さなくて済むからです。会計が専門なのに、日本史とか世界史の問題を出すのはいやじゃないですか（笑）。だから受ける人がいなくても続けていましたが、ほとんど通らなかったですね。

八田：時間もなくなってまいりました。講演の最後に、専門職としての課題をいくつかご指摘いただきましたが、これは女性だけではなく、専門職全体における課題とも理解もできます。当然、人材の問題がありますね。男性であれ女性であれ、優秀な人たちを予備軍として業界に参加してもらうためには、その業界自体が活力あるかたちで発展するとともに、社会的な評価が高く、報酬についても高いということが求められます。これは当たり前の話なわけです。この点について、何かご質問はありますか？

質問者NY：NYと申します。本日はどうもありがとうございます。育児を経験する女性がキャリア開発していくために留意すべき事項、課題などについて、ご示唆いただきたいと思ってご質問させていただきます。

私は、果たしてまだこの業界が、こんなに性差について論じられなければいけない業界なのかと、違和感を覚えるところがあります。私は38歳ですが、2001年に就職して以降、女性が管理職に２人もついて、自分の部下には東大大学院卒の女性がついて、当たり前に女性がいる企業環境へとだんだん変化しているなと感じています。

このような環境のなかで今一番課題なのが、女性ではなくて、育児をする人たちのキャリア開発をどう支援していくかということではないでしょうか。これまで管理職についた２人の女性は子どもがいらっしゃらなかったので、当然のように活躍していました。今、私の下についている部下は４時に帰ります。東大大学院を出ていて優秀で、一番キャリア開発してストレッチをさせなければいけない30から45歳ぐらいまでの時期に子どもが２人いたら、だいたい８年間は短時間勤務を強いられるような環境になってしまいます。そういう人たちが増えていくなかで、キャリアアップもさせなければいけない。いったいどう工夫して、何に留意して、女性の働ける環境をつくるべきなのか悩んでいるところです。留意しなければいけないようなこと、こういうことをしなければいけないなどありましたら、教えていただければありがたいなと思います。

北村：今は東京などでは保育園が足りないとか、保育関連でいろいろなことが問題になっていますよね。やはり根本的な解決策は、保育園をつくることです。区によって保育園が足りている区と足りていない区があるようです。足りている区では当然、常時保育ができますし、子どもを見てくれる人を家に呼んでお願いすることもできます。北区などはわりとうまく回っているようです。しかしそれは仕事にもよるみたいで，保護者の仕事をどう判断しているのかはよくわかりませんが、「この仕事でしたら園での保育を認めましょう」とか、「この仕事だったら別に保育園は必要ないでしょうから、家にいなさい」とか、ちょっと変な決め方をしているところもあるみたいです。

キャリア開発をしていかなければいけないときに4時に仕事を終えて帰らなければならないとおっしゃっていましたが、私はね、それは制度としてあるから利用しているだけだと思うんです。子どもがいたって、今はベビーシッターを雇うなどいろいろな方法はありますから、そういったものを利用できれば本当は5時に帰ったって大丈夫なわけですよ。ところが会社に短時間勤務の制度があれば、みんな利用しますよね？　育児休暇の制度があれば、みんな育児休暇を取りますよね？　なので、女性だからというわけではなくて、そもそも制度ができたから利用していて、結果として短時間勤務の女性が多いということになっているのではないかなと思います。

こういった背景を認識して、女性を大切にして、世の中の女性に働いてもらうのか、あるいはそういったことを切り捨ててやっていくのか。私は女性の視点から見たら、この頃は女性にちょっと甘いのではないかと感じている部分もあります。働き方改革などもありますよね。女性にとって、4時に帰るというのは損なんですよ。男性と同じように働いているほうが得なのは当たり前です。ですが損得の問題は別にして、今は女性の働き方を改めていくという方向に向かっているのではないかと思います。

八田：今は、結婚していても男性のほうは普通に仕事をして、普通に帰る、というのではなく、育児の前提として当然に言われているのは、育児は双方の責任で、双方の負担が必要だということです。最近の若い方を見ていると、私たちの時代とはだいぶ違うように思います。私たちの世代は、自分の奥さんのことを家内と呼称する場合が多いと思いますが、それは家の中にいることを前提として言っているわけですよ。しかし今では、仕事を基準にして考えるならば、家の外に出ている女性も多いですから、主婦と言うのではなく、男性が家事を担うということで「主夫」でも良いわけです。このように、もっとフレキシブルな、多様な価値観があるならば、解決も見えてくるのではないかという気がします。男性社会の時代に育ってきた我々としてはこう考えますが、先生はいかがですか？

北村：そうだと思います。本当は育児休暇だって男性が取ってもかまわないわけですよね。今の制度ではそうなっていると思いますが、やはり日本の場合にはまだまだ男性が育児休暇を取ることは少ない……。男性にも、もう少し意識改革が必要だろうと思いますね。それには、女性も男性を変えていく努力が必要です。だってそれぞれの家庭のなかにいる１人ぐらいの男性を教育できなくてどうするかということだと思うんですよ。それを各家庭でみんながやれば、男性の意識も変わってくるんじゃないかと思っているんです。

偉そうに言っていますが、私は違いますよ。私は家にお金を入れていない代わりに、子どものことはほとんど私がやりました。でも、だいぶ向こうもやりましたね（笑）。

八田：話は尽きませんが、特に今日は女性の目線ということで、我々がなかなか伺えないようなお話をお聞きすることができました。これからは先ほども申し上げましたように、人口減の日本社会のなかでしかるべき能力のある人、そして健康で気概のある方、男女問わず活躍の場を広げていかないとダメだということで、今日もいくつかご指摘いただきました。それでは藤沼塾長、最後のまとめをお願いします。

藤沼：今日北村先生の話を聞いて、私は、やっぱりそうかという感じを受けました。専門職としての課題のなかで、独立性という話が出ました。独立性は女性のほうが強いということでしたが、意外とその通りかもしれないと感じました。私もそういうところがないわけではないのですが、男性は全体的にうまくまとめようという傾向があって、たとえば、限定付き適正意見でも良いかとか、そういう方向にいきがちです。女性はこれが正しいと思ったら、それはそれを押し通してしまう。そういうところも大事だなと感じましたね。八田先生はどうですか？

八田：私は女性と男性をもし単純に比較するならば、潔癖さは女性のほうがずっとあると思います。我々、男社会の場合は癒着の世界なので、奢り奢られ、経済的に独立性はあまりありません。ただ、そういう世界は非常に居心地が良いですから、私はこのまま男性で終わりたいと思っています（笑）。

藤沼塾最終回の第６回、北村敬子先生に大変貴重なお話をしていただきました。どうもありがとうございました。

藤沼：北村先生、どうもありがとうございました。

塾長からのコメント

大学のゼミの同期生である北村先生は、当時、最年少の税理士試験合格者として新聞で報道されたり、３年生の時にはいち早く会計士試験の二次試験に合格した成績優秀者でした。大学を卒業した年に合格した私との差は歴然としていました。幸い国際派の会計士という立場でやっと対等に話ができる関係になったかなと思っています。

講演のテーマは、以前、北村先生が中心となり日本会計研究学会の研究部会で取り上げた「我が国における女性会計学者の現状と課題」というテーマと類似性があり、その知見を活かしたものとしてお願いしました。

まず、会計士が一般的に持っている資質とは何か（知的好奇心、仲間と共に働く能力、秩序を守ることなど）を明らかにし、女性が男性より優れている能力として、手先の器用さ、書記能力、観察力、発想力、記憶力および抽象的推測力など５つの資質を挙げられました。一方、男性が女性より優れている能力は、把握力と構造的具象化力の２つしかなく、会計士は主に女性に向いた職業で、本気になったら女性の方が絶対強いと断言されたのが印象に残りました。ただし、女性は現実的で、女性に甘い制度を作ると損得を考えてそれに乗るのもうまいなど、若干批判的なコメントもありました。

また、会計を選考する動機として、男性は給与水準を第一に挙げますが、女性は仕事に役立つということを一番に挙げ、給与水準は要因として低い点、また、就職観において女性は個人生活と仕事の両立を意識し、社会貢献については男性の方が関心は高いなど、男女の違いを興味深くうかがうことができました。会計士試験の女性合格者の割合は、2016年度では21％と安定的に上昇していますが、協会会員に占める女性の割合は14％台で最近５年間変わっておらず、家庭の事情などにより途中で仕事をあきらめる女性が多く存在することが想像されます。

なお、東芝の監査の問題については、あれだけ期限を延長しながら「限定付適正意見」とは理解しかねるとの厳しいコメントされていましたが、この点は女性の鋭い観察力や倫理感から来たものと推測します。

最後に、専門職業の課題として、人材の確保（独立性と強い倫理観の保持）、魅力ある仕事および社会的評価の３つが重要で、例えば、弁護士試験の受験者を会計士試験に顔を向けさせるなど、優秀な人材を持ってこられるようにすることが大事であるとの指摘がありました。

あとがき

1992年10月、米国のワシントンDCで開催された世界会計士会議第14回大会の会場で、ひときわ輝いていた日本人公認会計士に出会ったのを昨日のことのように鮮明に覚えている。それが、国際会計士連盟の新理事に就任されたばかりの藤沼亜起先生であり、以降、折に触れ、国際会議の場で旧交を温める機会を持つこととなった。その後、会計・監査の国際舞台で活躍する藤沼先生は、2000年５月に、同連盟の会長に就任され、広く国際的にもわが国公認会計士の存在感を大きく高めてこられているのである。

このように、はや四半世紀にわたって親しくさせていただいている藤沼先生とは、ことある度に、わが国の会計および監査の発展と、次代を担う有為な会計プロフェッションの養成に対して、さまざまな意見交換を行ってきている。

そんななか、昨年（2016年）の２月にご一緒した会合の席で、ひとしきり熱く語りかけられた話があった。それは、藤沼先生が、社外取締役としてご一緒されていた、日本弁護士会連合会の本林徹元会長が主宰して、２年間にわたって行われた「本林塾」の内容と、その成果をまとめて出版された書籍『本林塾講演録　新時代を切り拓く弁護士』についてであった。

私自身、書籍自体は見ていなかったが、藤沼先生の話の内容からして、まさに、われわれが日頃考えている優秀な後継者育成という問題意識に相通じるものであり、その場で、ネット情報でその本の概要を確認してみたのである。その結果、同書の表題のなかの「弁護士」という所を「公認会計士」に置き換えれば、そのまま、われわれの思いと合致することから、藤沼先生に対して即座に、「では、『藤沼塾』をやりましょうか？」と口走ったため、その場では大笑いになったのである。

帰宅後、直ちに、「藤沼塾」開塾に向けての企画をあれこれ考え始めたものの、実際の運営等を行うリソースなど何もなかったため、『アカウンタンツマガジン』という会計人向けの情報誌を隔月で発刊しているジャスネットコミュニケーションズ㈱の安島洋平氏に相談したのである。その結果、黒崎淳代表取締役社長はじめ同社スタッフの献身的な協力のもと、藤沼塾の開設およびすべての運営等を一手に引き受けてもらえることになったのである。その結果、藤沼塾の第１期が、2016年10月より１年間行われることとなり、2017年８月、無事に全６回の講演と討議が終了したのである。

本書は、藤沼塾第１期に行われた内容の全てを収録したものであり、実際に受講されなかった方たちにとっても、大いなる刺激を与えることができるものと思っている。

第１期の共通テーマは、「会計専門職を取り巻く環境の認識と将来の発展に向けた取り組み」としたが、そこでの思いは、会計プロフェッションのリーダーになれるエリートを教育したいということである。国際化や情報化はいうに及ばず、専門性や複雑さがより一層増しつつある経済社会において、会計専門職業人が果たすべき役割は極めて大きく、かつ、重要性が増しつつあることは自明のことである。しかし、公認会計士試験や税理士試験の受験者数の減少や会計不祥事等の発覚もあり、会計を学ぶ者や会計業務に携わる者にとっては逆風が吹いているかのようである。そこで、第１期では、こうした否定的な側面を払拭し、真に社会に貢献できる会計プロフェッションの養成に応えるだけでなく、会計専門職業の有する社会的な意義について、多面的に議論できる場を提供してきたつもりである。

幸いにも、塾生の多くからも高い評価を得ることができたことは、裏方の１人として、大変うれしく思っている。願わくは、こうした議論での経験を糧に、日々の業務においても、常に、鋭敏な問題意識を持ちつつ、自分の頭で考えて、自分の意見を確立するための習慣を身に着けてもらいたいものである。

なお、第１期の藤沼塾においては、正規の塾生以外に、会計プロフェッション教育に多くの関心を有する方たちが、オブザーバとして毎回参加され、討議にも加わってもらうことができた。その結果、塾全体の雰囲気もオープンになり、仲間としての強い絆が結ばれたようである。

私自身、「一流になるためには、一流の先人に倣え」という考えを持っている。と同時に、自分１人でできることは限られており、そのためにも、良き仲間、良き友達を多く得ることで、さらに大きな貢献が可能となるものと確信している。藤沼塾では、こうした考えを実現させることも目論んでおり、何人かの塾生には、こうした思いを伝えることができたのではないかと思っている。

ところで、藤沼塾の第１期を無事に終えることができたのも、ジャスネットコミュニケーションズ㈱の全面的なご支援があったものと心より感謝する次第である。また、そこでの成果を書籍にまとめて上梓することができるのは、同文舘出版の中島治久代表取締役社長はじめ、藤沼塾に毎回オブザーバとして参加してくれた編集部の青柳裕之氏、大関温子氏らのおかげであり、あらためて感謝申し上げる次第である。

最後に、藤沼塾第１期に参加された塾生の今後のますますの活躍を期待するとともに、わが国会計社会の一層の発展を心より念ずるものである。

2017年12月

国の根幹をなす会計の発展を願って

八田進二

【編者紹介】

藤沼　亜起（ふじぬま・つぐおき）

1968年　中央大学商学部卒業

現　在　公認会計士、日本公認会計士協会相談役ほか、上場会社の監査役等

その他、国際会計士連盟会長、日本公認会計士協会会長等、新日本有限責任監査法人代表社員、中央大学大学院戦略経営研究科特任教授、IFRS財団評議員会副議長、財務会計基準機構理事及び評議員、日本監査研究学会理事などを歴任。

〈主要著書〉

『会計プロフェッションの職業倫理―教育・研修の充実を目指して―』（編著、2012年）
『会計倫理の基礎と実践―公認会計士の職業倫理―』（監訳、2012年）
『会計専門家からのメッセージ―大震災からの復興と発展に向けて―』（編著、2011年）
『国際会計―これまでの100年、これからの100年―』（共著、2004年）
『会計・監査・ガバナンスを考える』（共著、2003年）。
※いずれも同文舘出版より刊行

【企画・協力】

八田　進二（はった・しんじ）

青山学院大学大学院会計プロフェッション研究科教授、博士（プロフェッショナル会計学）

平成30年1月27日　初版発行　　略称：藤沼塾

〈藤沼塾講演録〉
新時代を切り拓く会計プロフェッション

編　　者 ©藤　沼　亜　起
企画・協力　八　田　進　二
発 行 者　中　島　治　久

発行所　同文舘出版株式会社

東京都千代田区神田神保町1-41　〒101-0051
電話　営業(03)3294-1801　編集(03)3294-1803
振替 00100-8-42935　http://www.dobunkan.co.jp

Printed in Japan 2018　製版：一企画
印刷・製本：三美印刷

ISBN978-4-495-20681-9